高等学校教材

无机及分析化学实验

主　编　吕晓丽　司艳玲　刘俊渤

副主编　常海波　梁大栋　吴彩霞　崔丽影

　　　　王大鹏　赵欣宇　郑　冉　张　雪

参　编　范海林　高　波　马天亮　曲　楠

　　　　于海玲　于晓斌　杨桂霞　赵成爱

主　审　程志强

高等教育出版社·北京

内容提要

无机及分析化学实验是高等农林院校一门重要的化学基础课程，编者围绕课程开设的实际情况编写本书，内容包括绪论、化学实验基础知识、定量分析实验仪器与基本操作、6种小型仪器的原理及操作方法、基本操作实验、无机化学实验、酸碱滴定、配位滴定、氧化还原滴定、沉淀滴定、重量分析法、仪器分析、综合性实验和附录等。

本书适合作为高等农林院校本科各有关专业化学实验课程的配套教材。

图书在版编目（CIP）数据

无机及分析化学实验／吕晓丽，司艳玲，刘俊渤主编．-- 北京：高等教育出版社，2022.3（2024.5重印）
ISBN 978-7-04-058189-8

Ⅰ．①无… Ⅱ．①吕… ②司… ③刘… Ⅲ．①无机化学-化学实验-高等学校-教材②分析化学-化学实验-高等学校-教材 Ⅳ．①O61-33②O652.1

中国版本图书馆CIP数据核字(2022)第025789号

Wuji ji Fenxi Huaxue Shiyan

策划编辑　郭新华　　责任编辑　郭新华　　封面设计　张　志　　版式设计　杨　树
责任绘图　黄云燕　　责任校对　窦丽娜　　责任印制　赵义民

出版发行　高等教育出版社
社　　址　北京市西城区德外大街4号
邮政编码　100120
印　　刷　北京中科印刷有限公司
开　　本　787 mm×1092 mm　1/16
印　　张　14.5
字　　数　350千字
购书热线　010-58581118
咨询电话　400-810-0598

网　　址　http://www.hep.edu.cn
　　　　　http://www.hep.com.cn
网上订购　http://www.hepmall.com.cn
　　　　　http://www.hepmall.com
　　　　　http://www.hepmall.cn

版　　次　2022年3月第1版
印　　次　2024年5月第3次印刷
定　　价　30.00元

物 料 号　58189-00

前言

无机及分析化学实验是高等农林院校农、理、牧、工等各专业重要的基础课之一，配套无机及分析化学理论课程，是学生进入大学后学习的第一门化学实验课程。实验教学在化学及相关专业人才培养中起着至关重要的作用，因此在本科教学中占有十分重要的地位。高等教育大众化的推进，社会发展对人才的需要，教育理念的更新，各高等农林院校的办学规模、专业结构、培养定位的调整，给无机及分析化学实验课程改革带来了新的思考及挑战。在融合2020年教育部新农科研究与改革实践项目之“新农科基础化学课程体系与新形态教材建设”成果（教高厅函〔2020〕20号）的基础上，编者编写了本书。

本书内容包括绪论、化学实验基础知识、定量分析实验仪器与基本操作、6种小型仪器的原理及操作方法、基本操作实验、无机化学实验、酸碱滴定、配位滴定、氧化还原滴定、沉淀滴定、重量分析法、仪器分析、综合性实验和附录等，基本覆盖了高等农林院校现阶段各专业人才培养的需要。本书编写时，编者以培养科学精神为导向，首先注重实验基本技能与操作的培养与训练，坚持理论联系实际，紧密联系生产、实际生活的原则；其次注重理论与实验部分的衔接，知识掌握和能力培养的有机结合及实验技术与方法的前沿；同时内容安排力求做到循序渐进，扩大应用领域，多专业共用与知识更新，有利于学生综合素质的形成和科学思维方法与创新能力的培养。所以本书既可作为高等农林院校、工科院校及职业技术院校相关专业的教材，也可作为化学科研人员的参考书。

参加本书编写的人员有：吉林农业大学吕晓丽、司艳玲、刘俊渤、常海波、梁大栋、吴彩霞、崔丽影、王大鹏、赵欣宇、郑冉、张雪、范海林、高波、马天亮、曲楠、于海玲、于晓斌、杨桂霞、赵成爱。全书由吉林农业大学吕晓丽统稿和定稿，程志强主审。

由于编者水平有限，书中难免有不妥之处，敬请读者批评指正。

编　者

2021年7月

目录

第二篇 实验部分

绪论

一、无机及分析化学实验课程的性质、任务和作用

无机及分析化学实验是同名理论课程的重要组成部分，是以实验操作为主的技能课程，它具有自己的培养目标、教学思想、教学内容和教学方法。

本课程的任务是加深对无机化学和分析化学基本理论与基础知识的理解；正确和熟练地掌握化学实验的基础知识与基本操作；提高学生观察问题、分析问题和解决问题的能力；培养学生良好的实验习惯、严谨的科学态度、乐于协作及进一步获取知识的能力；最终能运用化学实验的基本理论和操作技术独立完成测试分析任务，为学习后续课程和将来从事科学研究工作打下良好的基础。

无机及分析化学实验是化工、材料、医药、食品、水产、畜产品加工及环境保护等相关专业不可缺少的主要基础课程之一，也是一门与国民经济紧密相连并为国民经济服务的重要课程。

二、无机及分析化学实验课程的目的和基本要求

1. 课程的目的

无机及分析化学是一门实践性很强的学科，学好无机及分析化学不仅要掌握其分析原理与测定方法，同时还要掌握无机及分析化学实验的操作技术。因此，通过无机及分析化学实验每一个具体实验的学习和操作，应达到以下目的：

(1) 能够运用所学的无机及分析化学理论知识指导实验，同时，通过化学实验进一步理解和掌握无机及分析化学的原理及分析方法，做到融会贯通。

(2) 熟练地掌握化学实验中常用仪器的使用方法。

(3) 学会正确、合理地选择实验条件和实验仪器，掌握正确的实验数据处理方法，以确保实验结果的准确性。

(4) 通过设计实验方案，训练和培养学生学习知识和运用知识的能力，以及独立分析问题和解决问题的能力。

(5) 培养学生严谨的科学作风和良好的实验素养，激发学生求实探索精神。

2. 课程的基本要求

实验过程是学生手脑并用的实践过程，为了通过训练达到熟练掌握基本操作技术，完成实验任务的目的，对学习本课程提出以下要求：

(1) 实验课开始前，应认真阅读实验室规则，了解实验室安全常识，了解化学药品的保管和

注意事项，了解实验室事故的一般处理方法，了解消防设施和安全通道的位置等。

(2) 做好实验课前预习。做到明确实验目的，理解实验原理，熟悉实验步骤及实验中的相关问题，完成预习报告。未预习者不能进行实验。

(3) 在实验过程中，要注意不断修正自己的操作，使实验操作规范化，提高实验技能。同时，要积极思考实验每一步操作的目的，既要知其然，也要知其所以然。

(4) 自觉遵守实验室规则，保持实验室整洁、安静和仪器安置有序，注意节约使用试剂和蒸馏水，尤其要注意安全。实验中损坏和丢失仪器要及时向实验教师报告、登记，并按有关规定进行一定的赔偿。

(5) 实验完毕后，要及时洗涤、清理仪器，切断（或关闭）电源，关闭水阀等，清扫实验室卫生。

(6) 所有实验数据（尤其是各种测量的原始数据）必须随时记录在实验记录本上，不得随意涂改原始实验数据。

(7) 对实验所得的结果和数据，要及时进行整理、计算和分析，认真书写实验报告。

(8) 增强环境保护意识。实验产生的废液、废物要进行无害化处理后方可排放，或放在指定的废物收集器中，统一处理。

三、无机及分析化学实验课程的知识、能力和素养要求

本课程按照从易到难、循序渐进的原则安排实验教学进度，从基本操作训练入手，逐渐提高学生的动手能力和分析能力。

1. 课程的知识

本教材介绍了化学实验基础知识、定量分析实验仪器和基本操作、6 种小型仪器的原理与操作方法、基本操作实验、无机化学实验、酸碱滴定、配位滴定、氧化还原滴定、沉淀滴定、重量分析、仪器分析、综合性实验等。基于高等教育对人才培养的一级学科架构体系，本课程以规范的操作技术训练为核心，注重化学实验基础知识与基本操作技能的培养，使学生知识、能力与素质协调发展。教材中的设计性实验，旨在使学生能够运用学过的化学知识和操作技能解决生产生活中的实际问题，提高知识的运用能力、分析问题和解决问题的能力。教材中的综合性实验，旨在使学生所学的基本理论知识和基本技能得到全面的运用和训练，提高学生独立完成分析测试任务的能力。

2. 课程能力和素养要求

培养学生的动手能力、理论联系实际的能力、统筹思维能力、创新能力、独立分析解决实际问题的能力、查阅手册资料并运用其数据资料的能力，以及归纳总结（实验报告）的能力等。在实验中使学生养成严谨、细致、实事求是的科学精神，良好的实验习惯（操作认真、规范，记录简明，实验台面整洁、有序，良好的节约、环保等方面的意识）及协作精神等。

四、无机及分析化学实验课程的学习方法

掌握学习方法是学好理论知识与实验技能的重要途径，要注意以下几点：

（1）实验前要通读实验内容，了解实验目的与要求，理解实验原理与测定方法，熟悉实验步骤，对实验结果的计算也要弄清楚其含义，并按教师要求写好预习报告。

（2）实验中要遵守实验操作规程，认真操作，仔细观察，如实记录，同时要注意实验安全。

（3）实验后要先将数据交由教师审阅，然后分析整理实验数据并进行相关计算，完成实验报告。

五、无机及分析化学实验数据的记录与实验报告

1. 实验数据的记录

（1）学生应有专门的实验记录本，并标上页码，不得撕去其中任何一页。也不允许将数据记在单页纸片上，或随意记在其他地方。

（2）实验记录上要写明日期、实验名称、测定次数、实验数据及分析人员。

（3）记录应及时、准确、清楚。记录数据时要实事求是，要有严谨的科学态度，切忌夹杂主观因素，绝不能随意拼凑和伪造数据。实验过程中涉及特殊仪器的型号和标准溶液的浓度、室温等，也应及时准确地记录下来。

（4）实验过程中记录测量数据时，其数字的准确度应与分析仪器的准确度相一致。如用万分之一分析天平称量时，要求记录至 0.000 1 g；常量滴定管和吸量管的读数应记录至 0.01 mL。

（5）实验记录上的每一个数据都是测量结果。平行测定时，即使得到完全相同的数据也应如实记录下来。

（6）在实验过程中，如发现数据中有记错、测错或读错而需要改动的地方，可将要改动的数据用一横线划去，并在其上方写出正确的数字。

（7）实验结束后，应核对记录是否正确、合理、齐全；平行测定结果是否在合理的误差范围内，是否需要重新测定等。

2. 实验报告

如实书写实验报告是总结实验情况、分析实验中出现的问题、归纳总结实验结果、提高学习能力不可缺少的环节。书写完整、规范的实验报告，是一名实验人员必须具备的能力和基本功，是信息加工能力的表现。因此，实验结束后，要及时地按要求完成实验报告。

实验报告要求书写用语科学规范、字迹清晰、内容完整、页面设计美观。同时将实验的思考题、对实验结果的分析及体会一并写入实验报告中。实验报告的内容如下：

（1）实验名称及实验日期。

（2）实验目的。

（3）实验原理　例如，滴定分析实验应包括滴定反应式、测定方法、测定条件、化学计量点、指示剂的选择及使用的范围、终点现象。实验原理部分既要简捷又不能遗漏。

（4）试剂及仪器　包括特殊仪器的型号及标准溶液的浓度。

（5）实验步骤　实验步骤的描述，要按操作的先后顺序，也可用箭头流程法表示。

（6）实验数据及处理　采用列表法处理实验数据更为清晰、规范。列表法具有简明、便于比较等优点。包括测定次数、数据、平均值、偏差、结果计算式等内容。涉及的实验数据应使用法定计量单位。

(7) 实验误差分析　分析误差产生的原因、实验中应注意的问题及某些改进措施。

(8) 体会　即对实验的感受。

(9) 实验思考题　为促进学生对实验原理和方法的掌握，培养其分析问题和解决问题的能力，对预习中思考的问题及教材中的思考题，一并做出回答，写入实验报告中。同时便于教师了解学生学习情况，及时解决学生在学习中出现的问题。

六、实验数据处理

对于学习无机及分析化学的学生而言，精确地处理大量复杂的实验数据是一项需要不断培养的重要技能。计算机处理实验数据不仅大大减少了手工处理的复杂性，而且利用数理统计的方法对数据进行处理，在很大程度上减小了数据处理过程中的误差。另外，与传统手工方式相比，计算机软件处理得到的图形更加美观、图表的插入与修改也更加便利。因此，应用计算机软件处理分析化学实验数据，这不仅能激发学生的学习兴趣，而且对今后从事科研等诸多工作都有重要的指导意义。

常见的数据处理软件有很多，如 Excel、Origin、SigmaPlot、SPSS 等。其中，Excel 软件简单易用，对刚进入大学学习的学生来说，更容易掌握。Excel 软件是微软公司办公软件 Office 的重要组成部分，具有数据管理、数据分析及图形图表处理等功能。用户可以利用 Excel 软件提供的函数库进行较复杂的计算，特别是在统计计算方面更为便捷。

无机及分析化学中的离子平衡计算、误差与数据处理、各种图表的绘制等问题都可在 Excel 软件中找到处理方法。该软件采用直观的、图形化的窗口菜单和工具栏进行操作，对于相对简单的数据处理过程，不用编程，只要输入分析数据，然后再选择相应的菜单命令，点击相应的工具按钮即能完成。只要初步掌握了 Excel 软件的工作环境和操作方法，就可以很方便地处理和分析各类实验数据。

1. Excel 软件在实验数据回归分析中的应用

在无机及分析化学实验中，无论采用何种分析方法，大量实验数据的分析处理都是实验工作者经常要面对的问题，如标准工作曲线的绘制、样品的精密度与回收率测定、回归方程与相关系数的求算等，都需要进行大量重复性的计算工作。在多种数据处理方法中，回归分析是分光光度分析及色谱数据分析过程中使用最多的方法之一，由于计算比较复杂，因此通常采用计算机处理实验数据，绘制相关曲线。

Excel 软件具有数据排序、调整、统计、曲线拟合等各种完善的数学分析功能及强大的绘图功能。利用 Excel 软件进行实验数据的线性回归分析，不仅可以直接画出实验数据的拟合曲线，而且还能给出线性回归方程的相关参数，对实验数据进行评价。举例说明如下：打开 Microsoft Office 2019 中的 Excel 软件(图 0-1)，在图中输入表 0-1 的数据。

在 Excel 软件中，可以采取先绘图再添加趋势线的方法。如图 0-2 所示，选择数据区域后，使用“x、y 散点图”将它们制成散点图。

在数据点上单击右键，选择“添加趋势线”(图 0-3)，并在选项标签中选中“设置截距(0.0)”“显示公式”“显示 R 平方值”，即可得到拟合的直线。

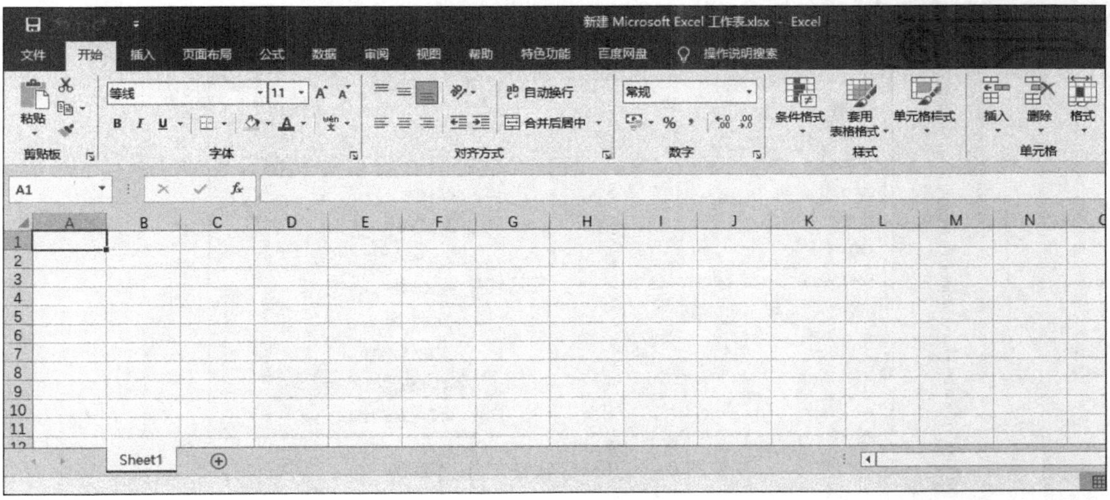

图 0-1　Excel 软件工作界面 1

表 0-1　回归分析中的实验数据

项目	1	2	3	4	5	6	7	8
标准样质量浓度/(mg·L^{-1})	0	1.24	2.37	5.12	8.12	12.19	17.97	24.99
色谱峰面积	0	29 152.3	47 025.3	86 852.3	132 450.6	200 302.25	281 688.1	396 988.3

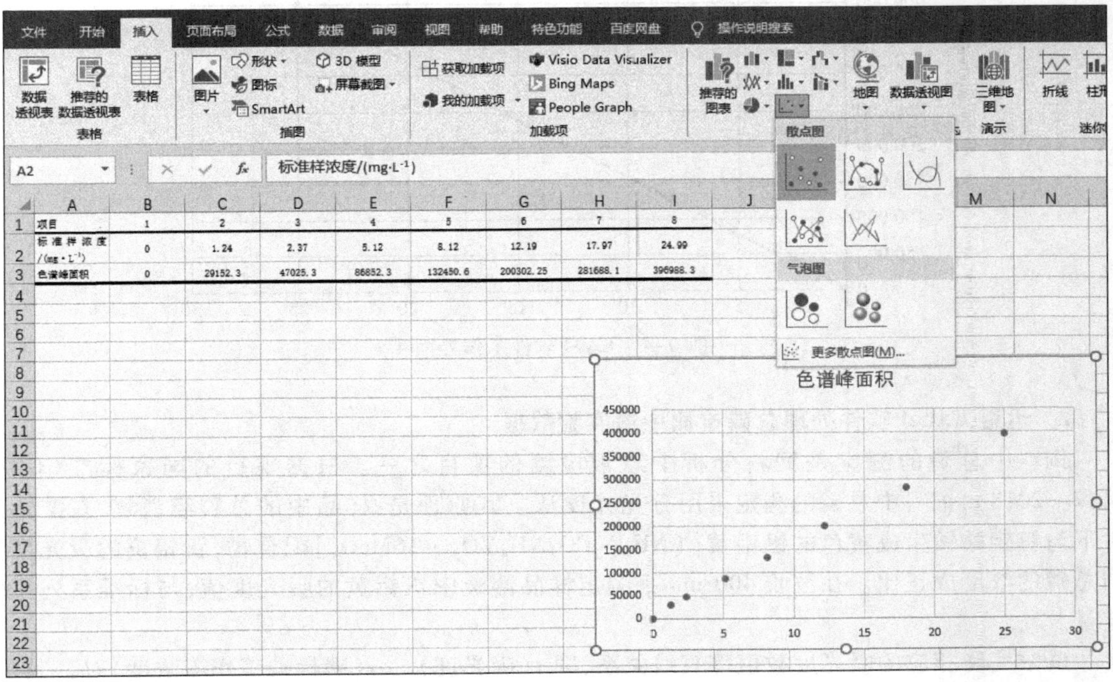

图 0-2　Excel 软件工作界面 2

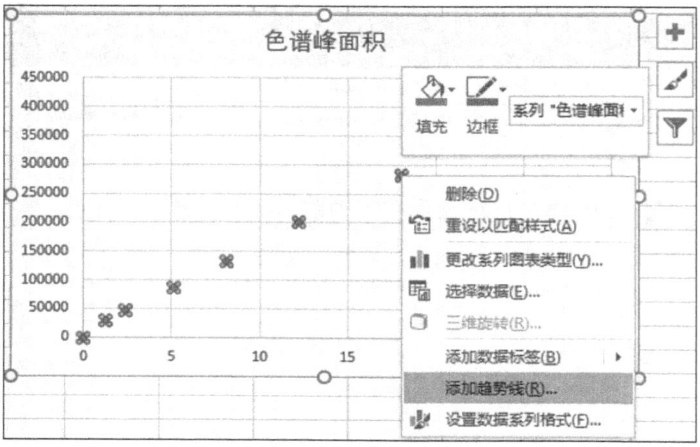

图 0-3　Excel 软件工作界面 3

如图 0-4 所示，拟合的直线方程是 $y=15\,972x$，R^2 的值为 0.999 1。因为 $R^2>0.99$，所以这是一个线性特征非常明显的实验模型，即说明拟合直线能够解释、涵盖实测数据，可以作为标准工作曲线用于其他未知浓度溶液的测量。关于标准曲线绘制的更多知识，详见国家标准《基于标准样品的线性校准》(GB/T 22554—2010)。

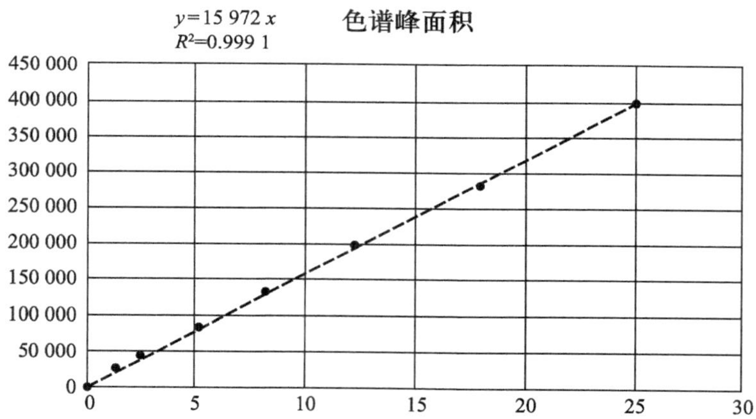

图 0-4　Excel 软件工作界面 4

2. 运用 Excel 软件处理总磷检测中的实验数据

饲料中总磷的测定是饲料分析中经常检测的项目之一。根据现行的国家标准(GB/T 6437—2018)，饲料中总磷的测定采用分光光度法。其原理是：样品中的总磷经消解，在酸性条件下与钒钼酸铵生成黄色的钒钼黄[$(NH_4)_3PO_4NH_4VO_3 \cdot 16MoO_3$]配合物，钒钼黄的吸光度值与总磷的浓度成正比。在波长 400 nm 下测定样品溶液中钒钼黄的吸光度值，与标准系列比较定量。

磷浓度和相应的吸光度数值呈直线关系，即 y(吸光度)= ax(磷标准工作液浓度)+b。其中，a 为斜率，b 为截距。将表 0-2 中的数据导入 Excel。选择数据区，插入“x、y 散点图”(图 0-5)，在数据点上单击鼠标右键，选择“添加趋势线”，选中“显示公式”和“显示 R 平方值”，则可得方程：$y=0.0531x+0.0125$，$R^2=0.9994$（图 0-6）。

表 0-2 总磷检测中的实验数据

序号	1	2	3	4	5	6
磷标准工作液质量浓度/($\mu g\cdot mL^{-1}$)	0	1	2	5	10	15
吸光度	0	0.071	0.122	0.281	0.551	0.802

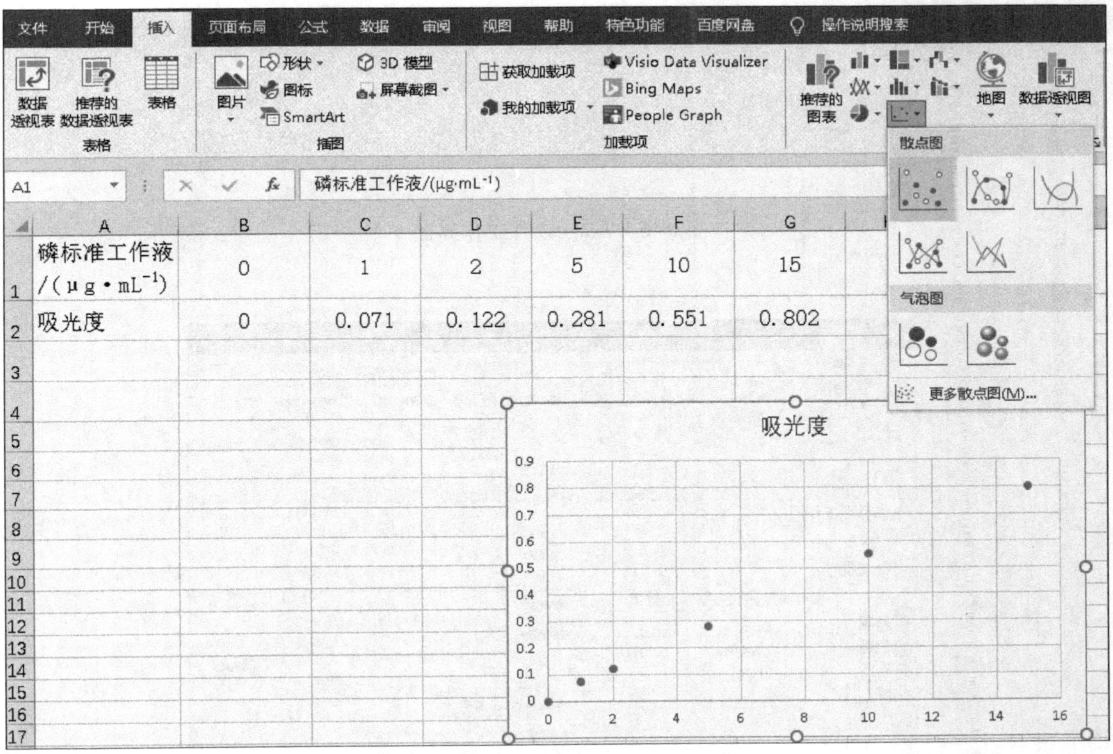

图 0-5 Excel 软件工作界面 5

该方程中的斜率、截距及相关系数 R 也可以通过 Excel 的函数（slope，intercept 和 correl）得到。以斜率为例，如图 0-7 所示，点击 fx 插入函数 slope，该函数用于返回经过给定数据点的线性回归拟合线方程的斜率。如图 0-8 所示，先后选择 y（吸光度）和 x（磷标准工作液的质量浓度）的数据区，即可返回斜率的数值 0.053 1（图 0-9）。同理，利用“intercept”和“correl”函数，可得到截距、相关系数 R 和 R^2 的数值（图 0-10）。最后，对于质量浓度未知的磷溶液，只需测定该溶液的吸光度，即可利用方程计算其质量浓度。

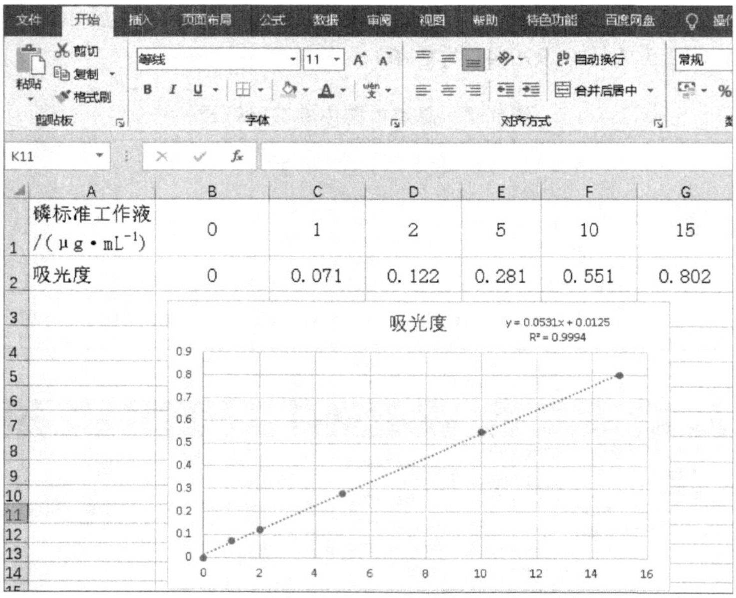

图 0-6 Excel 软件工作界面 6

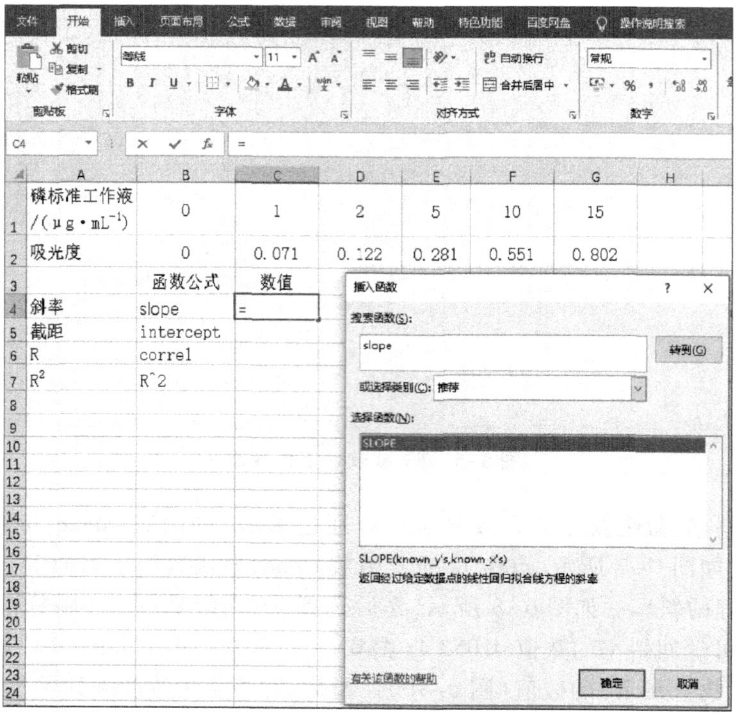

图 0-7 Excel 软件工作界面 7

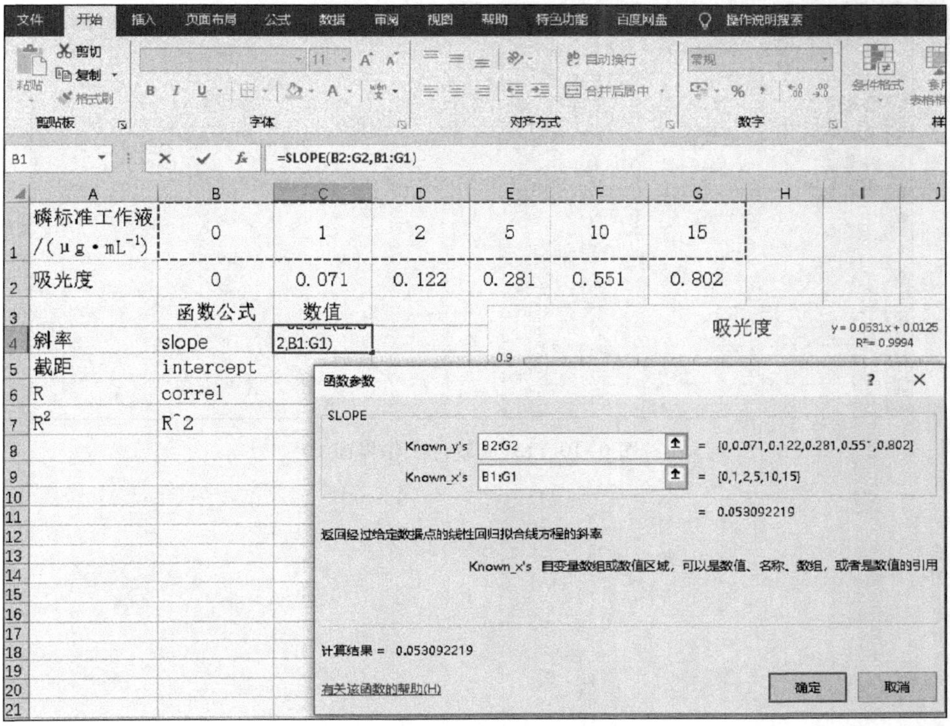

图 0-8　Excel 软件工作界面 8

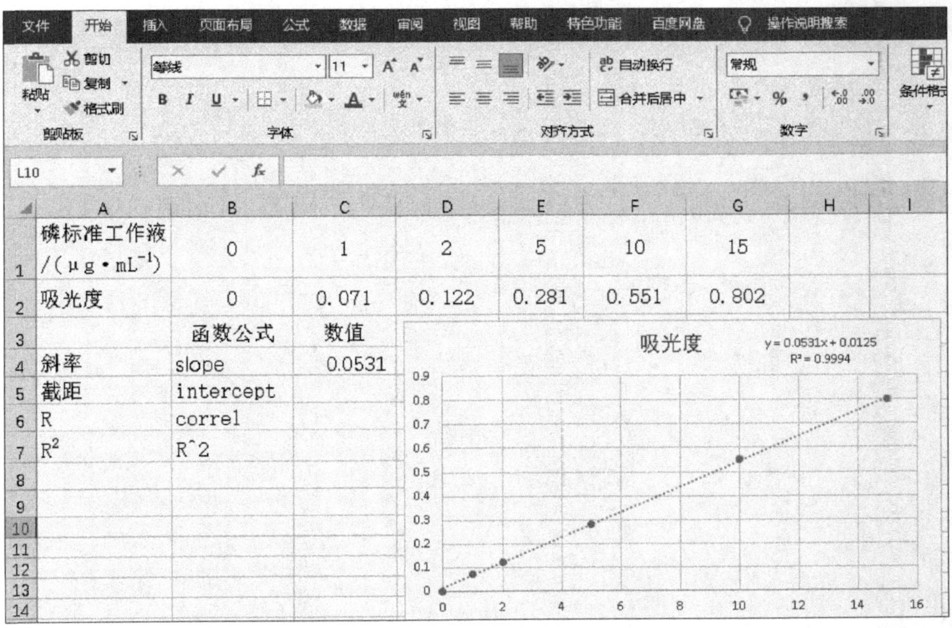

图 0-9　Excel 软件工作界面 9

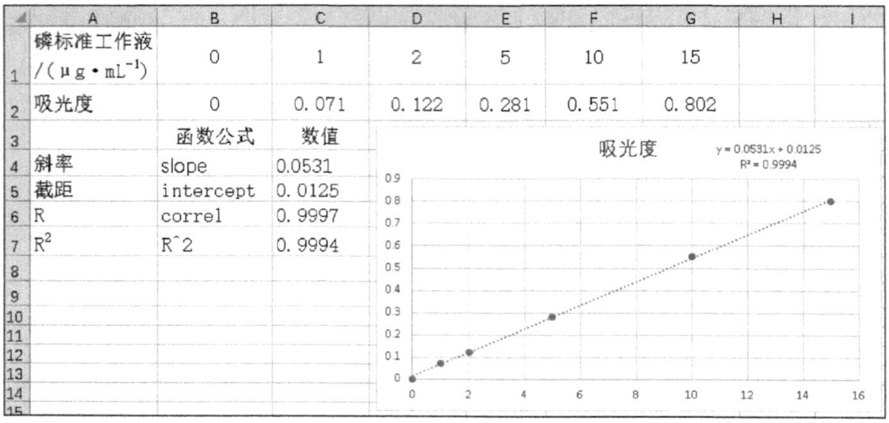

图 0-10　Excel 软件工作界面 10

第一篇

无机及分析化学实验
基础知识和基本操作技术

第一章　化学实验基础知识

第一节　化学实验的要求

一、化学实验规则

为加强实验室的管理，保证实验教学的秩序，培养学生良好的实验习惯，确保实验教学质量与实验教学顺利进行，学生必须严格遵守以下实验规则：

（1）实验前应制订实验工作计划，安排实验程序，认真预习实验。

（2）严格遵守实验操作规程，确保实验过程顺利、安全。

（3）遵守实验纪律，不迟到，不早退，未经教师许可不得擅自离开实验室，始终保持室内肃静。

（4）使用水、电、煤气、药品时，既要注意节约，又要保证测定准确。爱护仪器，损坏仪器应适当赔偿。

（5）实验过程中，随时注意保持实验台面及实验室整齐清洁。共用药品和仪器时，用毕应及时放回原处，以免妨碍他人使用。

（6）实验过程中应仔细观察，将实验现象和数据如实记在实验记录本上。根据原始记录，认真分析问题、处理问题，及时完成实验报告。

（7）对实验内容和安排不合理的地方可提出改进意见。对实验中的现象（包括反常现象）应认真进行讨论，提倡各抒己见，做到主动学习。

（8）养成做好实验结束工作的良好习惯。每次实验结束后，必须将所用的试剂及仪器复原，清洗好用过的器皿，整理好台面，经教师同意后，方可离开实验室。值日生要认真打扫实验室卫生，关好门窗，检查水电等。

二、化学实验室安全制度

在实验中经常会使用有腐蚀性、有毒、易燃、易爆的各类试剂，使用易破损的玻璃仪器及各种电器设备等。为保证操作人员的人身安全和实验操作正常进行，必须了解和遵守以下实验室安全制度：

（1）对剧毒性药品，必须制定保管使用制度，与一般药品分开，设专柜并加锁由专人负责保管。剧毒性药品撒落时应立即收拾起来，把撒落过剧毒性药品的桌子或地面擦净。

（2）实验室内严禁饮食、吸烟，一切化学药品禁止入口。使用移液管或吸量管时，应用洗耳球吸取试液，切勿用嘴吸。实验完毕应洗手。水、电、煤气等使用完毕，应立即关闭。离开实验室时，应仔细检查水、电、煤气、门窗是否均已关好。

（3）使用煤气灯时，应先将空气孔调小，再点燃火柴，然后一边打开煤气灯开关，一边点火。不允许先开煤气灯开关，再点燃火柴。点燃煤气灯后，应调节好灯焰。用毕及时关闭。

（4）使用电器设备时，必须特别小心，不可用湿手触碰电器开关，凡是漏电的仪器不要使用，以免触电，并应及时请专人修理。

（5）浓酸、浓碱具有强烈的腐蚀性，切勿溅在皮肤和衣服上。使用浓硝酸、浓硫酸、浓盐酸、浓高氯酸、浓氨水等时，均应在通风橱中操作，绝不允许在实验室加热。如不小心溅到皮肤和眼内，应立即用水冲洗，然后用质量分数为0.05碳酸氢钠溶液（酸腐蚀时采用）或质量分数为0.05硼酸溶液（碱腐蚀时采用）冲洗，最后用水冲洗。

（6）使用乙醇、乙醚、苯、丙酮、三氯甲烷等有机溶剂时，一定要远离火焰和热源。使用后将试剂瓶盖严，置阴凉处保存。低沸点的有机溶剂不能直接在火焰上或其他热源上加热，而应在水浴中加热。

（7）汞盐、砷化物、氰化物等剧毒药品，使用时应特别小心，严防进入口内或接触伤口。用后的药品或废液严禁直接倒入下水道或废液桶中，要倒入回收瓶中，并及时处理。处理剧毒药品时，要戴护目镜和橡胶手套。

（8）分析天平、分光光度计、酸度计等精密仪器，使用时应登记，并严格按操作规程进行操作。仪器使用完毕，将仪器各部分旋钮恢复到原来位置，关闭电源，拔下电源插头。

（9）如发生烫伤，可在烫伤处抹上黄色的苦味酸溶液或烫伤软膏。严重者应立即送医院治疗。实验室发生火灾时，应根据起火原因进行针对性灭火。

（10）废酸和废碱应倒入废液缸内，中和后再倒入水槽中，以免腐蚀下水道。

三、实验室防火与灭火常识

1. 防火常识

（1）应充分做好实验前的准备。熟悉实验内容，掌握实验步骤。进行实验时，严格按实验规程操作，防止因不规范操作而造成火灾。

（2）服从实验指导教师的指导，严格遵守实验室纪律，禁止在实验室内玩耍、打闹，防止打破仪器设备酿成火灾。

（3）严禁携带任何火种和其他与实验无关的易燃、易爆物品进入实验室，减少实验室致灾因素。

（4）同时使用多台较大功率的电器时，要注意线路电闸的承受能力，正在使用的电器不准接近可燃物。

（5）详细掌握所处实验室内药品的化学特性，操作、倾倒易燃液体时，应远离火源。加热易燃液体时，必须在水浴中进行，严禁用火焰或电炉直接加热。

（6）易燃液体的废液应设置专门容器收集，严禁倒入下水道，以免引起爆炸事故。

（7）实验进行中，实验人员必须坚守岗位，不得擅自离开实验室，严禁使用与实验无关的用电设备,并且做到人走电断。

(8) 实验室内为了实验临时拉用的电器线路应符合安全要求。

(9) 实验室工作人员对配备的各类灭火器材,应做到懂性能、会使用,对存在事故隐患的各种情况要及时上报。

2. 灭火常识

灭火原则:移去或隔绝燃料的来源,隔绝空气(氧气),降低温度。对不同物质引起的火灾,应采取不同的扑救方法。

(1) 实验室灭火的紧急措施

① 防止火势蔓延。首先切断电源、熄灭所有加热设备,而后快速移去附近的可燃物,关闭通风装置、减少空气流通。不可携带燃烧物往外跑,因为奔跑时空气更流通,会燃烧得更猛。

② 立即扑灭火焰。设法隔断空气,使温度下降到可燃物的着火点以下。常用的灭火措施要根据火势的大小、燃烧物的性质、周围环境和现有条件进行选择:酒精及其他可溶于水的液体着火时,可用水灭火;汽油、乙醚等有机溶剂着火时,用防火沙扑灭,此时绝不能用水,否则会扩大燃烧面;导线或电器着火时,不能用水和二氧化碳灭火器,而应首先切断电源,然后用 CCl_4 灭火器灭火;仪器着火时,应用 1211 灭火器灭火;衣服着火时,切忌奔跑,而应就地躺下滚动,这样一方面可压熄火焰,另一方面也可避免火焰烧到头部。

(2) 实验室灭火注意事项

① 能与水发生猛烈作用的物质着火时,不能用水灭火,如金属钠、五氧化二磷、过氧化物等,对于这些物质引起的小范围燃烧可用防火沙覆盖。

② 回流加热时,如因冷凝管效果不好,易燃蒸气在冷凝管顶端着火时,应先切断加热源,再行扑救。绝对不可用塞子或其他物品堵住冷凝管。

③ 若敞口的器皿中发生燃烧,应尽快先切断加热源,再设法盖住器皿口,隔绝空气使火熄灭。

④ 扑灭产生有毒蒸气的火情时,要特别注意防毒。

四、实验室安全用电常识

违章用电常常可能造成人身伤亡、火灾、损坏仪器设备等严重事故。化学实验室使用电器较多,特别要注意安全用电。为了保障人身安全,一定要遵守实验室安全用电规则。

1. 防止触电

(1) 不用潮湿的手接触电器。

(2) 电源裸露部分应有绝缘装置(例如,电线接头处应裹上绝缘胶布)。

(3) 所有电器的金属外壳都应保护接地。

(4) 实验时,应先连接好电路后才接通电源。实验结束时,先切断电源再拆线路。

(5) 修理或安装电器时,应先切断电源。

(6) 如有人触电,应迅速切断电源,然后进行抢救。

2. 防止引起火灾

(1) 使用的保险丝要与实验室允许的用电量相符。

(2) 电线的安全通电量应大于用电功率。

(3) 室内若有氢气、煤气等易燃、易爆气体,应避免产生电火花。电器接触点(如电源插头)接触不良时,应及时修理或更换。

(4) 如遇电线起火,应立即切断电源,用 CCl_4 灭火器灭火,禁止用水或泡沫灭火器等导电液体灭火。

3. **防止短路**

(1) 线路中各接点应牢固,电路元件两端接头不要互相接触,以防短路。

(2) 电线、电器不要被水淋湿或浸在导电液体中。

五、化学实验室"三废"的环保处理

随着全球保护环境趋势的加强,实验室"三废"的排放及其污染问题越来越引起社会的关注。为了防止实验室"三废"污染危害环境,维护环境和公共安全,保障人民身体健康,同时也为了确保实验人员的人身安全,维护实验室基础设施,很有必要对实验室"三废"进行无害化处理。

在化学实验室中会产生各种有毒的废气、废液和废渣("三废"),其中有些是剧毒物质和致癌物质,如果直接排放和抛弃,就会污染环境,造成公害,而且"三废"中贵重和有用的成分得不到回收,在经济上也是损失。所以尽管实验过程中产生的废气、废液和废渣少(但成分复杂),也要经过必要的处理。实验室"三废"的处理应做到以下几点。

1. **废气的处理**

当做有少量有毒气体产生的实验时,可以在通风橱中进行。通过排风设备把有毒废气排到室外,利用室外的大量空气来稀释有毒废气。

如果做有较大量有毒气体产生的实验时,应该安装气体吸收装置来吸收这些气体,然后进行处理。例如,HF、SO_2、H_2S、NO_2、Cl_2 等酸性气体,可以用 NaOH 溶液吸收后排放;碱性气体如 NH_3 等用酸溶液吸收后排放;CO 可点燃转化为 CO_2 气体后排放。

对于个别毒性很大或排放量大的废气,可参考工业废气处理方法,用吸附、吸收、氧化、分解等方法进行处理。

2. **废液的处理**

化学实验室的废液在排入下水道之前,应经过中和及净化处理。

(1) 废酸和废碱溶液　经过中和处理,使 pH 为 6~8,并用大量水稀释后方可排放。

(2) 含镉废液　加入消石灰等碱性试剂,使所含的金属离子形成氢氧化物沉淀而除去。

(3) 含六价铬化合物的废液　在铬酸废液中,加入 $FeSO_4$、Na_2SO_3,使其变成三价铬后再加入 NaOH(或 Na_2CO_3)等碱性试剂,调节溶液 pH 为 6~8,使三价铬形成 $Cr(OH)_3$ 沉淀而除去。

(4) 含氰化物的废液　氰化物不能接触酸,因会产生 HCN(剧毒)。氰化物废液用碱性亚铁盐处理(每 200 mL 废液中加入 25 mL 质量分数为 0.10 的 Na_2CO_3 溶液及 25 mL 质量分数为 0.35 的 $FeSO_4$ 溶液搅匀),使其转化为 $Fe(CN)_2$ 沉淀而除去。

(5) 汞及汞的化合物废液　若不小心将汞洒落在实验室内,必须立即用吸管、毛笔或硝酸汞酸性溶液浸过的薄铜片将所有的汞滴拣起,收集于适当的瓶中,用水覆盖起来。洒落过汞的地面应撒上硫黄粉,覆盖一段时间,使残余的汞生成硫化汞后,再设法扫净;也可喷上质量分数为 0.20 的 $FeCl_3$ 溶液，让其自行干燥后再清扫干净。处理少量含汞废液时，可在含汞废液中加入 Na_2S，使其生成难溶的 HgS 沉淀。

（6）含铅盐及重金属的废液　可在废液中加入 Na_2S 或 NaOH，使铅盐及重金属离子生成难溶性的硫化物或氢氧化物而除去。

（7）含砷及其化合物的废液　在废液中加入 $FeSO_4$，然后用 NaOH 溶液调节溶液 pH 至 9，砷化合物和 $Fe(OH)_3$ 与难溶性的 Na_3AsO_3 或 Na_3AsO_4 产生共沉淀，经过滤而除去。另外，还可在废液中加入 H_2S 或 Na_2S，使其生成 As_2S_3 沉淀而除去。

3. **废渣的处理**

有毒的废渣应深埋在指定的地点。若有毒的废渣能溶解于地下水，则会混入饮水中，所以不能未经处理就深埋。有回收价值的废渣应该回收利用。

第二节　化学实验常用仪器介绍

化学实验常用仪器见表 1-1。

表 1-1　化学实验常用仪器

仪器	规格	用途	注意事项
 试管	以管口直径×管长（mm ×mm）表示，如 15 mm×150 mm、18 mm × 180 mm、10 mm ×75 mm	反应容器，便于操作和观察，试剂用量少	（1）试管可以直接加热，但不能骤冷； （2）加热时管口不要对人，要不断地在热源上移动，使其受热均匀
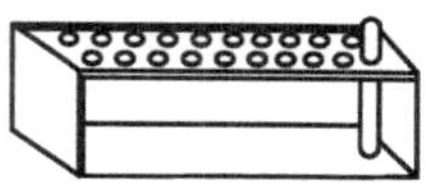 试管架	木质或铝质	放置试管	
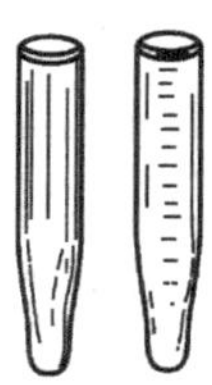 离心试管	以容积（mL）表示，如 1 mL、5 mL、10 mL、50 mL。有的有刻度，有的无刻度	用于少量沉淀的辨认	不能直接加热
 试管夹	用木料和钢丝制成	加热试管时用来夹持试管	防止烧损或锈蚀

续表

仪器	规格	用途	注意事项
 毛刷	以大小和用途表示，如滴定管刷、试管刷等	洗刷玻璃仪器	防止刷顶的铁丝撞破玻璃仪器
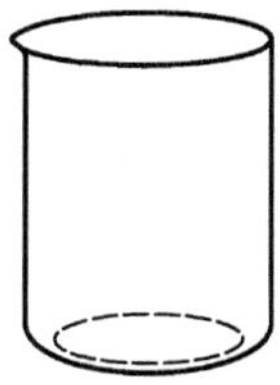 烧杯	以容积(mL)表示	反应物用量较大时的盛装容器	加热时放在石棉网上，一般不直接加热
  圆底烧瓶　平底烧瓶	以容积(mL)表示，有圆底、平底之分	反应物较多又需长时间加热时，用作反应容器	加热时注意勿使温度变化过于剧烈。一般放在石棉网上加热
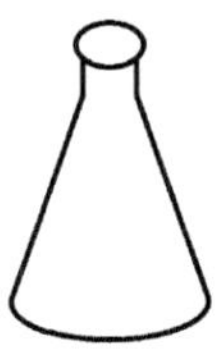 锥形瓶	以容积(mL)表示	反应容器。振荡很方便，适用于滴定操作	加热时注意勿使温度变化过于剧烈。一般放在石棉网上加热
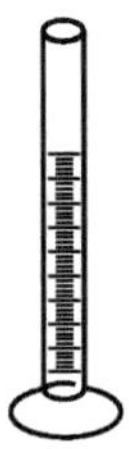 量筒	以能量度的最大容积(mL)表示	用于量度一定体积的液体	不能加热

续表

仪器	规格	用途	注意事项
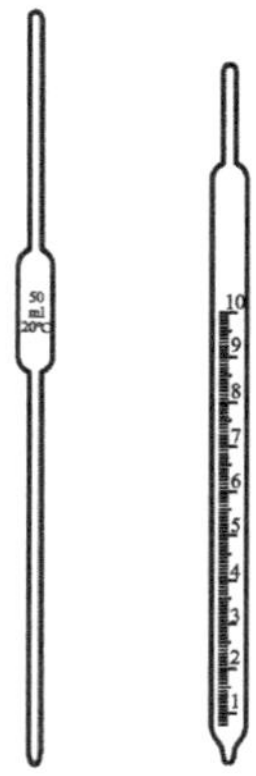 移液管 吸量管	以所量最大容积（mL）表示。吸量管：10 mL、5 mL、2 mL、1 mL。移液管：50 mL、25 mL、20 mL、10 mL、5mL	用来准确吸取一定量的液体	不能加热
 容量瓶	以容积（mL）表示，如 1 000 mL、500 mL、250 mL、100 mL、50 mL、25 mL	用于准确配制一定浓度的溶液	（1）不能受热； （2）不能存储溶液； （3）不能在其中溶解固体； （4）塞与瓶是配套的，不能互换
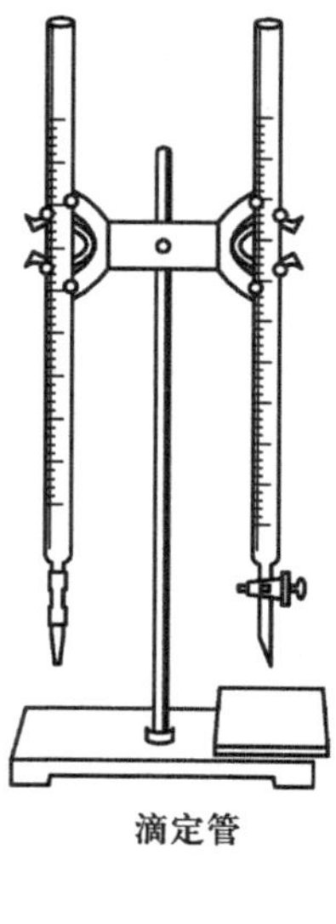 滴定管	以容积（mL）表示，如 50 mL、25 mL	用于溶液滴定	受光易分解的滴定液要用棕色滴定管

续表

仪器	规格	用途	注意事项
 短颈漏斗 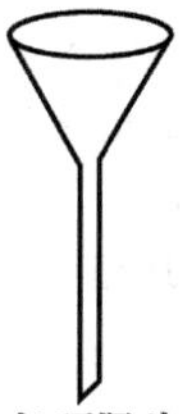 长颈漏斗	以口径（cm）表示。分长颈和短颈，如6 cm长颈漏斗	过滤用	
(a) (b) 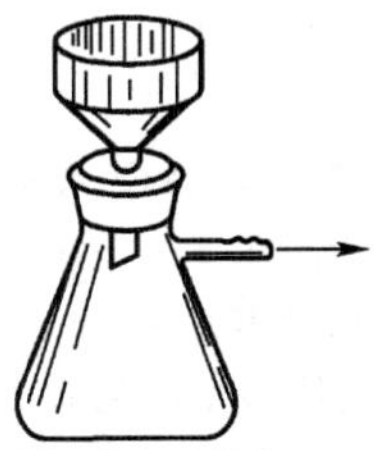 布氏漏斗和吸滤瓶	布氏漏斗（a）为瓷质，以容积（mL）或口径（cm）表示。吸滤瓶（b）以容积大小表示	两者配套用于过滤沉淀与溶液。利用水泵或真空泵降低吸滤瓶中压力以加速过滤	滤纸要略小于漏斗内径才能贴紧。先开水泵后过滤。过滤毕，先将泵与吸滤瓶的连接处断开，再关泵
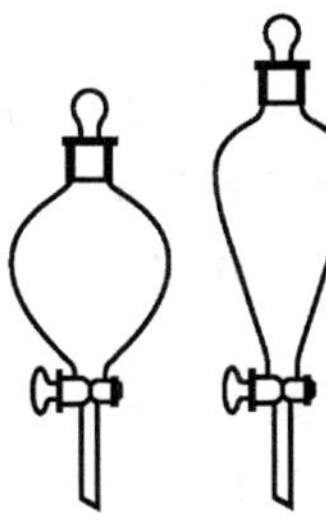 分液漏斗	以容积（mL）和漏斗的形状（球形、梨形）表示，如 100 mL 球形分液漏斗	萃取时用于分离两种互不相溶的溶液	旋塞要用橡皮筋系于漏斗颈上，避免滑出
 漏斗架	木制。漏斗板可上下升降，并以螺丝固定	过滤时承放漏斗	固定漏斗板时不得倒放
 (a)  (b) 试剂瓶	试剂瓶分广口瓶（a）和细口瓶（b），材质分玻璃或塑料，又分无色和有色。以容积（mL）表示，如 1 000 mL、500 mL、250 mL、125 mL	广口瓶盛放固体试剂，细口瓶盛放液体试剂	（1）盛碱性物质要用橡胶塞； （2）受光易分解的物质用棕色瓶盛放； （3）取用试剂时瓶塞要倒放在台面上

续表

仪器	规格	用途	注意事项
 滴瓶	以容积(mL)表示，分无色和棕色	盛放液体试剂	(1) 受光易分解的试剂用棕色瓶盛放； (2) 其他使用注意事项见滴管
 滴管	材料:尖嘴玻璃管和乳胶头	(1) 滴加少量试剂 (2) 吸取沉淀的上层清液以分离沉淀	(1) 滴加试剂时要保持垂直,尤忌倒立； (2) 除吸取溶液外,管尖不可触及其他器物以免沾污
 烧结玻璃坩埚	以坩埚的孔径(μm)大小分为六种号码:20～30 μm、10～15 μm、4～9 μm、3～4 μm、1.5～2.5 μm、1.5 μm以下	用于定量分析中过滤只需低温干燥的沉淀	(1) 选择合适孔径的坩埚； (2) 干燥温度最高不得超过500 ℃,最适宜在150 ℃以下烘干沉淀； (3) 不适用于过滤胶状沉淀或碱性较强的溶液
 蒸发皿	材料:瓷质。分有柄和无柄。以容积(mL)表示,如125 mL、100 mL、35 mL	反应容器,用于蒸发液体	耐高温,能直接用火烧。高温时不能骤冷
 表面皿	以直径(cm)表示,如9 cm、7 cm、6 cm	盖在蒸发皿或烧杯上以免液体溅出	不能直接加热
 坩埚	以容积(mL)表示，如30 mL、25 mL。材质有瓷、铁、铂、镍之分	用以灼烧固体,耐高温	(1) 可直接用火灼烧； (2) 取高温坩埚时坩埚钳需预热； (3) 取下的高温坩埚不能放台面上,要放在石棉网上； (4) 灼热坩埚不能骤冷

续表

仪器	规格	用途	注意事项
 泥三角	材料:瓷管和铁丝	灼烧坩埚时用于承放坩埚	
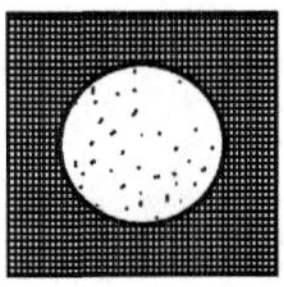 石棉网	由铁丝编成,中间涂有石棉。有大小之分	石棉导热性差,能使加热的物体受热均匀,不致造成局部高温	不能使石棉与水直接接触,以免石棉脱落、铁丝锈蚀
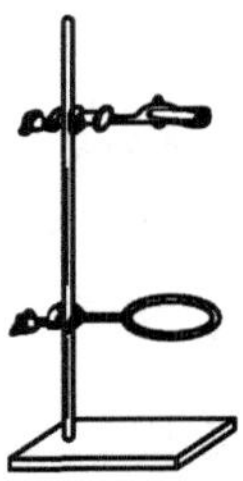 铁架台		用于固定反应容器	应先将铁夹、铁环等放至合适高度并用螺丝固定后再使用
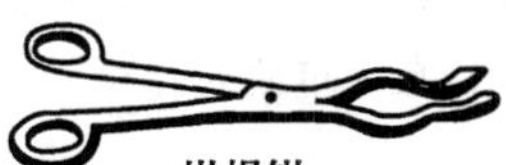 坩埚钳		加热坩埚时夹取坩埚或坩埚盖用	(1) 不要与化学药品接触,防止锈蚀; (2) 放置时要头部朝上,防止沾污
 研钵	以口径大小表示。材质有铁、瓷、玻璃或玛瑙之分	用以研磨固体物质	(1) 不能用作反应容器; (2) 只能研磨,不能敲击
 水浴锅	材质有铜、铝之分	用于间接加热,也可用于控温实验	

续表

仪器	规格	用途	注意事项
 药匙	材质有瓷、骨、塑料等之分	取固体试剂用	取少量固体时用小头一端
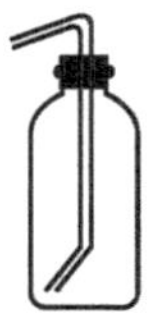 洗瓶	以容积（mL）表示。材质有玻璃、塑料之分	用蒸馏水洗涤沉淀或容器	
 称量瓶	以外径×高（mm×mm）表示。有“扁形”和“高形”之分	用于准确称量时盛装固体物质	(1) 不能直接在火上加热； (2) 瓶与盖是配套的，不能互换
 干燥器	以直径（cm）表示	内放干燥剂，可保持样品和产物的干燥	防止盖滑动打碎。过热物质必须稍冷后才可放入
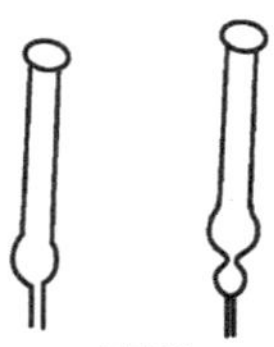 干燥管		盛干燥剂用	干燥剂置于球形部分，不宜过多。小管与球形交界处放少量棉花填充
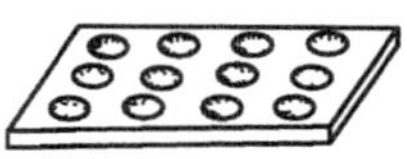 点滴板	瓷质。有白色、黑色之分。有 1 凹穴、6 凹穴、9 凹穴、12 凹穴等	用于点滴反应，以及一般不需分离的沉淀反应及显色反应	白色沉淀用黑色板，有色沉淀用白色板

第三节　玻璃仪器的洗涤与干燥

一、玻璃仪器的洗涤

玻璃仪器是否洗净，对实验结果的准确度和精密度有直接影响。因此，洗涤玻璃仪器是化学实验工作中的一个重要环节。洗涤玻璃仪器时，要求掌握洗涤的一般步骤、方法、洗净标准、洗涤剂种类与使用范围等。

1. 玻璃仪器的洗涤方法

（1）新玻璃仪器的洗涤方法　新购置的玻璃仪器含游离碱较多，最好先在质量分数为 0.02 的盐酸内浸泡一段时间后，再用自来水冲洗干净。玻璃仪器经洗涤后，若内壁的水均匀分布成一薄层，表示完全洗净，至此再用少许蒸馏水冲洗 2～3 次，洗去自来水带来的杂质后即可使用。

（2）使用过的玻璃仪器的洗涤方法　对于水溶性污物，先用毛刷蘸水刷洗仪器，再用自来水冲去可溶性物质及表面黏附的灰尘。也可以直接用自来水冲洗，然后再用蒸馏水冲洗 2～3 次即可。当沾有的污物用水洗不掉时，要根据污物的性质选用不同的洗涤剂洗涤，才能有效地洗净仪器。

2. 常用洗涤剂及使用范围

针对玻璃仪器沾污物的性质，实验室常用去污粉、洗衣粉、铬酸洗液、酸性或碱性洗液、盐酸-乙醇洗液及有机溶剂等洗涤玻璃仪器。洗涤时，先将待清洗玻璃仪器用自来水冲洗一遍，尽量将附着在仪器上的水控净，然后再用适当的洗涤剂浸泡。

（1）肥皂、皂液、去污粉、洗衣粉等洗涤剂常用于毛刷直接刷洗的玻璃仪器。洗涤剂直接刷洗如烧杯、锥形瓶、试剂瓶等形状简单的仪器，毛刷可以刷到的仪器，大部分是分析测定中用的非计量仪器。

（2）洗液（酸性或碱性）多用于不便用毛刷或不能用毛刷洗刷的仪器，如滴定管、移液管、容量瓶、比色管、比色皿等和计量有关的仪器。碱性物质及大多数无机盐类可用稀 HCl 洗液，而 $KMnO_4$ 沾污留下的 MnO_2 污物可用草酸洗液洗净。

（3）针对污物的类型不同，可选用不同的有机溶剂洗涤，如苯、二甲苯、氯仿、乙酸乙酯等。如果要除去洗净玻璃仪器上带的水分可以用乙醇、丙酮，最后再用乙醚。

常用洗涤剂的配制、用途及使用注意事项见表 1-2。

表 1-2　几种常用洗涤剂

洗涤剂及其配制方法	用途	备注
合成洗涤剂：将市售的洗衣液、洗衣粉及餐具洗涤剂等配制为质量分数为 0.01～0.05 的水溶液	用于去除少量油污，必要时可加热或短时间浸泡	

续表

洗涤剂及其配制方法	用途	备注
铬酸洗液：称取 25 g 化学纯 $K_2Cr_2O_7$ 置于烧杯中，加 50 mL 水加热溶解，降至室温，然后一边搅拌一边慢慢沿着烧杯壁加入 450 mL 工业硫酸，冷却后转移到具玻璃塞的细口瓶中保存	用于去除油污	(1) 洗液可反复使用，当溶液由红棕色变为绿色时，表示洗液已经失效； (2) 铬有毒，用完的洗液不能倒掉，应统一处理； (3) 洗液腐蚀性很强，使用时应特别小心，避免溅到手、衣物、实验台及地面上
工业盐酸(1：1)	用于去除碱性物质和无机物残渣	
碱性溶液：质量分数为 0.10 的 NaOH 水溶液	用于去除油污，加热时洗涤效果更好	长时间加热会腐蚀玻璃
草酸洗液：将 5.0～10.0 g 草酸溶于 100 mL 水中，加入少量浓盐酸	用于去除 Mn、Fe 等氧化物	加热时洗涤效果更好
盐酸-乙醇洗液：将化学纯的盐酸与乙醇以 1：2 的体积比混合	用于洗涤被染色的比色皿、比色管及吸量管等	

3. **检查**

玻璃仪器经过洗刷或浸泡后，用少量水淋洗一下，然后将水倒出并将仪器倒立，如果仪器透明，器壁不挂水珠，则表示仪器已经洗干净，否则要重新洗涤。洗净的仪器再用去离子水或蒸馏水淋洗 3 次。已经洗净的仪器不能再用布或纸擦拭，否则布或纸的纤维会沾污仪器。

需要说明的是分析实验中经常使用各种量器，如滴定管、移液管、容量瓶等，这些量器不能使用去污粉洗涤。因为去污粉由碳酸钠、白土和细沙混合而成，如果用刷子蘸取洗刷会磨损量器内壁。若量器内壁黏附的油脂性污物用自来水冲洗不干净时，可选用合适的洗涤剂洗涤，必要时可将洗涤剂预先加热并浸泡一段时间再进行洗涤。滴定管等量器不宜使用强碱性洗涤剂，避免玻璃受腐蚀而影响量器的精度。合成洗涤剂高效、低毒，既能溶解油污，又能溶于水，对玻璃仪器的腐蚀性小，不会损坏玻璃，是洗涤玻璃仪器的最佳选择。

二、玻璃仪器的干燥

1. 不加热方法干燥玻璃仪器

(1) 晾干　洗净的玻璃仪器可倒置于干净的实验柜内或仪器干燥架上，让其自然晾干。

（2）吹干　将仪器倒置，可用吹风机将玻璃仪器吹干。

（3）用有机溶剂干燥　有些有机溶剂可以和水相溶，最常用的是酒精。在玻璃仪器内加入少量酒精，将玻璃仪器倾斜转动，器壁上的水即与酒精混合，然后倾出酒精和水。留在仪器内的酒精很快挥发而使仪器干燥。

2. 加热方法干燥玻璃仪器

（1）烘干　洗净的玻璃仪器一般放在玻璃仪器气流烘干机上烘干，也可以放入恒温箱内烘干，放置仪器时应注意平放或使仪器口朝下。

（2）烤干　烧杯或蒸发皿可置于石棉网上用火烤干。

需要注意的是，带有刻度的玻璃仪器不能用加热的方法进行干燥，加热会影响这些仪器的精密度，也可能造成仪器破裂。

第四节　实验用水的制备与检验

分析实验需要纯水。分析方法和分析项目不同，所要求水的纯度也不同。可以根据实际工作需要选择不同级别的水。

一、实验用水的规格

根据中华人民共和国国家标准《分析实验室用水规格及试验方法》（GB/T 6682—2016）规定，分析实验室用水分为三个级别：一级水、二级水和三级水。分析实验室用水应符合表 1-3 所列规格。

表 1-3　分析实验室用水的规格

指标	一级水	二级水	三级水
pH 范围（25 ℃）	—	—	5.0～7.5
电导率（25 ℃）/（$mS \cdot m^{-1}$）	≤0.01	≤0.10	≤0.50
可氧化物质含量（以氧计）/（$mg \cdot L^{-1}$）	—	≤0.08	≤0.4
吸光度（254 nm，1 cm 光程）	≤0.001	≤0.01	—
蒸发残渣含量[（105±2）℃]/（$mg \cdot L^{-1}$）	—	≤1.0	≤2.0
可溶性硅含量（以 SiO_2 计）/（$mg \cdot L^{-1}$）	≤0.01	≤0.02	—

二、制备方法

通常采用蒸馏法、离子交换法，还有电渗析法。

1. 蒸馏法

用蒸馏法制备纯水的优点是操作简便，可以除去非离子杂质和离子杂质。缺点是产量低，成本高。

用蒸馏法制纯水的机理是利用杂质和水挥发性的差异,借蒸馏把水与杂质分开。杂质有挥发性和不挥发性两种,对于不挥发性杂质,如多数无机盐、碱和某些有机物,可以借助蒸馏方法除去。水加热后变成水蒸气,水蒸气经过冷凝器冷却又变成水,而不挥发性杂质仍留在蒸馏器中。对于挥发性的杂质如水中的气体、挥发酚、某些有机物和一些加热易分解的盐类,单靠蒸馏是分不开的,还需另做处理。

2. 离子交换法

离子交换法制备的纯水叫"去离子水"。它是利用离子交换树脂的离子交换作用将水中杂质离子除去。此法的优点是操作简便,设备简单,出水量大,成本低。缺点是不能完全除去有机物质和非电解质。要想获得既无电解质又无非电解质和微生物等杂质的纯水,就需要将"去离子水"再进行蒸馏。

3. 电渗析法

电渗析法是在外加电场的作用下,利用阴、阳离子交换膜对水中离子选择性透过,除去水中离子型杂质,但无法除去非离子型杂质。

三、纯水质量检验

电导率是水质量的主要指标之一,可通过测定电导率确定水的级别。也可对水样进行 pH 测定、最大耗氧量测定、吸光度测定及 SiO_2 的测定,还可根据实际工作需要对水样的其他相关指标进行检验。但用化学方法检验水的纯度操作比较麻烦,所以一般都依据电导率仪测定纯水的电阻率来检查水的纯度(表 1-4)。

表 1-4 各种纯度的水及其电阻率(298 K)

种类	电阻率 $\rho/(\Omega\cdot cm)$
自来水	1 900
纯水(理论值)	18 300 000
混合床纯水(强酸型+强碱型树脂)	18 000 000
复床式纯水(强酸型→强碱型树脂)	1 000 000
蒸馏水(商品)	100 000
蒸馏水(玻璃蒸馏器中蒸馏 1 次)	500 000
蒸馏水(玻璃蒸馏器中蒸馏 2 次)	1 000 000
蒸馏水(石英蒸馏器中蒸馏 3 次)	2 000 000
蒸馏水(石英蒸馏器中蒸馏 28 次)	16 000 000

第五节 化学试剂的规格与储存

一、化学试剂的规格

化学试剂根据纯度及杂质含量的多少,可将其分为以下几个等级。

(1) 优级纯试剂 亦称保证试剂,为一级品,纯度高,杂质极少,主要用于精密分析和科学研究,常以 GR 表示。

(2) 分析纯试剂 亦称分析试剂,为二级品,纯度略低于优级纯,杂质含量略高于优级纯,适用于重要分析和一般性研究工作,常以 AR 表示。

(3) 化学纯试剂 为三级品,纯度较分析纯差,但高于实验试剂,适用于工厂、学校一般性的分析工作,常以 CP 表示。

(4) 实验试剂 为四级品,纯度比化学纯差,但比工业品纯度高,主要用于一般化学实验,不能用于分析工作,常以 LR 表示。

以上按试剂纯度的分类法已在我国通用。根据化学工业部颁布的"化学试剂包装及标志"的规定,化学试剂的不同等级分别用各种不同的颜色来标志,见表 1-5。

表 1-5 我国化学试剂的等级及标志

质量次序	1	2	3	4	5
级别	一级品	二级品	三级品	四级品	
中文标志	优级纯	分析纯	化学纯	实验试剂	生化试剂
符号	GR	AR	CP	LR	BR
瓶签颜色	绿色	红色	蓝色	棕色等	黄色等

化学试剂除上述几个等级外,还有基准试剂、光谱纯试剂及超纯试剂等。基准试剂相当或高于优级纯试剂,其专门用作滴定分析的基准物质,用以确定未知溶液的准确浓度或直接配制标准溶液,其主成分的质量分数一般大于 0.999 5,杂质总量不超过 0.000 5。光谱纯试剂主要用于光谱分析中作标准物质,其杂质用光谱分析法测不出或杂质低于某一限度,纯度在 0.999 9 以上。超纯试剂又称高纯试剂,是用一些特殊设备如石英、铂器皿生产的。

除上述化学试剂外,还有许多特殊规格的试剂,如生物染色剂、色谱用试剂及高纯工艺用试剂等。

二、化学试剂的储存

化学试剂存放要依据物质自身的物理性质和化学性质,降低或杜绝物质变性、自然损耗,方便试剂取用是总原则。因此要考虑试剂瓶瓶质、瓶口、瓶塞、瓶体颜色、防护性试剂与环境措施等诸多方面的问题。

1. 化学试剂对试剂瓶的使用要求

(1) 对试剂瓶材质的要求 HF 溶液因腐蚀玻璃而不能用玻璃瓶盛放,可用塑料瓶或铅皿盛放。其他试剂一般用玻璃瓶保存。

(2) 对试剂瓶瓶口的要求 一般性固体试剂存放在广口瓶中,一般性液体试剂存放在细口瓶中。

(3) 对试剂瓶瓶塞的要求 盛放碱性物质(如 NaOH,Na_2CO_3,Na_2S 等溶液)或水玻璃的试剂瓶必须用橡胶塞、软木塞。因为碱性物质或水玻璃均能与玻璃中的二氧化硅发生反应,导致瓶与塞的黏结。其他不做特殊说明以玻璃塞为宜。

(4) 对试剂瓶瓶体颜色的要求 见光易分解的试剂应存放在棕色瓶中。如 $AgNO_3$ 溶液、氯水、过氧化氢、溴水及不稳定有机物等,其余一般存放在无色试剂瓶中。

(5) 滴瓶的使用 滴瓶不能存放易于蒸发、挥发且对乳胶头有腐蚀作用的液体试剂。滴瓶一般不用于长期保存试剂。见光易分解的试剂应存放在棕色瓶中。

2. 不稳定试剂的保存

(1) 常用不稳定试剂的分类及要求

① 易挥发、低燃点的试剂要密封,放于阴凉、通风、远离火源处保存。

② 易挥发或自身易分解的试剂要密封,放于阴凉、通风处保存。如浓硝酸、浓盐酸、浓氨水、$AgNO_3$ 溶液、液溴(水封)等。

③ 易与氧气作用的试剂,如亚硫酸盐、苯酚、亚铁盐、碘化物、硫化物等应将其固体或晶体密封保存,不宜长期存放其水溶液;亚硫酸、硫化氢溶液要密封存放;钾、钠、白磷更要采用液封形式。

④ 与二氧化碳反应的物质要密封保存。如碱类:NaOH、$Ca(OH)_2$、$Ba(OH)_2$ 等;如弱酸盐类:水玻璃、漂白粉、偏铝酸钠、苯酚钠、Na_2O、Na_2O_2 等。由于其相应的溶液较固体更易反应,所以更要注意密封保存。

⑤ 与水蒸气、水发生反应的物质要密封,并远离水源保存。如电石(CaC_2)、生石灰(CaO)、浓硫酸、无水硫酸铜($CuSO_4$)、各种干燥剂(硅胶、碱石灰、P_2O_5、$CaCl_2$ 等)、K、Na、Mg、Na_2O_2 更要同时具备所有要求。

(2) 需要借助其他物质密封保存的不稳定试剂

① 需要借助液体物质保存,如钾、钠保存在煤油或液体石蜡之中;白磷保存在水中;液溴要用水封。

② 需要借助固体物质保存,如锂保存在石蜡中。

3. 易燃物品的保存

白磷放置在空气中易被氧化而自燃,应保存在冷水中,放置在阴凉避光处,冬天还要防止储存它的玻璃瓶因结冰而胀破。活动性强的金属,如钾、钠等,与水接触会产生易燃气体,所以金属钾、钠应保存在煤油里。石油产品都易燃,如汽油、乙醚、甲醇、乙醇、煤油,这些液体要盛放在密闭容器中,远离火源,放在阴凉处保存,注意通风换气,并准备充足的灭火器械。

4. 易爆物品的保存

氯酸盐、高锰酸盐都具有极强的氧化能力,在受热、撞击或混有还原性物质时常易引起爆炸,所以应存放在阴凉处且必须与还原性(如硫粉、镁粉、铝粉、锌粉、碳粉等)物质或可燃性物质分开，更不能撞击。

5. 剧毒物质的保存

汞盐、白磷等都是剧毒品，一定要将容器口封好，锁在固定的铁橱内或放在地下室的专用柜子里。

6. 强腐蚀剂的保存

浓硫酸、浓盐酸、浓硝酸、NaOH 等都具有极强的腐蚀性，应将瓶塞塞紧，或用石蜡密封，保存在地下室或阴凉处，使用时注意不要沾污皮肤和衣服。

7. 需要密封保存的 6 类试剂

（1）易潮解的物质　NaOH、$CaCl_2$、$ZnCl_2$ 等。

（2）易挥发的物质　乙醚、乙醇、汽油等。

（3）易风化的物质　$Na_2CO_3 \cdot 10H_2O$、$Na_2SO_4 \cdot 10H_2O$ 等。

（4）易吸水结块的物质　$(NH_4)_2SO_4$、NH_4NO_3 等。

（5）易氧化变质的物质　Na_2SO_3、$FeSO_4$、$FeCl_2$ 等。

（6）易与 CO_2 反应的物质　NaOH、KOH 等。

对于有些易挥发的液体，为防止挥发，可以在液面上加几毫升水，进行水封，如四氯化碳、二硫化碳、水银等。

8. 见光易分解或变质的试剂的保存

如硝酸银、亚铁盐、碘化钾、硝酸汞等，应放在棕色瓶内，置于冷暗处，避光保存。

9. 显强氧化性的物质和有机溶剂的保存

因其能腐蚀橡胶，故不能盛放在带橡胶塞的玻璃瓶中，如强氧化性物质浓硝酸、$KMnO_4$ 等，以及有机溶剂汽油、四氯化碳等。

第六节　溶液的浓度与溶液的配制

一、定量实验中常用的溶液浓度及计算式

溶液的浓度是表示在一定的溶液或溶剂中所含溶质的量。在化学实验中常用的浓度表示方法有以下几种：

1. 比例浓度（*V*/*V*）

比例浓度（也称稀释比浓度或体积比浓度）是用浓的（市售原装）液体试剂与溶剂的体积比来表示的浓度。比例浓度中的前一个数字表示浓试剂的体积，后一个数字表示溶剂（通常是水）的体积。例如，1∶2 HCl 溶液是指该 HCl 溶液是由 1 体积市售浓度的 HCl 溶液（$12\ mol \cdot L^{-1}$）和 2 体积水配制而成的。

2. 某物质 B 的质量分数

某物质 B 的质量与混合物总质量之比，称为 B 的质量分数，用 w_B 表示，为量纲一的量。混合系统中各种组分的质量分数之和为 1。

$$\sum_{B} w_B = 1$$

3. 某物质 B 的物质的量浓度

按国际单位制规定,溶液中某成分 B 的物质的量浓度(简称浓度),是指单位体积溶液中所含溶质 B 的物质的量,用 c_B 表示。

B 是溶质的基本单元,c_B 的 SI 单位是 $mol \cdot m^{-3}$,但这个单位使用时不方便,故常用的是 $mol \cdot dm^{-3}$,即 $mol \cdot L^{-1}$。

4. 滴定度

滴定度是用每毫升标准溶液相当于被测物质的质量(g)来表示的。例如,$T(Fe/K_2Cr_2O_7) = 0.005\,585\ g \cdot mL^{-1}$,表示 $K_2Cr_2O_7$ 测定 Fe 含量时,1 mL $K_2Cr_2O_7$ 标准溶液相当于被测物质 Fe 0.005 585 g。在常规分析某一固定组分时,标准溶液的浓度常用此法表示,对计算测定结果极为方便。

二、溶液的配制

化学实验中,水是最常用的溶剂。一般所用的水是蒸馏水。有时根据实验的需求也用去离子水或重蒸水。通常不指明溶剂的溶液即指为水溶液。

化学实验中所用的溶液有两大类:一类为一般溶液,只有大致的浓度,即实验中所用的辅助试剂(如指示剂、沉淀剂、洗涤剂、显色剂等);另一类为标准溶液,具有准确的浓度。

1. 一般溶液的配制

一般溶液的浓度通常用比例浓度、质量分数或物质的量浓度表示。

(1) 用固体试剂配制　根据实验要求,用台秤称取适量的固体试剂,溶于适量水中(若是易水解的盐,则需加入适量的酸),必要时以小火加热助溶,稀释至所需体积,冷却后转移至试剂瓶,贴上标签,注明溶液的名称、浓度及配制日期,摇匀备用。切忌将固体试剂直接放入试剂瓶溶解,以防止因溶解发热而导致试剂瓶破裂或溶解不完全。

(2) 用液体试剂配制　用量筒量取合适量的试剂,加入适量的水,稀释至所需体积,冷至室温,再转移至试剂瓶,贴上标签,注明溶液的名称、浓度及配制日期,摇匀备用。

2. 标准溶液的配制

标准溶液的浓度通常用物质的量浓度 c_B 和滴定度 T 来表示。标准溶液有两种配制方法。

(1) 直接法　准确称取一定质量的基准物质,溶解后再定量转移至容量瓶中,用水稀释至刻度。根据试剂的质量和容量瓶的体积,即可计算溶液的准确浓度。

常用基准物质的干燥条件及应用见表 1-6。

表 1-6　常用基准物质的干燥条件及应用

基准物质		干燥后组成	干燥条件	标定对象
名称	分子式			
碳酸氢钠	$NaHCO_3$	Na_2CO_3	270 ~ 300 ℃	酸

续表

基准物质		干燥后组成	干燥条件	标定对象
名称	分子式			
碳酸钠	$Na_2CO_3 \cdot 10H_2O$	Na_2CO_3	270～300 ℃	酸
硼砂	$Na_2B_4O_7 \cdot 10H_2O$	$Na_2B_4O_7 \cdot 10H_2O$	放于含 NaCl 和蔗糖饱和溶液的干燥器中	酸
碳酸氢钾	$KHCO_3$	$KHCO_3$	270～300 ℃	酸
草酸	$H_2C_2O_4 \cdot 2H_2O$	$H_2C_2O_4$	室温空气干燥	碱或 $KMnO_4$
邻苯二甲酸氢钾	$KHC_8H_4O_4$	$KHC_8H_4O_4$	110～120 ℃	碱
重铬酸钾	$K_2Cr_2O_7$	$K_2Cr_2O_7$	140～150 ℃	还原剂
溴酸钾	$KBrO_3$	$KBrO_3$	130 ℃	还原剂
碘酸钾	KIO_3	KIO_3	130 ℃	还原剂
铜	Cu	Cu	室温干燥器中保存	还原剂
三氧化二砷	As_2O_3	As_2O_3	室温干燥器中保存	氧化剂
草酸钠	$Na_2C_2O_4$	$Na_2C_2O_4$	130 ℃	氧化剂
碳酸钙	$CaCO_3$	$CaCO_3$	110 ℃	EDTA
锌	Zn	Zn	室温干燥器中保存	EDTA
氧化锌	ZnO	ZnO	900～1 000 ℃	EDTA
氯化钠	NaCl	NaCl	500～600 ℃	$AgNO_3$
氯化钾	KCl	KCl	500～600 ℃	$AgNO_3$
硝酸银	$AgNO_3$	$AgNO_3$	280～290 ℃	氯化物
氨基磺酸	$HOSO_2NH_2$	$HOSO_2NH_2$	在真空 H_2SO_4 干燥器中放置 48 h	碱

（2）间接法　只有少数试剂符合基准物质的要求，所以大部分标准溶液不能用直接法来配制。间接法是先将溶液配制成所需的近似浓度，然后用另一基准试剂或标准溶液来测定它的浓度（这种操作过程称为标定）。例如，HCl 溶液的浓度可用硼砂作为基准物质进行标定，也可以用标准 NaOH 溶液进行标定。用已知准确浓度的标准溶液标定，方法简单，但准确度不及用基准试剂标定的高。因为在确定标准溶液浓度时，已存在误差，在进行标定时又引入误差，误差的积累，对结果的影响较大。因此标定应尽可能采用基准试剂。一般标定需做 3 次平行测定。

第二章　定量分析实验仪器与基本操作

第一节　滴定分析仪器与基本操作

滴定分析是将某种标准溶液滴加到被测物质的溶液中，直到所加标准溶液与被测物质按化学式计量关系反应完全为止，然后根据标准溶液的浓度和所加入的体积求出被测物质含量的分析方法。此法不仅要求标准溶液的浓度准确，而且要有能准确测量溶液体积的仪器（简称量器）。

一、量器的分类与分级

量器通常分为两类：一类是量出式量器，如滴定管、移液管等，用于准确量取液体体积，在量器上标有“Ex”字样。另一类是量入式量器，如容量瓶等，用于测量注入量器中液体的体积（即溶液定容），在量器上标有“In”字样。

量器根据容量允差和水的流出时间（流出时间是指量器内全量液体通过流液嘴自然流出的时间）分为 A、A_2、B 三级，具体指标如表 2-1 所示。

表 2-1　量器分级标准举例

量器名称	容积 V/mL	容量允差 V/mL			水的流出时间 t/s	
		A 级	A_2 级	B 级	A、A_2 级	B 级
滴定管	25.00	±0.040	±0.060	±0.080	45～70	35～70
移液管	25.00	±0.030		±0.060	25～35(A)	20～35
容量瓶	500.0	±0.25		±0.50		

注：标准温度 20 ℃；移液管和容量瓶为全容量；滴定管为全容量和零至任意分量。

从表 2-1 中看出，A 级的准确度比 B 级高一倍。A_2 级的准确度介于 A、B 级之间，但水的流出时间与 A 级相同。量器的级别标志，曾用“一等”“二等”“Ⅰ”“Ⅱ”或“<1>”“<2>”等表示。无上述字样符号的量器，则表示是无级别的，如量筒、量杯等。此外，快流式量器（如移液管等）标有“快”字，吹出式量器（如吸量管等）标有“吹”字。

在滴定分析中，测量体积的误差要比称量误差大。测量溶液体积的误差一取决于所用量器的容积刻度是否准确；二取决于量器是否干净、量器的准备和操作是否正确。

二、量器的基本操作技术

1. 滴定管

滴定管是滴定分析中最常用的计量仪器，是滴定时用来准确测量放出滴定溶液体积的量器。按用途可分为酸式滴定管[图 2-1(a)]和碱式滴定管[图 2-1(b)]。按容量大小可分为常量滴定管、半微量滴定管和微量滴定管[图 2-1(c)]。另外有一种自动滴定管[图 2-1(d)]，是将贮液瓶与具塞滴定管通过磨口塞连接在一起的滴定装置，加液方便，自动调零点，适用于常规分析中经常使用同一标准溶液的滴定操作。

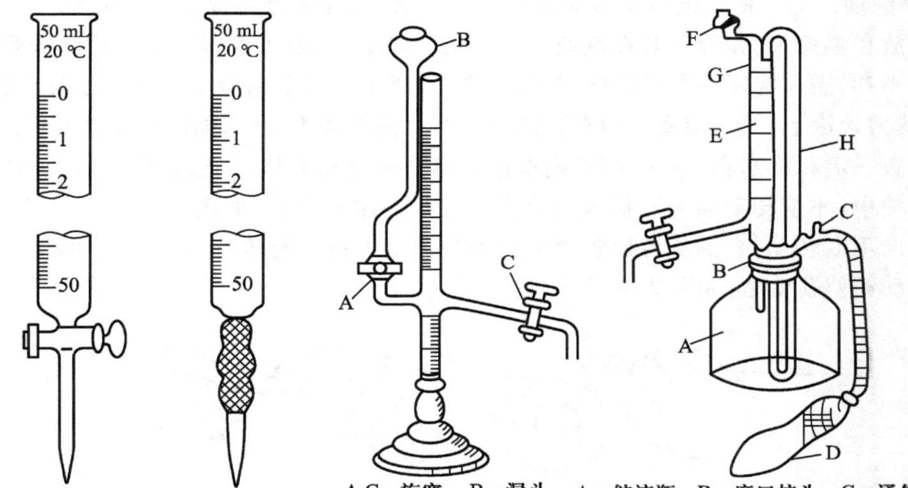

A,C—旋塞；B—漏斗　A—储液瓶；B—磨口接头；C—通气口；D—打气球；E—量管；F—防御管；G,H—玻璃管

(a) 酸式滴定管　(b) 碱式滴定管　(c) 微量滴定管　(d) 自动滴定管

图 2-1　滴定管

常量滴定管：容积有 25 mL、50 mL、100 mL 等，其最小刻度为 0.1 mL，读数可估计到 0.01 mL，完成一次滴定的读数误差为±0.02 mL。常量分析中最常用的是容积为 50 mL 的滴定管。

酸式滴定管用玻璃磨口旋塞控制溶液流量。可装入酸性、中性及氧化性溶液。不宜装入碱性溶液，尤其不宜装入强碱性溶液，管中久放强碱性溶液会使旋塞套黏合，难以转动。碱式滴定管的下端连接一段放有玻璃珠的橡胶管，橡胶管的下端再连接一支尖嘴玻璃管。玻璃珠用于控制碱溶液的流量。碱式滴定管可盛碱性溶液和无氧化性溶液。具有氧化性的溶液(如 $KMnO_4$，I_2 和 $AgNO_3$ 溶液)和侵蚀橡胶管的酸类均不能使用碱式滴定管。

半微量滴定管：容积为 10 mL，最小刻度为 0.05 mL。一般附有自动加液漏斗。

微量滴定管：容积有 1 mL 或 2 mL、5 mL，最小刻度为 0.005 mL 或 0.01 mL。

(1) 滴定前酸式滴定管的准备

① 检查与清洗。使用前先检查玻璃旋塞是否配套紧密，如不紧密，并有严重的漏水现象，不宜使用。根据实验要求、污物性质和沾污程度来进行清洗。常用的清洗方法为首先用自来水冲

洗，污物洗不掉时，改用合成洗涤剂洗。若还不能洗净时，可用铬酸洗液洗涤，操作如下：关闭旋塞，倒入 10 ~ 15 mL 铬酸洗液于酸式滴定管中，一手拿住滴定管上端无刻度处，另一手拿住旋塞上端无刻度处，边转动边将洗液向管口一端倾斜（严防旋塞脱落），逐渐端平滴定管，让洗液布满全管。然后竖直滴定管，打开旋塞，将洗液放回原瓶中。如果滴定管内壁污染严重，则改用热洗液浸泡一段时间后再洗涤干净。总之，要根据具体情况先用有针对性的洗涤剂进行清洗。如管壁有 MnO_2 沉淀时，可用亚铁盐溶液或 H_2O_2 加酸进行冲洗；盛装 $AgNO_3$ 标准溶液后产生的棕色污垢要用稀硝酸或氨水清洗。

污物清洗后，还必须用自来水冲洗干净，再用蒸馏水清洗三次。将管外壁擦干，检查管内壁是否完全被水均匀润湿不挂水珠。如内壁没有均匀润湿而挂有水珠，则应重新洗涤。

② 旋塞涂油。为了使玻璃旋塞转动灵活并防止漏水，需将旋塞涂上凡士林油。操作如下：把滴定管平放在桌面上，先取下套在旋塞小头上的橡胶圈，后取出旋塞，洗净，用滤纸擦干旋塞。将滤纸卷成小卷，插入旋塞槽进行擦拭，如图 2-2(a) 所示。用手指蘸上少许凡士林在旋塞孔两边均匀地、薄薄地涂上一层，旋塞中间有孔的部位及孔的近旁不能涂，如图 2-2(b) 所示（或者分别在旋塞大头一端和旋塞套小头一端的内壁涂上薄薄一层凡士林）。涂好凡士林的旋塞准确地直插入旋塞槽中（不能转动插入），插入时旋塞孔应与滴定管平行，如图 2-3 所示。将旋塞按紧后向同一方向不断转动，直到从各面观察油膜均匀透明为止。旋转时，应有一定的挤压力，以免旋塞来回移动而使孔受堵，如图 2-4 所示。

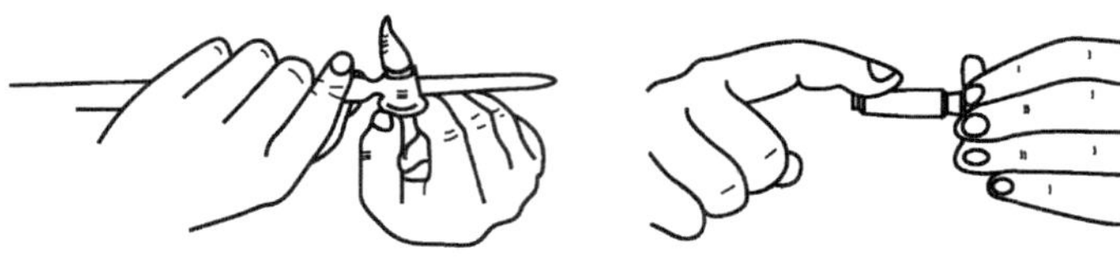

(a) 擦干旋塞内壁手法　　(b) 涂油手法

图 2-2 旋塞涂油

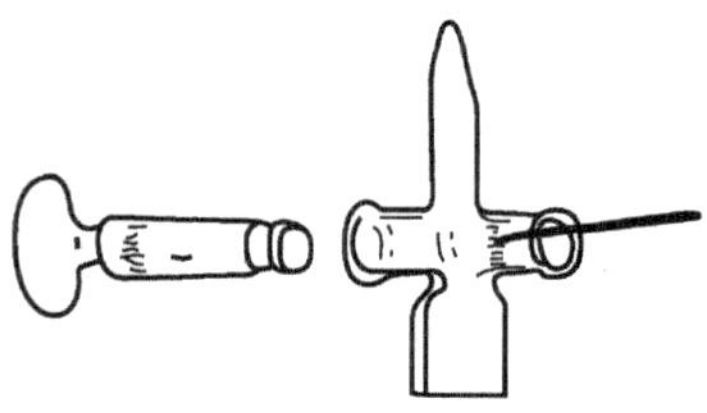

图 2-3 旋塞安装

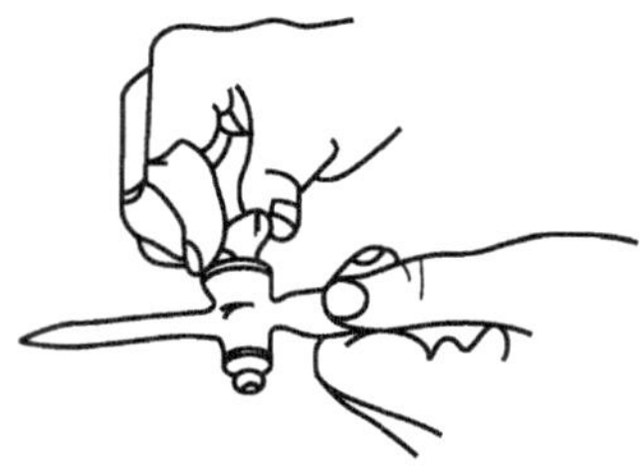

图 2-4 转动旋塞

若发现旋塞转动不灵活或油膜出现纹路，说明涂油不够；如果油从旋塞缝隙溢出或挤入旋塞孔，表示涂油太多。遇到上述情况，必须重新涂油。涂好油后，在旋塞小头套上橡胶圈，防止旋塞脱落。

③ 清除旋塞孔或尖嘴管孔中凡士林的方法。旋塞孔堵塞，比较容易清除，取下旋塞，用细铜丝捅出即可。如果是滴定管尖嘴堵塞，则需用水充满全管，尖嘴浸入热水中，温热片刻后打开旋塞使管内水突然冲下，可把熔化的油带出。若此法不能奏效，则可用四氯化碳浸溶。

④ 试漏。用水装满滴定管至“0”刻度以上,夹在滴定管架上直立静置 1 min,观察旋塞周围有无水滴漏下,再将旋塞旋转 180°,直立静置 1 min,再仔细观察有无水滴漏下。

(2) 滴定前碱式滴定管的准备 使用前先检查碱式滴定管下端橡胶管是否老化、变质。查看橡胶管长度是否合适,橡胶管不宜过长,否则滴定管内液位高时橡胶管膨胀会影响读数。检查玻璃珠的大小是否合适,玻璃珠过大,不便操作,玻璃珠过小则会漏水。玻璃珠不合要求,应及时更换,达到既不漏水,又能灵活控制滴液速度要求。

碱式滴定管的洗涤方法和酸式滴定管的洗涤基本相同,注意选择合适的洗涤剂。如果需用铬酸洗液时,不能让铬酸洗液接触橡胶管。可把碱式滴定管倒立于盛有铬酸洗液的烧杯中,将滴定管尖嘴连接在抽气泵上,打开泵轻轻挤玻璃珠抽气,让洗液徐徐上升到接近橡胶管处为止。浸泡 20 ~ 30 min。拆除抽气泵,轻挤玻璃珠放进空气使洗液回到烧杯中。然后用自来水和蒸馏水依次冲洗。用洗耳球代替抽气泵亦可。

(3) 通用滴定管 还有一种带有聚四氟乙烯旋塞的滴定管,因聚四氟乙烯可抗酸、抗碱、抗氧化,故适用于任何标准溶液。聚四氟乙烯旋塞具有自润滑作用,旋塞不需要涂油处理,其他使用方法同酸式滴定管。

(4) 装入滴定液

① 用滴定液润洗。在正式装入滴定液前,应先用滴定液润洗滴定管内壁三次,每次用 8 mL 左右。润洗方法是:两手平持滴定管,边转动边倾斜管身,使滴定液洗遍全部内壁,从管口放出少量滴定液,然后,打开旋塞冲洗管尖嘴部分,尽量放净残留液。对于碱式滴定管,要特别注意玻璃珠下方部位的润洗。

② 装入滴定液。滴定管用滴定液润洗后,可将滴定液直接装入滴定管中,不得借用其他任何量器来转移。装入方法如下:左手持滴定管上部无刻度处使刻度面向手心,将滴定管稍微倾斜,右手拿住试剂瓶将滴定液直接倒入滴定管至“0”刻度以上。

③ 赶走气泡。装入滴定液后,滴定管尖嘴部分会留有空气,应将其排出。酸式滴定管可迅速打开旋塞让溶液急速流出,以赶走气泡。碱式滴定管排出气泡的方法是:右手持滴定管倾斜约 30°,左手把橡胶管向上弯曲,让尖嘴斜向上方,用两指挤玻璃珠稍上边的橡胶管,使溶液从尖嘴管口喷出带走气泡,如图 2-5 所示。排出气泡后重新装满滴定液,将液面调至“0”刻度处。

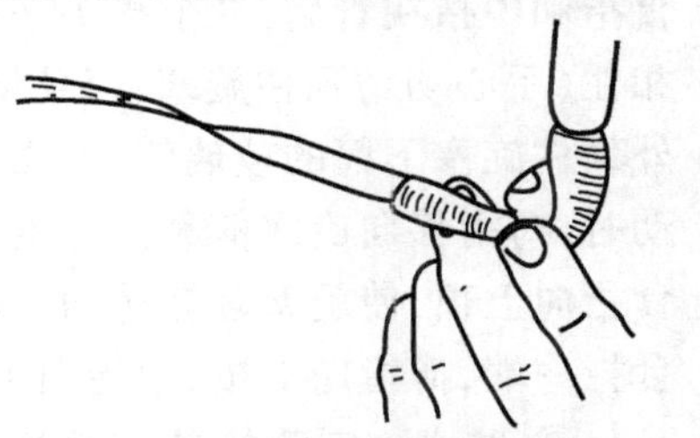

图 2-5 碱式滴定管除泡法

(5) 滴定管的读数 由于滴定管读数不准而引起的误差,是滴定分析误差的主要来源之一。对初学者来说,应多做读数练习,掌握正确读数方法。由于溶液的内聚力和附着力的相互作用,使滴定管内的液面呈弯月面。如果溶液有颜色将会明显减少溶液的透明度,给读数带来困难。为准确读数,应注意以下几点:

① 读数时滴定管要自然垂直。滴定结束后静置约 2 min,将滴定管从滴定管架上取下,用右手大拇指和食指捏住滴定管上端无刻度或无溶液处,使滴定管保持自然垂直状态,然后读数。

② 读数时视线要水平。无色或浅色溶液应读取弯月面的最低点,即读取视线与弯月面相切的刻度,视线不水平会使读数偏低或偏高,如图 2-6(a)所示。深色溶液如 $KMnO_4$ 溶液等,应读取视线与液面两侧最高点相齐时的刻度。

③“蓝带”滴定管读数。“蓝带”滴定管是乳白色衬背上标有蓝线的滴定管。对无色溶液来说其读数以两个弯月面相交的最尖部分为准，如图 2-6(b)所示。当视线与此点水平时即可读数。若为深色溶液则仍应读取视线与液面两侧最高点相齐时的刻度。

④ 读数卡的用法。为了帮助读数，在滴定管背面衬上一黑白两色卡片，中间为 3.0 cm×1.5 cm的黑纸，如图 2-6(c)所示。读数时将卡片放在滴定管的背面，使黑色部分在弯月面下约 1 mm 处，此时可看到弯月面反射层全部成为黑色，这样的弧形液面界线十分清晰，易于读取黑色弯月面下缘最低点的刻度。

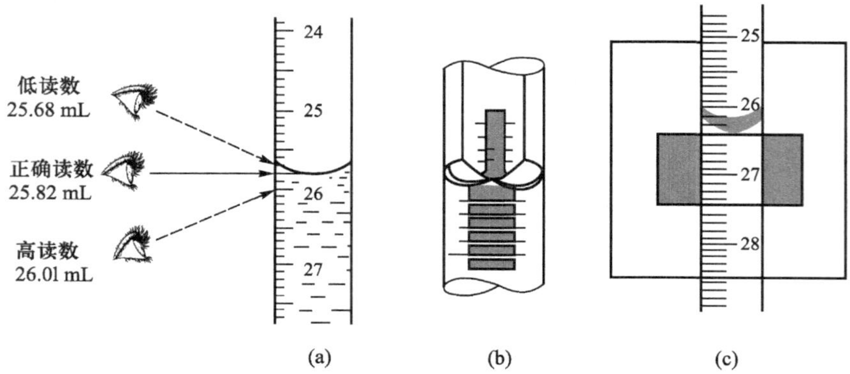

图 2-6 滴定管读数方法

⑤ 读至小数点后两位。常量滴定管上的最小刻度为 0.1 mL，第二位小数是估计值，要求读准至 0.01 mL。

（6）滴定管操作方法

① 酸式滴定管旋塞操作。使用酸式滴定管进行滴定时，将酸式滴定管垂直夹在右边的滴定管夹上。旋塞柄向右，左手从滴定管后向右伸出，拇指在滴定管前，食指和中指在管后，三个指头平行地轻轻控制旋塞旋转，并向左轻轻扣住（手心切勿顶住旋塞，以免漏液），无名指及小指向手心弯曲并向外顶住旋塞下面的玻璃管，如图 2-7 所示。当旋塞按逆时针方向转动时，拇指移向旋塞柄靠身体的一端（与中指在一端），拇指向下按，食指向上顶，使旋塞轻轻转动。旋塞按顺时针方向转动时，拇指移向食指一端，拇指向下按，中指向上顶，使旋塞轻轻转动。

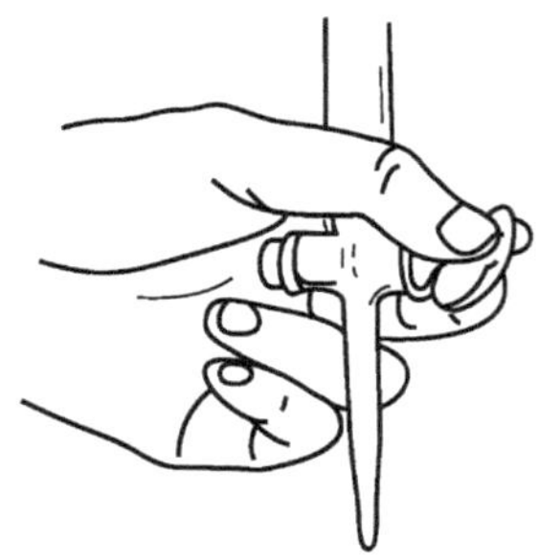
图 2-7 酸式滴定管旋塞操作方法

② 碱式滴定管挤玻璃珠操作。使用碱式滴定管主要是挤玻璃珠的操作，左手拇指和食指挤橡胶管内的玻璃珠，无名指和小指夹住尖嘴玻璃管，向外侧挤压橡胶管将玻璃珠移至手心一侧，在玻璃珠旁形成空隙使溶液流下。注意，不要用力捏玻璃珠，也不要上下挤玻璃珠，尤其不要挤玻璃珠下面的橡胶管，否则空气进入橡胶管形成气泡造成读数误差。

③ 滴定操作。滴定一般在锥形瓶或烧杯中进行。滴定时，滴定管的尖嘴要伸入锥形瓶或烧杯 1～2 cm 深处。若用烧杯，滴定管尖嘴应靠在烧杯内壁上，以防溶液溅出。若用锥形瓶，右手拿锥形瓶颈部，距离滴定台面约 1 cm。滴定时，左手控制旋塞或挤玻璃珠调节溶液流速，右手持

锥形瓶,向同一方向做圆周运动(在烧杯中滴定时要用玻璃棒搅拌)。滴定接近终点时,应放慢速度,一滴一滴加入,最后要半滴半滴加入。每加一滴(或半滴)应充分摇匀,仔细观察滴定终点溶液颜色的变化情况,变色后 0.5 min 不褪色,表示已到达终点。图 2-8(a)为酸式滴定管滴定锥形瓶中的溶液。图 2-8(b)为碱式滴定管滴定烧杯中溶液。图 2-8(c)为使用碘量瓶的滴定,把玻璃塞夹在右手的中指和无名指中间。

(a)　(b)　(c)

图 2-8　滴定操作

④ 熟练掌握控制溶液流速的三种方法。连续式滴加的方法,控制滴定速度每秒 3 ~4 滴;间隙式滴加的方法,能自如地控制溶液一滴一滴地加入;悬而不落,只加半滴,甚至不到半滴的方法,做到控制滴定终点恰到好处。

(7) 滴定操作注意事项

① 滴定前调零。每次滴定最好从 0.00 mL 开始,不超过 1.00 mL 处。调零的好处是:每次滴定所用溶液都差不多占滴定管的同一部位,可以抵消内径不一或刻度不匀引起的误差;同时能保证所装标准溶液足够用,使滴定能一次完成,避免因多次读数而产生误差。

② 控制滴定速度。滴定时,根据反应的情况控制滴定速度,接近终点时要一滴一滴或半滴半滴地进行滴定。

③ 摇动或搅拌。摇动锥形瓶时,应微动腕关节,使溶液向同一个方向旋转,而不能前后振荡,否则溶液会溅出。玻璃棒搅拌烧杯中溶液也应向同方向划弧线,不得碰击烧杯壁。

④ 正确判断终点。滴定时,应仔细观察溶液落点周围溶液颜色的变化。不要去看滴定管上的体积而不顾滴定反应的进行。

⑤ 两个半滴处理。滴定前悬挂在滴定管尖上的半滴溶液应去掉。滴定完应使悬挂的半滴溶液沿锥形瓶壁流入瓶内,并用洗瓶冲洗锥形瓶内壁;若在烧杯中滴定,应用玻璃棒碰接悬挂的半滴溶液,然后将玻璃棒插入溶液中搅拌。

滴定结束后,滴定管内剩余溶液应弃去,不要倒回原瓶中。随后,洗净滴定管,用蒸馏水充满全管并套上滴定管帽,放到滴定管架上夹好,以备下次使用。

(8) 微量滴定管和自动滴定管简介

① 微量滴定管。微量滴定管[如图 2-1(c)所示]是测量小体积液体时使用的滴定管,它的

分刻度值为 0.005 mL 或 0.01 mL,容积有 1 ~ 10 mL 各种规格。操作时,先打开旋塞 A,微微倾斜滴定管,从漏斗 B 注入溶液,当溶液接近量管的上端时,关闭旋塞 A,继续向漏斗加入溶液直至占满容积的 2/3 左右。滴定前先检查管内,特别是两旋塞是否有气泡,如有应设法排除,打开旋塞 C,调节液面至零刻度线。滴定完毕,读数后,打开旋塞 A 让溶液流向刻度管,经调节后又可进行第二份滴定。

② 自动滴定管。自动滴定管是上述滴定管的改进,它的不同点是灌满溶液半自动化。其结构如图 2-1(d)所示,储液瓶 A 用于储存标准溶液,常用储液瓶的容积为 1 ~ 2 L。量管 E 是以磨口接头(或橡胶塞)B 与储液瓶 A 连接起来。F 是防御管,为了防止标准溶液吸收空气中的 CO_2 和水分,可在防御管中装填碱石灰。以打气球 D 打气通过玻璃管 H 将液体压入量管并将其充满。玻璃管 G 末端是一个毛细管,它准确位于量管的零标线上。因此,当溶液压入量管略高出零标线时,用手按下通气口 C,让压力降低,此时溶液即自动向右虹吸到储液瓶 A 中,使量管中液面恰好位于零标线上。滴定操作及读数方法与其他滴定管相同。

自动滴定管的结构比较复杂,但使用比较方便,适用于同一标准溶液的日常例行分析工作。

2. 容量瓶

容量瓶是一种细颈梨形的平底玻璃瓶,带有磨口玻璃塞或塑料塞。颈部刻有环形标线,一般表示在 20 ℃液面与标线相切时溶液体积为一定值。有 25 mL、50 mL、100 mL、250 mL、500 mL 和 1 000 mL 等规格。容量瓶是配制溶液时使用的精密量器。正确使用容量瓶应注意以下几点:

(1) 容量瓶的检查

① 使用容量瓶先检查瓶塞是否漏水。加自来水至刻度标线附近,盖好瓶塞。左手食指按住塞子,其余手指拿住瓶颈标线以上部位。右手指尖托住瓶底边缘,如图 2-9 所示。将瓶倒立 1 min,如不漏水,将瓶直立,旋转瓶塞 180°后,再倒立 1 min,仍不漏水方可使用。

② 检查刻度标线距离瓶口是否太近。如果刻度标线离瓶口太近,则不便混匀溶液,不宜使用。

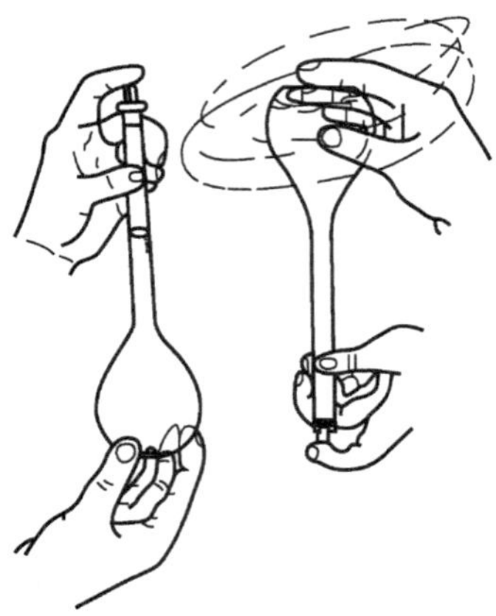

图 2-9 拿容量瓶的方法

(2) 溶液配制 用容量瓶配制溶液时,最常用的方法是将准确称量的待溶固体置于小烧杯中,用蒸馏水或其他溶剂将固体溶解,然后将溶液定量转移至容量瓶中。转移时,右手拿玻璃棒,左手拿烧杯,玻璃棒伸入容量瓶内,下端应靠在瓶颈内壁,使烧杯嘴紧靠玻璃棒,把溶液顺玻璃棒倒入,使溶液沿玻璃棒流入容量瓶中,如图 2-10 所示。溶液流完后,将烧杯轻轻沿玻璃棒向上提起,使附在玻璃棒和烧杯嘴之间的液滴回到烧杯中(玻璃棒不要靠在烧杯嘴一边),然后用洗瓶吹洗玻璃棒和烧杯 3 ~ 4 次(每次 5 ~ 10 mL),洗涤液按上述方法完全转入容量瓶中。而后加蒸馏水稀释至容积的 2/3 处时,用右手食指和中指夹住瓶塞扁头,将容量瓶拿起,向同一方向摇动几周使溶液初步混匀(切勿倒置容量瓶)。当加蒸馏水至距离标线 1 cm 左右,等 1 ~ 2 min,使附在瓶颈内壁的溶液流下,再滴加蒸馏水恰至刻度标线(勿使滴管接触溶液;视线平视;加水切勿超过刻度标线,若超过应弃去重做)。盖紧瓶塞,将容量瓶倒置,使气泡上升到顶,再倒转过来,如此反复倒转摇动 15 次左右,使瓶内溶液充分混合均匀,如图 2-9 所示。

(3) 使用注意事项

① 用容量瓶定容时，溶液温度应和瓶上标示的温度相一致。

② 容量瓶同量筒、量杯、吸量管和滴定管一样不得在烘箱中烘烤，也不能在电炉上加热，否则会在刻度标线处断裂。如需要干燥的容量瓶，可将容量瓶洗净，用无水乙醇等有机溶剂润洗后晾干或用电吹风冷风吹干。

③ 容量瓶配套的塞子应挂在瓶颈上，以免沾污、丢失或打碎。

④ 不能用容量瓶长期存放配好的溶液。溶液若需保存，应储存于试剂瓶中。

⑤ 容量瓶长时间不用时，瓶与塞之间应垫一小纸片。

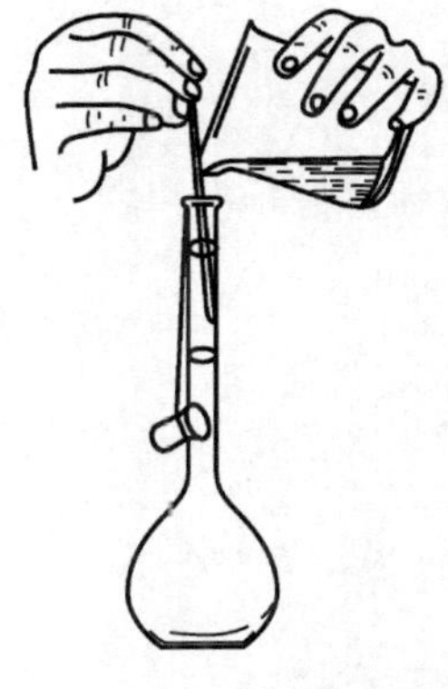

图 2-10　溶液从烧杯转入容量瓶

3. 移液管和吸量管

移液管中间有一膨大部分(称为球部)，上下两段细长，上端刻有环形标线，球部标有容积和温度。移液管是准确移取一定体积液体的量器。常用的移液管有 10 mL、20 mL、25 mL、50 mL 等多种规格。

吸量管是具有分刻度的玻璃管，又称刻度移液管。常用的吸量管有 1 mL、2 mL、5 mL、10 mL 等。可用其吸取标示范围内所需任意体积的溶液。

(1) 移液管和吸量管使用前的准备工作

① 洗涤。移液管或吸量管的洗涤应达到管内壁和其下部的外壁不挂水珠。

先用水洗，若达不到洗涤要求时，将移液管插入洗液中用洗耳球慢慢吸取洗液至管内容积 1/2 处，用食指按住管口把管横过来，转动移液管，使洗液布满全管，稍停片刻将洗液放回原瓶。如果内壁沾污严重，可把移液管放在高型玻璃筒或量筒中用洗液浸泡，然后用自来水、蒸馏水分别洗 2 ~ 3 次，洗完的水从管尖放出，最后用洗瓶吹洗管的外壁。

② 润洗。为保证移取的溶液浓度不变，需要用待取溶液润洗移液管。用滤纸将移液管尖嘴内外的水吸净，然后用少量被移取的溶液润洗三次(每次 8 ~ 10 mL)，并注意勿使移液管中润洗的溶液流回原溶液中。

(2) 移液操作　用右手大拇指和中指拿住移液管标线的上方，将移液管的下端插入被移取溶液液面下 1 ~ 2 cm 深处。插入太浅，会产生空吸现象；太深又会使管的外壁附着溶液过多，影响所量体积的准确性。左手将洗耳球捏瘪，然后把尖嘴对准移液管口，慢慢放松洗耳球，将溶液吸入管中，如图 2-11 所示。当溶液上升到高于标线时，迅速移去洗耳球，立即用右手食指按住管口。取出移液管，用滤纸片除去管外壁附着的溶液，而后使管尖嘴靠在贮液瓶内壁上，减轻食指对管口的压力，用拇指和中指转动移液管，使液面缓慢下降，直到溶液弯月面与标线相切时，立即用食指堵紧管口，不让溶液再流出。取出移液管插入接收容器中，移液管垂直、管的尖嘴靠在倾斜(约 45°)的接收容器内壁上，松开食指，让溶液自由流出，如图 2-12 所示，管内液体全部流出后再停顿约 15 s，取出移液管。勿将残留在尖嘴末端的溶液吹入接收容器中，因为校准移液管时，没有把这部分体积计算在内。个别移液管上标有“吹”字样，可把残留在尖嘴末端的溶液吹入接收容器中。

吸量管的操作方法同上。使用吸量管时，通常是使液面从吸量管的最高刻度降到某一刻度，两刻度之间的体积差恰好为所需体积。在同一实验中尽可能使用同一吸量管的同一部位。

图 2-11 移液管吸液

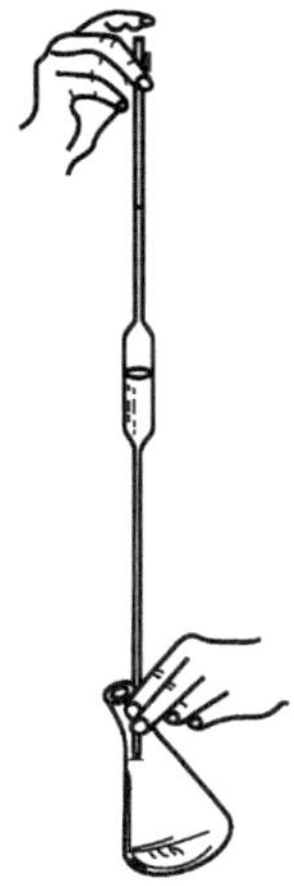

图 2-12 放液方法

(3) 使用注意事项

① 用移液管吸取液体时,必须使用洗耳球或抽气装置,切记勿用口吸。

② 保护好移液管和吸量管的尖嘴部分,用完洗好及时放在移液管架上。

③ 公用移液管,实验完毕立即洗涤干净,放回原处。

4. 量器的选用

在分析实验中,合理选用各种量器是提高分析结果准确度、提高工作质量和效率的重要一环。例如,配制 $c(Na_2S_2O_3)=0.1\ mol\cdot L^{-1}$的溶液 1 L,是近似浓度溶液的制备,只要求 1 ~2 位有效数字。可用灵敏度较低的电子天平(称准至±0.1 g)称取 25 g 的 $Na_2S_2O_3\cdot 5H_2O$ 固体试剂,用 1 000 mL 的量筒量取蒸馏水配制即可,不必选用容量瓶等量器。而若用直接法配制 $c\left(\frac{1}{2}Na_2CO_3\right)=0.100\ 0\ mol\cdot L^{-1}$的溶液 1 L,由于浓度要求准确(4 位有效数字),需选用电子分析天平(称准至±0.000 1 g)称取纯净、干燥的无水碳酸钠基准物质 5.299 5 g,并选用 1 000 mL 容量瓶(量准至±0.01 mL)按定量严格要求进行配制。又如,分别量取 2.0 mL,4.0 mL,6.0 mL,8.0 mL,10.0 mL 标准溶液,作分光光度法的工作曲线。为使所移取的标准溶液体积准确且标准一致,应选用 10 mL 的吸量管。而若需取 25.00 mL 未知浓度的醋酸溶液,用 NaOH 标准溶液测定其含量时,则应选用 25 mL 的移液管(量准至±0.01 mL),按移液管操作要求移取醋酸溶液,用 50 mL 的碱式滴定管(量准至±0.01 mL)盛 NaOH 标准溶液进行滴定。

由上可知,在化学实验中应根据实验准确度的要求,合理地选用相应的量器。要有明确的"量"的概念。这就是分析实验中应有的"粗、细要分清,松、严有界限"的实事求是的科学态度。

第二节 重量分析法基本操作

重量分析法是称取一定质量的样品,将其中欲测成分以单质或化合物的状态分离出来,根据单质或化合物的质量,计算该成分在样品中含量的一种定量分析方法。由于样品中被测成分性质的不同，采用的分离方法各异，按分离方法的不同，重量分析法可分为挥发法、萃取法和沉淀法。

一、挥发法

若被测成分具有挥发性，或者可以转变为有挥发性的物质，则可以采用挥发法（又叫汽化法）进行定量测定。

有的样品可经过加热或与某种试剂作用，使被测成分生成挥发性物质逸出，然后根据样品所减轻的质量，计算被测成分的质量分数。有的可以用某种吸收剂将逸出的挥发性物质吸收，根据吸收剂的增重来计算被测成分的含量。

挥发法的主要操作技术是称量和干燥。由于各种样品性质不同，所采用的干燥方法也不同，常用下列几种方法。

1. 常压下加热干燥

性质稳定的样品，可以采用常压加热干燥，使被测成分逸出。常用的仪器是电烘箱。如样品中水分的测定，吸湿水一般在 105 ℃左右、结晶水一般在 120 ℃左右烘至恒重。

有些样品在未达到规定的干燥温度时就熔化，则应先将样品置较低的温度下干燥至大部分水分除去后，再按规定温度干燥。如测定 $NaH_2PO_4 \cdot H_2O$ 的干燥失重时，先在 60 ℃以下干燥 1 h，然后再于 105 ℃干燥至恒重。

2. 减压加热干燥

有些样品在常压加热时间过长，易分解，可置减压干燥箱中进行减压加热干燥。在减压（减压至残压为 2.7×10^3 Pa 以下）条件下，可降低干燥的温度（通常为 60～80 ℃），缩短干燥时间，避免样品长时间受热分解变质。

3. 干燥剂干燥

对具有升华性、低熔点、受热易分解、氧化或水解等的样品，不能采用上述方法干燥时，可在盛有干燥剂的干燥器中放置干燥至恒重。若常压下干燥，水分不易除去，可置减压干燥器中干燥。

二、萃取法

萃取法是根据被测成分在两种互不相溶的溶剂中分配比的不同，通过多次萃取达到分离的目的，然后进行蒸发、干燥、称量和计算被测成分的百分含量。脂肪、生物碱等就是采用这一方法进行测定的。例如，奎宁生物碱的测定：称取一定质量的样品，粉碎磨细，加氨水呈碱性，使奎宁游离出来。用氯仿分次萃取，直至生物碱提尽为止，过滤氯仿液，滤液在水浴上蒸发，干燥，称量，即可算出奎宁的质量分数。

三、沉淀法

沉淀法的操作程序是称取一定质量样品，使其溶解（称为样品的预处理），然后加入适当的沉淀剂使被测成分生成难溶的化合物沉淀出来。将沉淀过滤、烘干、灼烧后称其质量。根据沉淀(称量形式)的质量求出样品中被测成分的质量分数。

1. 样品的预处理

准备好洗净的烧杯、玻璃棒和表面皿。玻璃棒不要过长,一般高出烧杯 6 cm,表面皿的直径应稍大于烧杯口直径。烧杯内壁和底不应有痕纹。

称取样品于烧杯中,能溶于水的样品,以水溶解,不溶于水的可用酸、碱或氧化剂进行溶解,或采用熔融法处理后溶解。

溶解样品时应注意:

① 若无气体生成,将溶剂沿着紧靠杯壁的玻璃棒加入,或沿杯壁加入。边加边搅拌,直至样品完全溶解,然后盖上表面皿。

② 溶解时若有气体产生(如 CO_2 或 H_2S),为防止溶液溅失,要先加入少量水润湿样品,盖好表面皿,再由表面皿与烧杯之间缝隙滴加溶剂,待气泡消失后,再用玻璃棒搅拌使其溶解。样品溶解后,用洗瓶吹洗表面皿和烧杯内壁。

③ 有些样品需加热溶解,可在电炉和煤气灯上进行,只能微热或微沸,不能暴沸。加热时须盖上表面皿。

④ 若样品溶解后需加热蒸发时,可在烧杯口放上玻璃三角或在杯沿上挂三个玻璃钩,再盖上表面皿,加热蒸发。

2. 沉淀剂的选择

为使沉淀反应进行完全,常加过量的沉淀剂,这样沉淀中不可避免地含有过量的沉淀剂。如果沉淀剂是挥发性的物质,在干燥灼烧时便可除去。如沉淀 Fe^{3+} 时选择挥发性的 $NH_3 \cdot H_2O$ 而不用 NaOH 等作沉淀剂。当没有合适的挥发性沉淀剂而不得不使用非挥发性沉淀剂时,沉淀剂的用量不宜过多。

沉淀剂应具有选择性。沉淀剂只与被测成分作用产生沉淀,而不与其他共存物作用,这样可省略分离干扰物质的操作。

沉淀剂分有机沉淀剂和无机沉淀剂。有机沉淀剂应用较广泛,因其具有以下特点:

① 选择性高,甚至是特效的。

② 沉淀在水中溶解度很小,被测成分可定量地沉淀完全。

③ 容易生成大颗粒的粗晶形沉淀,易于过滤和洗涤。

④ 有机沉淀剂分子量大。少量被测成分可产生较大质量的沉淀,能提高分析结果的准确度和灵敏度。

⑤ 常温下烘干称量而不需要高温灼烧。

3. 沉淀

处理好的样品溶液进行沉淀时,应根据沉淀是晶形或非晶形来选择不同的沉淀条件。

(1) 晶形沉淀

① 被沉淀的溶液要适当冲稀一些。

② 在热的溶液中进行沉淀。

③ 沉淀速度要慢,并且不断地搅拌。沉淀时,左手拿滴管右手持玻璃棒,滴加沉淀剂时滴管口应接近液面,逐滴加入,轻轻搅拌,勿将玻璃棒碰触烧杯壁和杯底。

④ 沉淀后应进行陈化，用表面皿将烧杯盖好，以免灰尘落入，放置过夜或在石棉网上加热近沸 3 min。

⑤ 检查沉淀是否完全。沉淀陈化后，沿烧杯内壁加入少量沉淀剂，若上层清液出现混浊或沉淀，说明沉淀不完全，可补加适量沉淀剂，使沉淀完全。

（2）非晶形沉淀　沉淀时用较浓的沉淀剂，加入沉淀剂和搅拌的速度均可快些，沉淀完全后用蒸馏水稀释，不要放置陈化。有时也可以加入适当的电解质。

4. 沉淀的过滤和洗涤

（1）漏斗　重量分析用的漏斗为长颈漏斗，一般颈长 15～20 cm，锥形顶角为 60°（滤纸应紧贴于漏斗），为使在颈内易保留水柱，加快过滤速度，直径要小些，一般在 3～5 mm，出口处呈 45°（图 2-13）。滤纸折叠放入后，滤纸的上缘应低于漏斗上沿约 0.50 cm，不得超出漏斗边缘［图 2-13(d)］。

（2）滤纸的折叠和放置　准备好漏斗，取一张滤纸对折，使其圆边重合［图 2-13(a)］，第二次折叠，要根据漏斗的圆锥角大小，如正好是 60°，把滤纸折叠成 90°［图 2-13(b)］，在漏斗中展开，恰好与漏斗的内壁密合。如果漏斗的圆锥角不是 60°，就要改变第二次折叠的角度，以滤纸和漏斗紧密贴合为准。用手轻按滤纸，将第二次的折边压死，所得圆锥体的半边为三层，另半边为一层。然后取出滤纸，将三层厚的外层撕下一角，如图 2-13(c) 所示，保存在干燥的表面皿中，以备擦沉淀用。展开滤纸呈圆锥状，见图 2-13(e)。

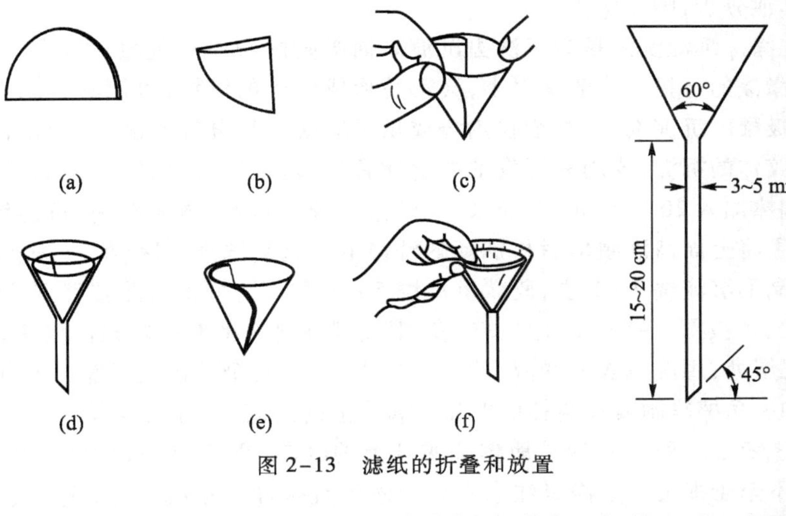

图 2-13　滤纸的折叠和放置

把折叠好的滤纸放入漏斗中，三层的一边应在漏斗颈出口短的一边。用手按紧三层的一边，然后用洗瓶注入少量水润湿滤纸，轻压滤纸赶出气泡。再加水至滤纸边缘，让水全部流出。漏斗颈内应全部被水充满，形成“水柱”。若没形成水柱，可用手指堵住漏斗下口，掀起滤纸一边，用洗瓶向滤纸和漏斗的空隙处加水，使漏斗颈和锥体的大部分被水充满，最后压紧滤纸边，放开堵出口的手指，即能形成“水柱”。

（3）沉淀过滤　过滤前，把有沉淀的烧杯倾斜静置，见图 2-14。拿烧杯时勿搅起沉淀。进行过滤时，把有水柱的漏斗在漏斗架上放正，用一洁净的烧杯接收滤液，使漏斗颈出口长的一边紧贴烧杯壁，见图 2-15。为避免滤液飞溅，漏斗架的高度以漏斗颈出口处不接触滤液为准。

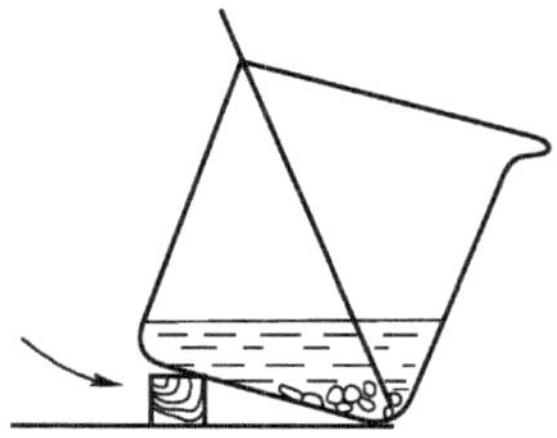

图 2-14　带有沉淀的烧杯倾斜静置

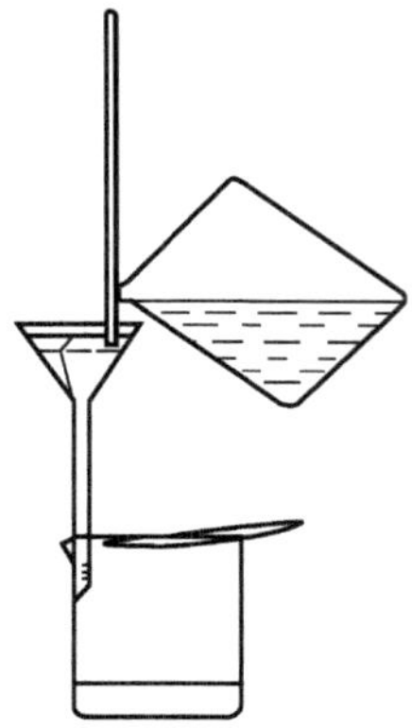

图 2-15　倾析法过滤

用倾析法进行过滤，滤纸的小孔不被沉淀颗粒堵塞，过滤速度较快。倾析法的操作是待沉淀静置后，将上层的清液分次倾倒在滤纸上，沉淀仍留在烧杯中。为避免溅失，倾析时沿着玻璃棒进行，如图 2-15 所示。玻璃棒下端靠近滤纸折成的三层一边，沿着玻璃棒倾注清液，随着溶液的倾入，将玻璃棒渐渐提高，以免触及液面。待漏斗中液体表面离滤纸边缘约 0.5 cm 处时停止倾注，避免清液中的少许沉淀超过滤纸上缘，使沉淀受到损失。待沉淀中的清液全部倾入完毕后，仔细观察滤液，如果滤液完全透明且不含沉淀微粒，可把滤液弃去，否则要重新过滤。若滤液还需进行其他分析，则应保留。

（4）沉淀洗涤　沉淀洗涤是为了洗去沉淀表面吸附的杂质和包藏在其中的母液。洗涤沉淀时，要注意洗涤液的选择。溶解度很小，又不易形成胶体的沉淀，可用蒸馏水洗涤；溶解度较大的沉淀，需用极稀的沉淀剂（沉淀剂在灼烧或烘干时必须易分解或易挥发）洗涤；溶解度虽较小，但易分散成胶体的沉淀，要用易挥发的电解质稀溶液洗涤。沉淀洗涤用倾析法。于烧杯中的沉淀上沿玻璃棒加入 20 ~ 30 mL 蒸馏水（或洗液），充分搅拌，放置澄清，沉淀沉降后，用倾析法过滤，每次尽量将上面清液倾出后再加新的洗涤液。重复洗涤几次（倾析法洗涤的次数视沉淀的类型而定，晶形沉淀洗 2 ~ 3 次，胶状沉淀洗 5 ~ 6 次）后，可将沉淀转移到滤纸上。烧杯中剩下极少量沉淀，可按图 2-16 所示方法转移，把烧杯倾斜并将玻璃棒架在烧杯口上，玻璃棒下端对着滤纸的三层处，用洗瓶吹出洗液，冲洗烧杯内壁，将残余的沉淀转移到滤纸上，最后用折叠滤纸时撕下的一角擦净附着在烧杯壁上和玻璃棒上的沉淀，一并放入漏斗中。沉淀全部转移后，再用洗瓶吹洗液自上而下螺旋式地淋洗滤纸上的沉淀（图 2-17），使沉淀集中到滤纸的底部，折叠时沉淀不至于损失。洗涤时注意不要把液流直接冲击在沉淀上，应沿滤纸上端边缘逐渐下移，便于洗净全部沉淀和整个滤纸。

沉淀是否洗净，需做定性检查。用一只干净试管在漏斗颈下接取 1 mL 滤液，加适当试剂，观察滤液中是否显示某种离子反应，如无反应，可认为洗净。否则还需继续洗涤，直至洗净为止。过滤和洗涤必须一次完成，不能中途放置或隔夜，否则沉淀干涸凝结后，就难以洗净。

5. 沉淀的干燥和灼烧

（1）仪器设备

① 干燥器的准备和使用。干燥器是一种带盖的玻璃容器，盖边磨砂并涂上一层薄薄的凡士林油使器内密闭，中部有一块多孔的瓷板，底部盛干燥剂。先将干燥器擦净，烘干多孔瓷板，用

一纸筒将干燥剂装入干燥器的底部，然后放上瓷板。

图 2-16　最后少量沉淀的转移

图 2-17　洗涤漏斗中的沉淀

干燥剂常用无水氯化钙、变色硅胶等。由于各种干燥剂吸收水分的能力有限，因此干燥器中的空气并不是绝对干燥的，只是湿度较低而已，灼烧和干燥后的坩埚和沉淀，在干燥器中放置时间过长，可能会吸收少量水分而使质量增加，应加注意。

开启干燥器的方法是：左手按住干燥器的下部，右手握住盖子上的圆顶，向左前方推动盖子，如图 2-18 所示。盖子取下后拿在右手中，用左手放入（或取出）坩埚（或称量瓶），及时盖上盖子。盖子取下后应仰放在桌面安全的地方（注意磨口向上，圆顶朝下）。加盖时，也要拿住盖子圆顶推着盖好。

放置坩埚等热的器皿时，盖子留以空隙，等器皿冷却至近室温时再盖严。搬动干燥器时，要用两拇指按住盖子，防止滑落打破，如图 2-19 所示。

图 2-18　干燥器启盖的方法

图 2-19　搬移干燥器的方式

② 电热干燥箱（又称烘箱）。对于不能和滤纸一起灼烧的沉淀，以及不能在高温下灼烧，只能在低温烘干后就称量的沉淀，可置于电热干燥箱中在一定温度下烘干。实验室常用的电热鼓风干燥箱可控温 50 ~ 300 ℃，在此温度范围内可任意选定温度，并利用箱内的自动控制系统使温度恒定。

使用时注意事项如下：

a. 为保证安全操作，通电前必须检查是否断路或短路，箱体接地是否良好。

b. 使用时，烘箱顶的排气孔应打开。

c. 加热温度不可超过烘箱的极限温度。

d. 不要经常打开烘箱，以免影响恒温。

e. 易挥发物（如苯、汽油、石油醚）和易燃物（如手帕、手套）不能放入干燥箱中干燥。

③ 高温电炉（俗称马弗炉）。高温电炉常用于重量分析法中灼烧沉淀和测定灰分等工作。其最高使用温度为 950 ℃，短时间可以用 1 000 ℃，炉内温度由继电器或温度自动控制器来控制。温度的测量采用热电偶温度计，它从炉后孔伸入炉腔内。实验室中常用的温度控制器测温范围为 0～1 000 ℃，不同沉淀所需灼烧温度及时间各不相同。

使用高温电炉应注意以下几点：

a. 为保证安全操作，通电前应检查导线及接头是否良好，高温电炉与控制器必须接地可靠。

b. 检查炉膛是否洁净和有无破损。

c. 欲进行灼烧的物质（包括金属及矿物）必须置于完好的坩埚或瓷皿内，用长坩埚钳送入（或取出），应尽量放在炉膛中间位置，切勿触及热电偶，以免将其折断。

d. 含有酸性、碱性挥发物质或为强烈氧化剂的化学药品应预先处理（用煤气灯或电炉预先灼烧），待其中挥发物逸尽后，才能置入炉内加热。

e. 调节温度控制器为所需温度，温度控制器的开关指向关。

f. 快速合上电闸，检查配电盘上指示灯是否已亮。

g. 打开温度指示器的开关，温度控制器的红灯即亮，表示高温电炉处于升温状态。当温度升到预定温度时，红灯、绿灯交替变换，表示高温电炉处于恒温状态。

h. 在加热过程中，切勿打开炉门；高温电炉使用过程中，切勿超过最高温度，以免烧毁电热丝。

i. 灼烧完毕，切断电源（拉闸），不能立即打开炉门。待温度降低至 200 ℃左右时，才能打开炉门，取出灼烧物品，冷至 60 ℃左右后，放入干燥器内冷至室温。

j. 长期搁置未使用的高温电炉，在使用前必须进行一次烘干处理，烘炉时间从室温到 200 ℃，4 h；400～600 ℃，4 h。

（2）坩埚的准备　沉淀的干燥和灼烧要在坩埚内进行（坩埚在泥三角上的位置见图2-20），先将坩埚洗净拭干后，用马弗炉或煤气灯灼烧至恒重（灼烧空坩埚与灼烧沉淀条件相同）。

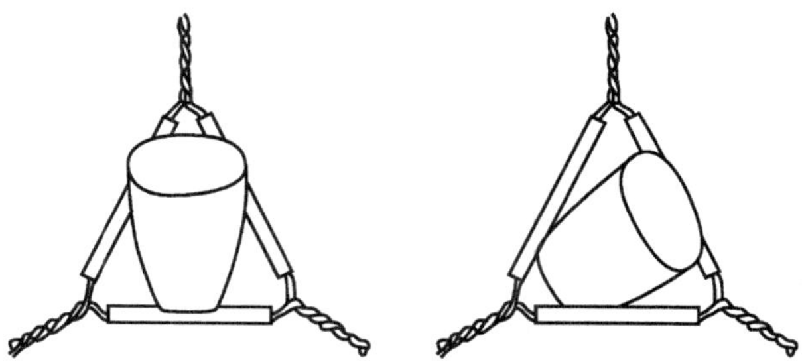

(a) 正确　　(b) 不正确

图 2-20　坩埚在泥三角上的位置

用煤气喷灯的宽大火焰灼烧 20～30 min。灼烧时注意勿使焰心与坩埚底部接触，因为焰心温度较低,不能达到灼烧的目的。而且焰心与外层火焰温度相差较大,以致坩埚底部受热不均匀而容易损坏。灼烧完后将灯移去,用热过的坩埚钳夹住坩埚放入干燥器内。坩埚钳嘴要保持洁净,用后将钳嘴向上放于台上。干燥器盖不要盖严,待稍冷后再盖严。将干燥器拿到天平室内,使之与天平室的温度一致,用坩埚钳夹取坩埚,于天平盘上称量,记录其质量。重复上法,加热灼烧、冷却、称量。两次质量之差不超过 0.2 mg 为恒重。

(3) 沉淀和滤纸的烘干　欲从漏斗中取出沉淀和滤纸需用玻璃棒从滤纸的三层处,小心地将滤纸与漏斗拨开,用洁净的手将滤纸和沉淀取出。若是晶形沉淀,体积小,可按图 2-21 方法包裹沉淀。沉淀包好后,放入已恒重的坩埚内,滤纸层数较多的一面向上。若是无定形沉淀,因沉淀量较多,将滤纸的边缘向内折,把圆锥体敞口封上,如图 2-22 所示。再用玻璃棒轻轻转动滤纸包,以便擦净漏斗内壁可能沾有的沉淀。然后将滤纸包用手转移到已恒重的坩埚内,使它倾斜放置,滤纸包的尖端朝上。

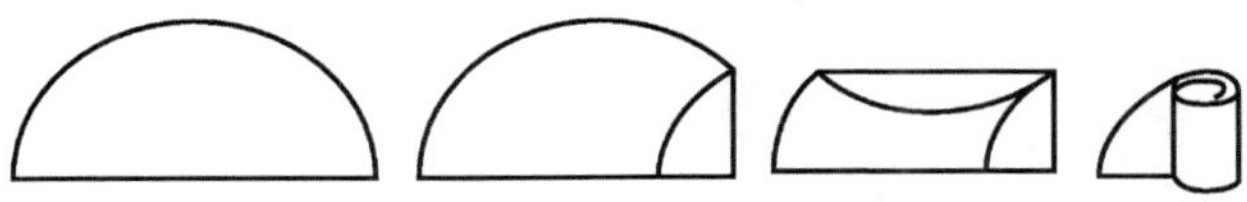

图 2-21　晶形沉淀的包法

对沉淀和滤纸烘干应在煤气灯或电炉上进行。在煤气灯上烘干时,将放有沉淀的坩埚斜放在泥三角上(注意,滤纸三层部分向上),坩埚底部枕在泥三角的一边上,坩埚口朝泥三角的顶角,调好煤气灯,使滤纸和沉淀迅速干燥。要用反射焰,即用小火力加热坩埚盖的中部,见图 2-23(a),这时热空气流便进入坩埚内部,而水蒸气则从坩埚上逸出。

(4) 滤纸的炭化和灰化　滤纸和沉淀干燥后(这时滤纸只是被干燥,而不变黑),将煤气灯逐渐移至坩埚底部,使火焰逐渐加大,炭化滤纸,如图 2-23(b)所示。炭化时如果着火,应立即移去火焰,加盖密闭坩埚,火即熄灭(勿用嘴吹,以免沉淀飞溅损失)。继续再加热至全部炭化(滤纸变黑)。炭化后加大火焰,使滤纸灰化,呈灰白色。为使灰化较快进行,应随时用坩埚钳夹住坩埚使之转动,但不要使坩埚中沉淀翻动,以免沉淀损失。沉淀的烘干、炭化和灰化过程也可在电炉上进行,注意温度不能太高,坩埚直立,坩埚盖不能盖严,其他操作和注意事项同前。

图 2-22　无定形沉淀的包法

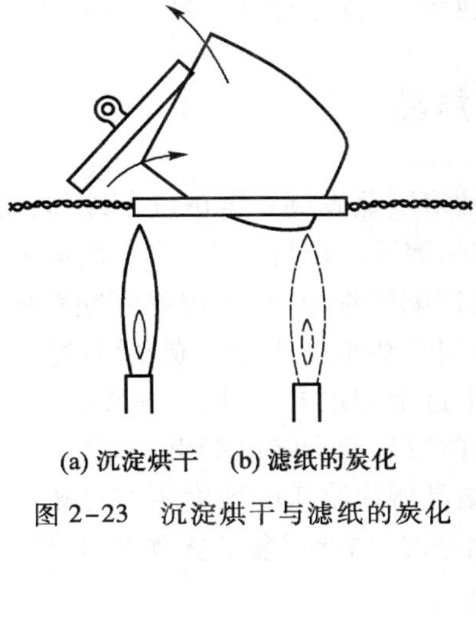

图 2-23　沉淀烘干与滤纸的炭化

（5）沉淀的灼烧 沉淀和滤纸灰化后，将坩埚移入高温电炉中（根据沉淀性质调节适当温度），盖上坩埚盖（稍移开一点）。温度控制在 800 ℃左右，灼烧 20～30 min。取出坩埚，移到炉口，至红热稍退后，再将坩埚从炉口拿出放在洁净瓷板上，待坩埚稍冷后，用坩埚钳把坩埚移至干燥器中，盖上盖子，中间需开启干燥器盖 1～2 次，以防干燥器内空气过热将盖子掀起打破。待冷却至室温（一般需 30 min 左右）称量。应注意，每次灼烧、冷却、称量的时间要保持一致。

另外有些沉淀在烘干时，就能得到固定组成，不需在坩埚中灼烧。对热稳定性差的沉淀，也不用在坩埚中灼烧，用微孔玻璃坩埚烘干至恒重就可以。微孔玻璃坩埚要放在表面皿上，再放入烘箱中烘干。根据沉淀的性质确定干燥的温度，一般第一次烘干约 2 h，第二次烘干 45～60 min。如此重复烘干、冷却、称量，直至恒重为止。

第三节 定量分析中的分离操作技术

一、固体溶解

固体物质溶解时，若固体颗粒太大，可在研钵中研细。溶解时常用搅拌、加热等方法加快溶解。注意搅拌不能太猛烈，也不能使搅拌棒触及容器底部及器壁。在试管中溶解固体时，可用振荡试管的方法加速溶解，注意不能上下振荡，也不能用手指堵住管口来回振荡。

二、蒸发（浓缩）

当溶液很稀而所制备的物质的溶解度又较大时，为了能从中析出该物质的晶体，必须通过加热，使溶剂不断蒸发，溶液浓缩，蒸发到一定程度时冷却，就可析出晶体。当物质的溶解度较大时，必须蒸发到溶液表面出现晶膜时才可停止。当物质的溶解度较小或高温时溶解度较大而室温溶解度较小，此时不必蒸发到液面出现晶膜就可冷却。蒸发是在蒸发皿中进行，蒸发皿的面积较大，有利于快速浓缩。注意加入蒸发皿中液体的量不得超过其容量的 2/3，以防液体溅出。如果液体量较多，可随水分的不断蒸发而继续添加液体。必要时应用水浴间接加热。

三、结晶与重结晶

大多数物质的溶液蒸发到一定浓度下冷却，就会有溶质晶体析出。析出晶体的颗粒大小与结晶条件有关，如果溶液的浓度较高，溶质在水中的溶解度随温度下降而显著减小时，冷却得越快，那么析出的晶体就越细小，反之就得到颗粒较大的结晶。搅拌溶液和静置溶液，可以得到不同的效果，前者有利于细小晶体的生成，后者有利于较大晶体的生成。

溶液容易发生过饱和现象，可以用搅拌、摩擦器壁或投入几粒小晶体（晶种）等办法，使其形成结晶中心，过量的溶质便会结晶析出。

如果第一次结晶所得物质的纯度不符合要求，可将所得晶体溶于少量溶剂中，然后进行蒸发（或冷却）、结晶分离，如此反复的操作称为重结晶。其方法是在加热条件下使被纯化的物质溶于一定量的水中，形成饱和溶液，趁热过滤，除去不溶性杂质。然后使滤液冷却，被纯化的物质即结晶析出，而杂质则留在母液中，过滤便得到较纯净的物质。若一次重结晶达不到要求，可再次重结晶。重结晶是提纯固体物质常用的重要方法之一，它适用于溶解度随温度有显著变化的化合物，对于其溶解度受温度影响很小的化合物则不适合。

四、固液分离及沉淀的洗涤

固液分离一般有三种方法：倾析法、过滤法和离心分离法。

1. 倾析法

当沉淀的结晶颗粒较大或密度较大，静置后容易沉降至容器的底部时，可用倾析法分离或洗涤，其操作如图 2-24 所示。将沉淀上部的溶液倾入另一容器中而使沉淀与溶液分离。如需洗涤沉淀时，只要向盛有沉淀的容器内加入少量洗涤液，将沉淀与洗涤液充分搅匀，静置，待沉淀沉降到容器的底部后，再用倾析法倾去溶液。如此反复操作两三次，即能将沉淀洗净。

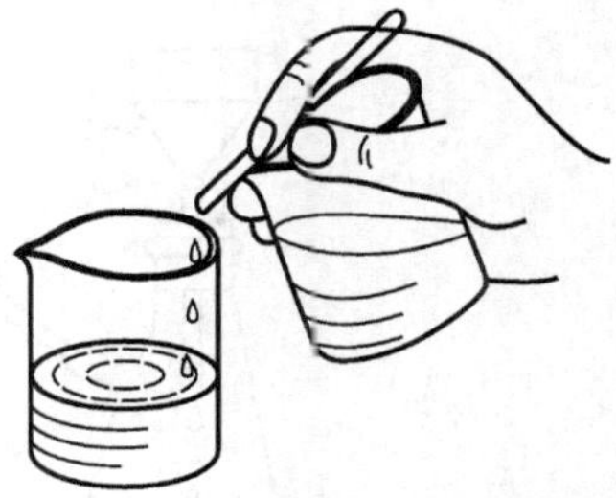

图 2-24　倾析法分离

2. 过滤法

过滤法是最常用的分离方法之一。当溶液和沉淀的混合物通过过滤器时，沉淀就留在滤纸上，溶液则通过过滤器而滤入接收的容器中。过滤所得的溶液叫作滤液。

溶液的温度、黏度、过滤时的压力和沉淀物的状态，都会影响过滤的速度。热的溶液比冷的溶液容易过滤。溶液的黏度越大，过滤越慢。减压过滤比常压过滤快。沉淀若呈现胶状时，必须先加热一段时间来破坏它，以免胶状沉淀透过滤纸。总之，要考虑各方面的因素来选择不同的过滤方法。

下面介绍常用的三种过滤方法，常压过滤、减压过滤和热过滤。

（1）常压过滤　（参见本章重量分析法基本操作中的相关介绍）

（2）减压过滤（简称“抽滤”）　减压过滤可缩短过滤时间，并可把沉淀抽得比较干燥，但它不适用于胶状沉淀和颗粒太细的沉淀的过滤。

减压过滤的装置如图 2-25 所示。利用水泵中急速的水流不断将空气带走，从而使吸滤瓶内压力减小，在布氏漏斗内与吸滤瓶内造成一个压力差，提高了过滤的速度。在连接水泵的橡胶管和吸滤瓶之间安装一个安全瓶，用以防止因关闭水阀或水泵后流速的改变引起自来水倒吸，进入吸滤瓶将滤液沾污并冲稀。也正因如此，在停止过滤时，应首先从吸滤瓶上拔掉橡胶管，然后才关闭自来水龙头，以防自来水倒吸入瓶内。

过滤用的滤纸应比布氏漏斗的内径略小，但又能把瓷孔全部覆盖。将滤纸放入并湿润后，打开循环水泵，然后用玻璃棒往漏斗内转移溶液，注意加入的溶液不要超过漏斗容积的 2/3。还应注意漏斗管下方的斜口要对着吸滤瓶的支管口。等溶液流完后（必要时类似于常压过滤洗涤沉淀）再转移沉淀，继续减压抽滤，直至沉淀抽干。滤毕，先拔掉橡胶管，再关水龙头。用玻璃棒轻轻揭起滤纸边，取出滤纸和沉淀。滤液则由吸滤瓶上口倾出。

在布氏漏斗上直接洗涤沉淀时，应暂停抽滤，加入洗涤剂使其与沉淀充分接触后，再打开循环水泵将沉淀抽干。

有些浓的强酸、强碱或强氧化性的溶液，过滤时不能用滤纸，因为它们会与滤纸发生反应而破坏滤纸。这时可用尼龙布或石棉纤维来代替滤纸。另外浓的强酸溶液也可使用烧结漏斗（又叫作砂芯漏斗）过滤。这种漏斗在化学实验中常见的规格有 G-1、G-2、G-3、G-4 等。G-1 的孔径最大。可以根据沉淀颗粒大小不同来选用。但它不适用于强碱性溶液的过滤，因为强碱会腐蚀玻璃。

（3）热过滤　当溶液中的溶质溶解度对温度极为敏感易结晶析出，而又不希望它在过滤过程中留在滤纸上，这时就要趁热过滤。过滤时可把短颈玻璃漏斗放在铜质（或其他金属制）的热漏斗中（如图 2-26 所示），热漏斗内装有热水并可随时用酒精灯加热热水，以维持溶液的温度。

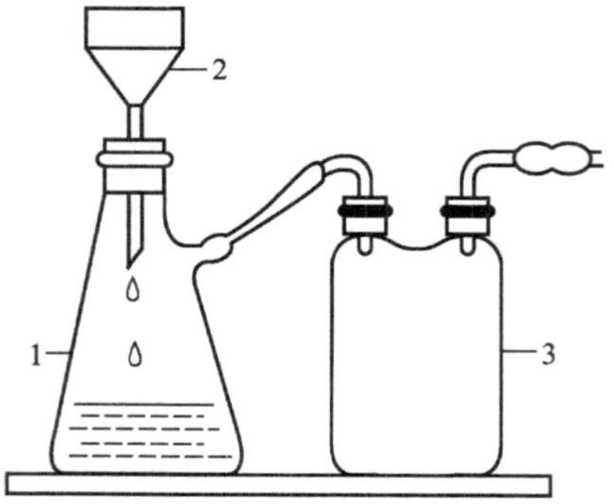

1—吸滤瓶；2—布氏漏斗或砂芯漏斗；3—安全瓶

图 2-25　减压过滤装置

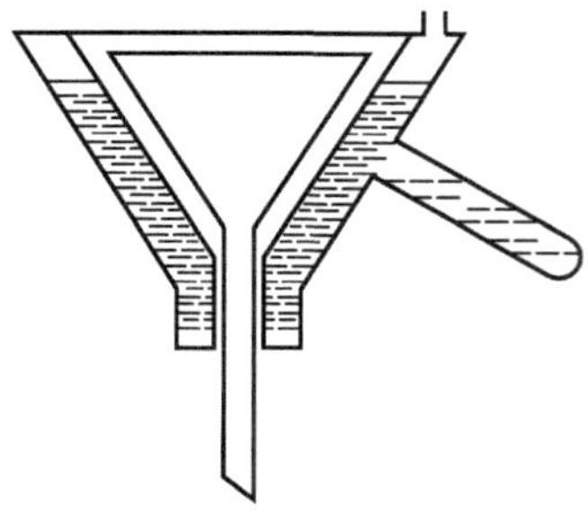

图 2-26　热过滤装置

3. **离心分离法**

当被分离的沉淀量很少时，可以用离心分离法。实验室内常用电动离心机进行分离（图 2-27）。将装有样品的离心试管放入离心机的套管中，套管底部先垫些棉花，为使离心机旋转时保持平稳，几个离心试管应放在完全对称的位置，必要时在其对称位置放置一个装有等量水的离心试管。盖好盖子，开动离心机，先慢速，后快速。沉淀受到离心力的作用迅速聚集在离心试管的尖端。关闭离心机应逐步减速，最后任其自行完全停止，绝不能强制它停止。取出离心试管，用毛细滴管将溶液吸出。如需洗涤，可往沉淀中加入少量的洗涤剂，充分搅拌后，再离心分离，重复操作两三遍即可。

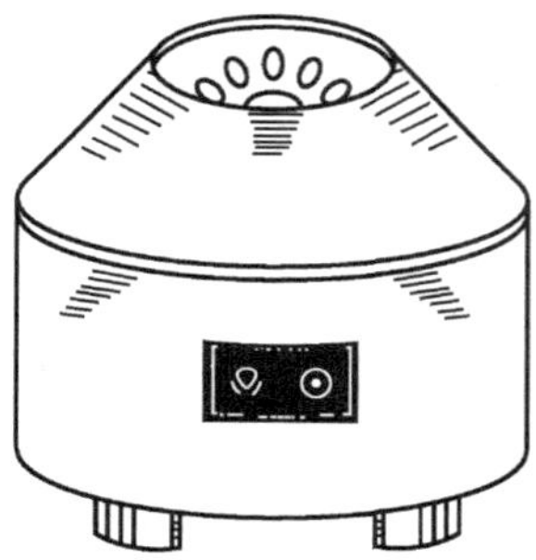

图 2-27　电动离心机

五、固体干燥

如果分离出来的固体对热是稳定的，需要干燥时，可将其放在表面皿上，在电烘箱中烘干。也可放在蒸发皿内用水浴或煤气灯加热烘干。有些带结晶水的晶体，不能烘烤，可用有机溶剂洗涤后晾干。有些易吸水潮解或需要长时间保持干燥的固体，应放在干燥器内。

第三章　6 种小型仪器的原理及操作方法

第一节　分 析 天 平

分析天平是定量分析不可缺少的精密衡量仪器。根据分析天平的结构特点，可分为等臂（双盘）分析天平、不等臂（单盘）分析天平和电子天平三类，它们的载荷一般为 100 ~ 200 g。有时又根据分度值的大小，分为常量分析天平（0. 1 mg · 分度$^{-1}$）、微量分析天平（0. 01 mg · 分度$^{-1}$）和超微量分析天平（0. 001 mg · 分度$^{-1}$）。目前电子天平是分析实验中常用的分析天平。

一、JJ200 型精密电子天平

JJ200 型精密电子天平是一种多功能常量分析天平，感量为 1 mg，最大载荷为 200 g。JJ200 型精密电子天平的结构如图 3-1 所示。

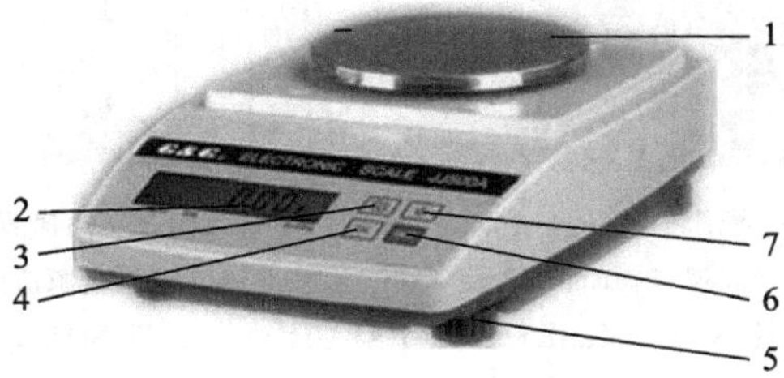

1—秤盘；2—显示屏；3—单位转换键；4—校准键；5—水平调整脚；6—“去皮”键；7—计数键

图 3-1　JJ200 型精密电子天平的结构

1. 操作步骤

（1）接通电源，预热 15 min。

（2）检查水平仪，如果不水平，应通过调节水平调整脚使其达到水平状态。

（3）按一下【开/关】键，显示屏显示“F-1”到“F-9”后出现“0. 00”。

（4）如果在空秤盘情况下显示偏离零点，应按“去皮”【TARE】键使显示回到零点。

（5）将被称物轻轻放在秤盘上，这时可见显示屏上的数字在不断变化，待数字显示稳定时，即可读数并记录称量结果。

（6）如需去除器皿皮重，则先将器皿放于秤盘上，待示值稳定后按“去皮”【TARE】键，天平显示“0. 00”，然后将需称量物品放于器皿上，此时显示的数字为物品的净重。拿掉物品及器皿，天平显示器皿质量的负值，仍按“去皮”【TARE】键使显示回到“0. 00”。

(7) 如天平已较长时间未使用或刚购入,则应对天平进行校正。首先在空秤盘的情况下使天平充分预热(15 min 以上),然后按“校正”【CAL】键,显示屏显示“C 200”表示应放上 200 g 的标准砝码,此时只需将校准砝码放于秤盘上,待稳定后天平显示砝码质量值,校正完毕,可进行正常称量;如按【CAL】键显示“C-F”,则表示零点不稳定,可重新按【TARE】键使显示回到零点,再按【CAL】键进行校正。如被称物件质量超出天平称量范围,天平将显示“F-H”以示警告。

2. 使用注意事项

(1) 电子天平为精密仪器,称量时物件应小心轻放。

(2) 天平的工作环境应无大的振动及电源干扰,无腐蚀性气体及液体。

(3) 应保证通电后的预热时间。

二、Mettler Toledo AL104 电子天平

Mettler Toledo AL104 电子天平的结构如图 3-2 所示。此天平使用时的操作步骤如下:

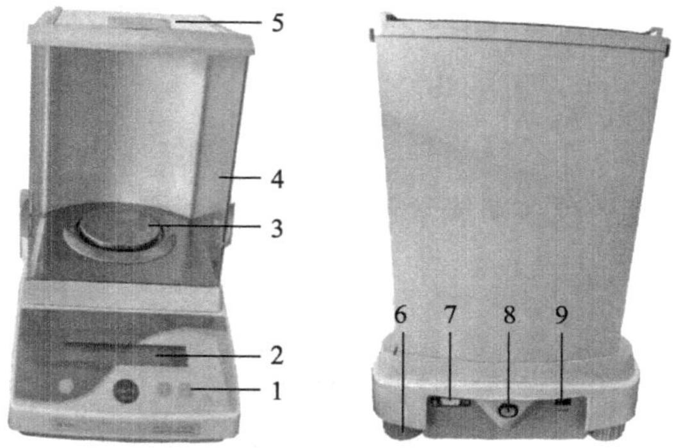

1—操作键;2—显示屏;3—秤盘;4—防风圈;5—防风罩;
6—水平调节脚;7—RS232C 接口;8—水平泡;9—交流电源适配器插座

图 3-2 Mettler Toledo AL104 电子天平的结构

1. 操作步骤

(1) 调水平 调节天平底座两端的水平调节脚,使天平后面的水平泡位于圆圈中心位置。

(2) 开机 让秤盘空载并点击【ON】键,天平进行自检(显示屏上的所有字段短时点亮),当天平回零时,开机成功。

(3) 预热 天平在初次接通电源或断电后,要得到准确的称量结果,至少需要预热 30 min。工作时,天平最好保持在待机状态,提高称量效率。

(4) 校准 让秤盘空着关闭天平移门,按住【CAL】键不放,直到在显示屏上出现“CAL”字样后松开该键,所需的校准码值会在显示屏上闪烁。放置校准码(秤盘的中心位置),天平自动进行校准,当出现“0.000 0 g”闪烁时,移去砝码。当在显示屏上闪现信息“CAL done”,紧接着又出现“0.000 0 g”时,天平的校准过程结束。天平又回到称量工作方式,等待称量。(备注:用【C】键可以随时中断校准,天平回到称量工作方式。)

(5) 样品称量

① 基础称量:关上移门,让秤盘空载点击【→0/T←】键,天平回零,显示“0.000 0 g”,将样

品放在秤盘上，关上移门，直到显示屏稳定状态探测符“。”消失，直接读取称量结果。

② 去皮称量：将空容器放在天平的秤盘上，关上移门，点击【→O/T←】键，显示“0.000 0 g”时，将样品放入容器中，显示净重，读取称量结果。

③ 减量称量：将盛有试剂的容器，置于秤盘上，关上移门，点击【→O/T←】键，显示“0.000 0 g”时，取出所需的试剂量，再将剩余的试剂及容器，置于秤盘上，读数以负值显示，为所取试剂的称量值。

（6）关机　按住【OFF】键不放直到显示屏上出现“OFF”字样，再松开键。

2. 注意事项

（1）称量时，应关闭通风橱、空调、门窗，防止气流干扰。

（2）本天平最大称量值为 110 g，称量时不得超过天平的最大载荷。本天平精度为万分之一，只有当称样量大于 100 mg 时，天平才可以精密称量。

（3）称量样品之前应先检查水平泡是否居中，显示器是否处于零点位置。

（4）天平每周校准一次，精密称量时，需当天校准。

（5）称量样品应放置在秤盘中央，防止四角误差。

（6）精密称量时，操作人员需戴棉手套，防止手上的水分影响实际质量，并且不能将身体部位压于秤盘，影响水平程度。

（7）从烘箱或冰箱里取出的样品不得进行直接称量，应使称量物在称量室或干燥器中放置，直到同称量室具有相同温度后方可进行称量。

（8）精密称量易挥发及易吸潮的样品应尽量快速称量；称量易挥发溶剂时，应先在容器中加适量稀释液，称量过程中或结束时，可轻轻摇晃容器使其溶解，减少挥发量；称取腐蚀性物品时，注意不要将被称物洒落在秤盘或底板。

（9）校准砝码只允许用专用镊子夹取不能用手，砝码只能放在砝码盒或秤盘上，绝不允许放在其他任何地方。

3. 日常维护

（1）天平箱内务必保持干燥，常用变色硅胶干燥，并应定期及时更换。

（2）经常保持天平内部称量室及秤盘清洁，必要时用软毛刷或绸布抹净或用无水乙醇擦净。

（3）称量完毕，检查天平箱内外是否清洁，天平门是否关好。

图 3-3　Radwag（瑞德威）AS110. R1 半微量分析天平的外观

三、Radwag（瑞德威）AS110. R1 半微量分析天平

Radwag（瑞德威）AS110. R1 半微量分析天平结构如图 3-3、图 3-4 所示。

1. 操作步骤

（1）准备工作

① 在开机之前先在室内稳定，达到室内温度（时间 1～8 h）。连接电源适配器 DC 接口。连接电源适配器到插座。

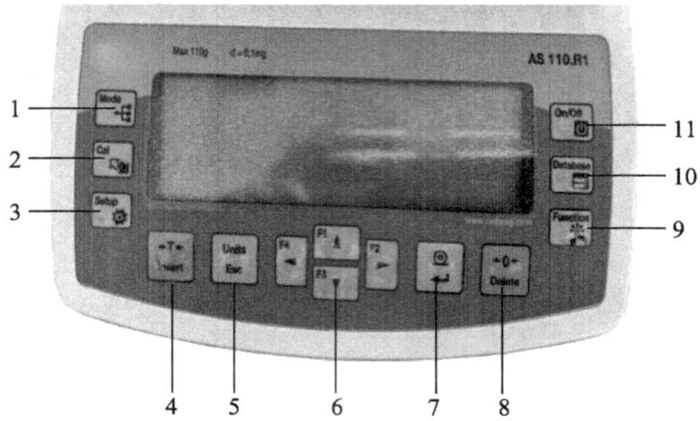

1—选择工作模式;2—开始内部校准;3—进入菜单;4—去皮;5—单位选择/返回;
6—方向按键;7—打印/确认;8—归零;9—工作模式功能;10—数据库;11—开关机

图 3-4　Radwag(瑞德威)AS110. R1 半微量分析天平的前面板图

② 调地脚来调整水平,确保气泡在中心位置。

③ 按【ON/OFF】键开机。

(2) 校准　在执行称量之前建议做一次外部校准。外部校准就是用一个合适精度和合适质量值的砝码来执行,砝码值取决于仪器型号和量程。

① 按【Setup】进入菜单。

② 执行校准功能按【F2 ▸】键。

③ 用【F1 ▴】【F3 ▾】键选择“外部校准”,然后按【F2 ▸】键。

④ 清空秤盘然后按【F2 ▸】键。

⑤ 等待启动质量的校准。

⑥ 加载相对应的砝码然后按【Enter】键。

⑦ 等待校准完成。

⑧ 移除砝码然后按【Enter】键。

(3) 清零　在秤盘没有负载的情况下按【DELETE】键,天平会执行清零操作。

(4) 去皮　加载得到稳定的数值后按【INSERT】键,天平执行去皮操作。

(5) 称量

2. 注意事项和日常维护

Radwag(瑞德威)AS110. R1 半微量分析天平的注意事项和日常维护参照 Mettler Toledo AL104 电子天平。

第二节　循环水式真空泵

一、SHZ-D(Ⅲ)循环水式真空泵

SHZ-D(Ⅲ)循环水式真空泵是以循环水作为工作流体,利用射流产生负压原理而设计的一

种新型多用真空泵，为化学实验室提供真空条件，并能向反应装置提供循环冷却水。SHZ－D(Ⅲ)循环水式真空泵外观如图3－5所示。

二、使用方法

图3－5　SHZ－D(Ⅲ)循环水式真空泵外观

1. 准备工作

将本机平放于工作台上，首次使用时，打开水箱上盖注入清洁的凉水（亦可经由放水软管加水），当水面即将升至水箱后面的溢水嘴下高度时停止加水，重复开机可不再加水。但最长时间每星期更换一次水，如水质污染严重，使用率高，可缩短更换水的时间，最终目的是要保持水箱中的水质清洁。

2. 抽真空作业

将需要抽真空设备的抽气管套紧密接于本机抽气嘴上，检查循环水开关保持关闭，接通电源，打开电源开关，即可开始抽真空作业。通过与抽气嘴对应的真空表可观察真空度。

3. 保持水箱内水温

当本机需长时间连续作业时，水箱内的水温将会升高，影响真空度，此时，可将放水软管与水源（自来水）接通，溢水嘴作排水出口，适当控制自来水流量，即可保持水箱内水温使真空度稳定。

4. 供应循环冷却水

当需要为反应装置提供循环冷却水时，将需要冷却的装置的进水、出水管分别接到本机后部的循环水出水嘴、进水嘴上，转动循环水开关至"ON"位置，即可实现循环冷却水供应。

三、维护和注意事项

1. 保持水箱中的水质清洁，最长时间每星期更换一次水。
2. 保持机器的清洁，定时清理。

第三节　智能磁力加热锅

一、ZNCL－G智能磁力加热锅

ZNCL－G智能磁力加热锅可进行水浴100 ℃、油浴250 ℃加热。专利新型铝型材质外壳，耐高温，防腐蚀，且绝缘性能好。具有数显转速功能。控温采用模糊PID控制算法，双屏数字显示，自整定功能，测量精度高，冲温小，单键轻触操作，内、外热电偶测温，可控硅控制输出，160～240 V宽电压电源，并有断偶保护功能。ZNCL－G智能磁力加热锅如图3－6所示。

二、使用方法

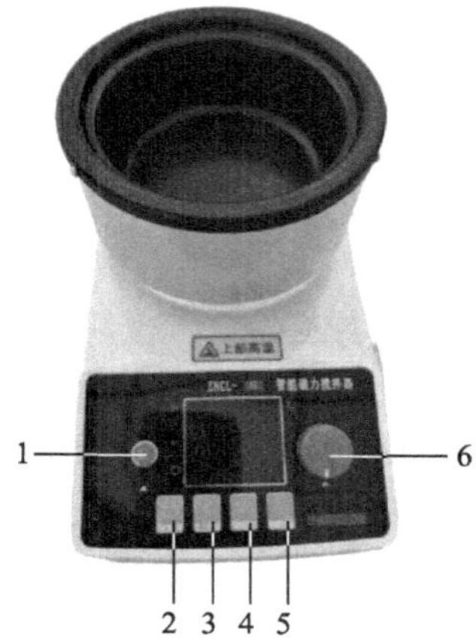

1—加热开关键;2—设定键;3—移位键/自整定键;4—设定减键;5—设定加键;6——搅拌旋钮
图 3-6 ZNCL-G 智能磁力加热锅

1. 连接装置

将立杆固定在搅拌器后上方螺丝孔内,调整好十字夹高度,用万能夹将反应瓶固定好,放入合适搅拌子,插上内接传感器插头或外接传感器探棒,接入电源 220 V,打开总开关。

2. 温度设定

按下加热开关按键,进入加热状态,PV、SV 窗口有数字显示。按下【SET】设定键,SV 窗口数字闪烁,SV 窗口的数字可通过【<】【∨】【∧】键调整。再按下【SET】键,可退出 SV 窗口温度设定状态,SV 窗口温度设定完成。设定出所需的加热温度,如 100 ℃。绿灯亮表示加温,绿灯灭表示停止加温。微电脑将根据所设定温度与现时温度的温差大小确定加热量,确保无温冲一次升温到位,并保持设定值与显示值±1 ℃温差下的供散热平衡,使加热过程轻松完成。

3. 转速设定

按下搅拌开关按键,进入搅拌状态,扭动旋钮调整转速。100 ~ 2 500 r/min,低速平稳,高速强劲。

4. 参数设定

按【SET】设定键调整各个功能参数时,8 s 内无任何按键操作,仪器自动退出设定状态,进入正常显示状态。如参数仍需调整,需要再次按【SET】设定键,进入设定状态。

5. 控温加热

搅拌器后下方有一橡胶塞,用来保护外用热电偶插座不腐蚀生锈和导通内线,拔掉则内接探头断开,机器停止工作。如用外用热电偶时应将此橡胶塞拔掉保存,将外用热电偶插头插入插座并锁紧螺母,然后将不锈钢探棒放入溶液中进行控温加热。

该搅拌器设有断偶保护功能,当热电偶连接不良时,显示窗“hhhh”绿灯灭,电器即停止加温,需检查后再用。

三、注意事项

智能磁力加热锅使用时注意事项如下:

(1) 切勿干烧使用。

(2) 仪器应有良好的接地。

(3) 第一次使用时,内有白烟和异味冒出,属于正常现象,因绝缘材料在生产过程中含有油质及其他化合物,所以应放在通风处,数分钟消失后即可正常使用。

(4) 搅拌器的电机和磁铁耐温有限,故做加热实验特别是高温加热实验时,该仪器不能单做加热使用,应将电机调至旋转或低速旋转状态(空转),以防止电机、磁铁受高温辐射而损坏。

（5）做高温加热结束时，应先关加热，待几分钟余温散后再关搅拌。

（6）加热部分温度较高，工作时需小心，以免烫伤。

（7）有湿手、液体溢出或长期置于湿度过大处时，可能会有感应电透过保温层传至外壳，故务必接地线，并注意通风。如漏电严重，则不要再用，需放在太阳下晾晒或放在烘箱内烘干后再使用，以免发生危险。

（8）如发现不通电时，应首先检查右后方保险是否需要更换。

（9）长期不用时，需保持仪器清洁，并放在干燥无腐蚀气体处保存。

第四节　磁力搅拌器

一、85-2 型恒温磁力搅拌器

85-2 型恒温磁力搅拌器的外形结构如图 3-7 所示。

85-2 型恒温磁力搅拌器要求环境温度为(20±10)℃，相对湿度不大于 85%。样品是液体。

1. 操作步骤

（1）接通电源，打开电源开关，电源指示灯亮。

（2）把盛有溶液的烧杯放在铝盘正中，放入搅拌子。

（3）调节调速旋钮，搅拌指示灯亮，由慢至快调节所需速度，不允许高速挡启动，以免搅拌子因不同步而跳动。

（4）需加热时，调节调温旋钮，升温指示灯亮。

（5）关机操作，将加热和调速旋钮分别调至最低，关闭电源开关，若长时间不用需拔掉电源线。

2. 注意事项

（1）搅拌时发现搅拌子跳动时，调低转速或断开电源，检查烧杯底是否平、位置是否正。

（2）加热时间不宜过长，间歇使用延长寿命，不搅拌时不加热。

（3）中速运转可连续工作 8 h，高速运转可连续工作 4 h，工作时防止剧烈震动。

（4）仪器应保持清洁干燥，严禁溶液流入机内，以免损坏机器，不工作时应切断电源。

二、SZCL-4 数显智能控温磁力搅拌器

SZCL-4 数显智能控温磁力搅拌器是用于加热搅拌的仪器，测控精度高，温冲小，可无级调速，加热速度快，搅拌力量大。SZCL-4 数显智能控温磁力搅拌器的外形结构如图 3-8 所示。操作步骤如下。

（1）将热电偶连接在仪器背面的插口上，热电偶探针垂直放置在加热板上，用夹子固定。

（2）插上电源。

（3）盛放搅拌子和溶液的玻璃仪器放在加热板的正中心。

图3-7 85-2型恒温磁力搅拌器的外形结构

图3-8 SZCL-4数显智能控温磁力搅拌器的外形结构

(4) 检查搅拌控制旋钮是否在“0”位置。

(5) 开启加热控制开关，加热控制指示灯变亮，按【SET】键开始设置所需加热温度，“PV”显示“SP”，“SV”显示温度为预设温度，按【◀】键选择预设温度的数位，按【▼】和【▲】键调整温度，按【SET】键设置完毕，此时“PV”显示温度为加热板实时温度，仪器开始加热工作。

(6) 开启搅拌控制开关，顺时针旋转转速控制旋钮，搅拌子即开始转动，调节转速为实验所需。

(7) 实验结束时，首先关闭加热控制开关，继续搅拌直到溶液温度降至室温，然后将搅拌转速调零，关闭搅拌控制开关，移走盛有溶液的玻璃仪器，断开电源，清理搅拌器。

第五节 分光光度计

分光光度计的种类很多，现介绍722型可见分光光度计的使用方法。

722型可见分光光度计是以碘钨灯为光源、衍射光栅为色散元件、端窗式光电管为光电转换器的单光束、数显式可见分光光度计。波长为330～800 nm，波长精度为±2 nm，波长重现性为0.5 nm，单色光的带宽为6 nm，吸光度的显示范围为0～1.999，吸光度的精确度为0.004(在A=0.5处)，样品架可置4个吸收池。

一、仪器的光学系统

碘钨灯发出的连续光经滤光片选择、聚光镜聚集后投向单色器的进光狭缝，此狭缝正好处于聚光镜及单色器内准直镜的聚焦平面上，因此，进入单色器的复合光通过平面反射镜反射到准直镜变成平行光射向光栅，通过光栅的衍射作用形成按波长顺序排列的连续光谱。此光谱重新回到准直镜上，由于单色器的出射狭缝设置在准直镜的聚焦平面上，这样，从光栅色散出来的光谱经准直镜后利用聚光原理成像在出射狭缝上，出射狭缝选出指定带宽的单色光，通过聚光镜射在被测溶液中心，其透过光经光门射向光电管的阴极面。波长刻度盘下面的转动轴与光栅上的扇形齿轮相吻合，通过转动波长刻度盘而带动光栅转动，以改变光源出射狭缝的波长值。

二、使用方法

紫外-可见分光光度计结构原理如图3-9所示。常用的有722型分光光度计,它是由光源室、单色器、样品室、光电管暗盒、电子系统及数字显示器等部件组成。

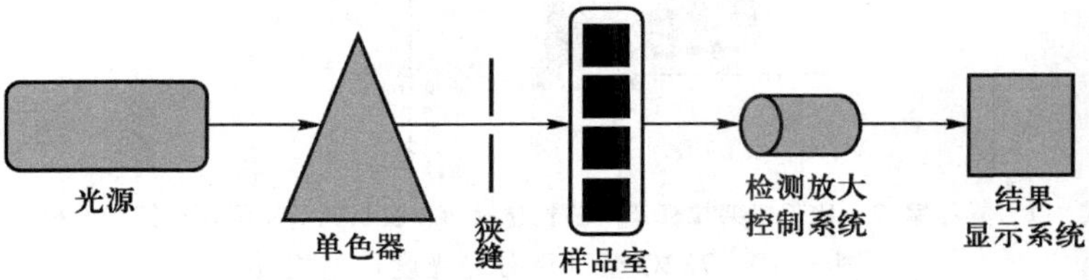

图3-9　紫外-可见分光光度计结构原理图

(1) 取下防尘罩,将灵敏度调节旋钮置于“1”挡(信号放大倍率最小挡),选择开关置于“T”(即透射比)挡。

(2) 插上电源插头,按下电源开关,其指示灯亮。调节波长刻度盘旋钮使所需波长对准标线,调节100% T旋钮使显示透射比为70%左右,仪器在此状态下预热5～15 min。显示数字稳定后即可往下操作。

(3) 打开样品室盖(光门自动关闭),调节0% T旋钮,使显示为“000.0”。

(4) 将盛参比溶液的吸收池置于样品架的第一格内,盛样品的吸收池置于第二格内,盖上样品室盖(光门打开,光电管受光)。将参比溶液推入光路,调节100% T旋钮,使之显示为“100.0”,如果显示不到“100.0”,则要增大灵敏度挡,然后再调节100% T旋钮,直到显示为“100.0”。

(5) 重复操作(3)步和(4)步,直到显示稳定。

(6) 稳定地显示“100.0”透射比后,将选择开关置于“A”(即吸光度)挡,此时吸光度显示应为“.000”,若不是,则调节吸光度调零旋钮,使显示为“.000”。然后将样品拉入光路,这时的显示值即样品的吸光度。

(7) 实验过程中,参比溶液不要拿出样品室,可随时将其置入光路以检查吸光度零点是否有变化。如不是“.000”,则不要先调节旋钮,而应将选择开关置于“T”挡,用100% T旋钮调至“100.0”,再将选择开关置于“A”挡,这时如不是“.000”,方可调节旋钮。

一般情况下不需要经常调节旋钮,但可随时进行(3)步和(4)步的操作,如发现这两个显示有改变,则应及时调整。

(8) 仪器使用完毕,关闭电源(如果短时间不用,则不必关闭电源,只需打开样品室盖,即停止照射光电管),洗净吸收池并放回原处,仪器冷却10 min后盖上防尘罩。

三、722G型可见分光光度计的使用方法

722G型可见分光光度计整机外观如图3-10所示。

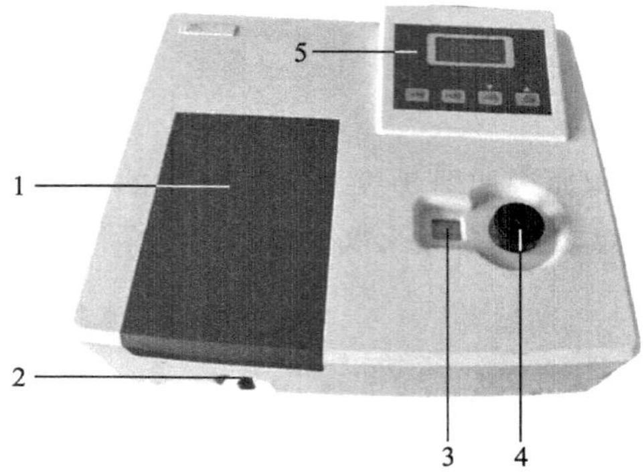

1—样品室;2—比色皿架拉杆;3—波长显示;4—波长调节旋钮;5—控制面板

图 3-10 722G 型可见分光光度计整机外观

操作步骤如下:

(1) 插上电源插头,打开机箱后侧电源开关,使仪器预热 10 min。

(2) 用波长调节旋钮将波长设置在将要使用的分析波长位置上。

(3) 打开样品室盖,将参比和待测溶液按顺序放入暗箱中的比色皿架(比色皿要润洗),拉杆推至最里面。

(4) 盖好样品室盖,切换至“*T*”挡,打开暗箱盖,按【▼ 0% *T*】键,关闭暗箱盖,按【100% *T*/0*A* ▲】键。

(5) 切换至“*A*”挡,拉一下,显示 1 号液吸光度,再拉一下,为 2 号液,以此类推。

(6) 参比溶液不动,1 号,2 号,3 号位置分别换上其他样品测 *A*。

四、722E 型可见分光光度计的使用方法

722E 型可见分光光度计的外形结构如图 3-11 所示。

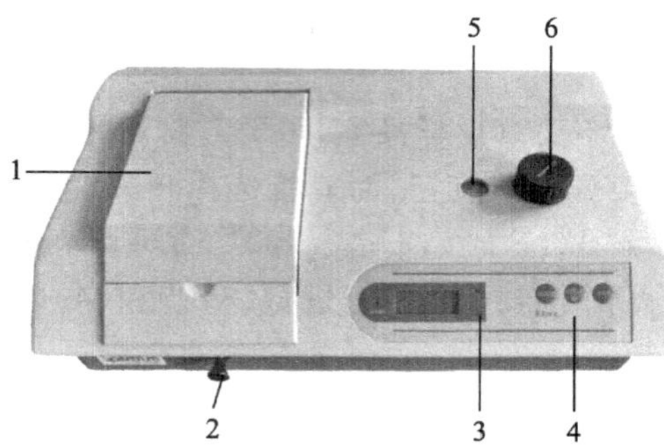

1—样品室;2—比色皿架拉杆;3—测试方式显示灯;4—显示器和操作面板;5—波长显示;6—波长调节旋钮

图 3-11 722E 型可见分光光度计的外形结构

操作步骤如下:

(1) 插上电源插头,打开机箱后侧电源开关,使仪器预热 10 min,开机前,先确认仪器样品

室内是否有东西挡在光路上，光路上有东西将影响仪器自检甚至造成仪器故障。

（2）用波长调节旋钮将波长设置在将要使用的分析波长位置上：每当波长被重新设置后，都不要忘记调整“100.0% *T*”。

（3）打开样品室盖，将参比和待测溶液按顺序放入暗箱中的比色皿架（比色皿要润洗），拉杆推至最里面。

（4）盖好样品室盖，按【mode】键切换至“*T*”挡，拉杆向外拉一下，按【0% *T*】键，再推至最里面，按【100% *T*】键。

① 仪器在不改变波长的情况下，一般无须再次调透射比零。

② 仪器长时间使用过程中，有时“0% *T*”可能会产生漂移。调整“0% *T*”可提高测试数据的准确度。

（5）按【mode】键，切换至“*A*”挡，拉两下，显示 1 号液吸光度，再拉一下，为 2 号液，以此类推。

（6）参比溶液不动，1 号，2 号，3 号位置分别换上 4 号，5 号和未知液，测 *A*。

五、注意事项

1. 比色皿使用注意事项

（1）石英比色皿可供紫外光区和可见光区使用。因为玻璃对紫外光有吸收，所以玻璃比色皿只供可见光区使用。玻璃比色皿使用的波长范围为 320～1 100 nm，石英比色皿使用的波长范围为 200～1 100 nm。

（2）石英比色皿和玻璃比色皿不能混用，更不能和其他不经配对的比色皿混用。无论石英比色皿还是玻璃比色皿，同一套的原料质地相同，加工的薄厚相同，所以透射比也相同。如果不是同一套比色皿，透射比会有差别，影响测定结果。

（3）用手拿比色皿时，应握比色皿的磨砂表面，不应接触比色皿的透光面，即透光面上不能有手印或溶液痕迹。待测溶液中不能有气泡、悬浮物，否则将影响样品的测量精度。

（4）比色皿必须保持洁净，否则会引起测量误差，在可见光区域指纹的吸收相当强。测量前必须用专用擦镜纸擦净表面，禁止用硬物碰或擦拭比色皿的透光面。如有污染物，可用脱脂棉蘸无水酒精擦洗，擦洗时不要在比色皿壁上留下划痕。

（5）凡含有能腐蚀玻璃的物质的溶液，不得长期盛放在比色皿中。

（6）比色皿使用后，一般先用自来水冲洗，再用蒸馏水冲洗三次，倒置于干净的滤纸上晾干，然后存放于原装比色皿盒中。

2. 仪器使用注意事项

（1）若 100% *T*/0*A* 不工作，则应考虑：① 参比样品吸光度值过大；② 光源灯位置偏移；③ 光源灯老化或损坏；④ 光源切换杆位置不正确；⑤ 样品架定位不准确或内有异物挡光；⑥ 仪器内部故障。

（2）若仪器可见光区工作正常，紫外光区无法调 100% *T*/0*A*，则应考虑：① 氘灯未点亮；② 光源切换杆位置在可见光区；③ 没有使用石英比色皿；④ 仪器内部故障。

第六节 酸 度 计

酸度计又称 pH 计，是一种通过测量电势差来测定溶液酸度的仪器。此外，还可以测量氧化还原电对的电极电势及进行电位滴定。现介绍一下 pHS-3C 型酸度计。

pHS-3C 型酸度计是一台精密数字显示 pH 计。具有自动标准缓冲溶液识别功能，具有识别 pH = 4.00、pH = 6.86、pH = 9.18 三种标准缓冲溶液的能力，方便用户使用。适用于测定水溶液的 pH 和电位(mV)值。此外，还可配上离子选择性电极，测出该电极的电极电势。

一、 pHS-3C 型酸度计的外形结构

pHS-3C 型酸度计的外形结构如图 3-12 所示。

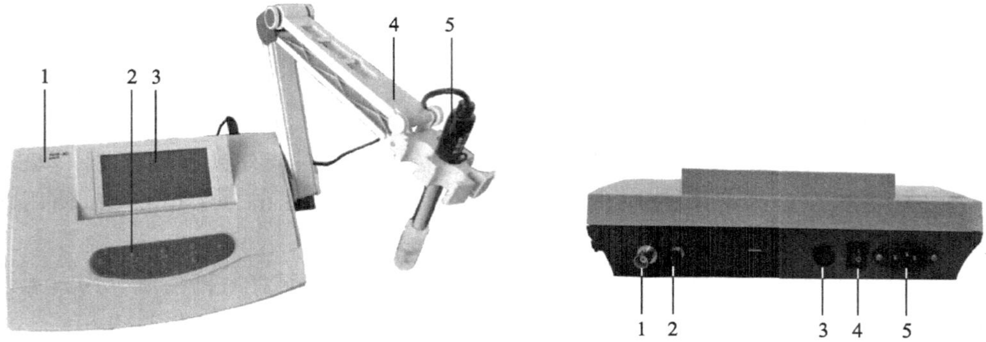

1—机箱；2—键盘；3—显示屏；4—多功能电极架；5—E-201F 型 pH 复合电极

(a)

1—测量电极插座；2—参比电极接口；3—保险丝；4—电源开关；5—电源插座

(b)

图 3-12 pHS-3C 型酸度计的(a)前面板图和(b)后面板图

二、操作步骤

1. 开机前准备

(1) 电极梗旋入电极梗插座，调节电极夹到适当位置。

(2) 复合电极夹在电极夹上，拉下电极前端的电极套。

(3) 用蒸馏水清洗电极，清洗后用滤纸吸干。

2. 开机

(1) 电源线插入电源插座。

(2) 按下电源开关，电源接通后，预热 30 min，接着进行标定。

3. 标定

仪器使用前，先要标定。一般情况下，仪器在连续使用时，每天要标定一次。

（1）在测量电极插座处拔去 Q9 短路插头，插上 pH 复合电极。

（2）清洗电极，放入标准缓冲溶液 1 中（一般 pH 为 6.86）。

（3）用温度计测量当前标液温度，并在仪器上设置相同的温度值。

（4）待 pH 读数稳定后，按【定位】键，仪器提示“Std yE5”字样，按【确认】键，仪器自动识别并显示当前温度下的标称 pH。

（5）按【确认】键即完成一点标定（斜率为 100%）。

如果需要二点标定，则可继续下面操作。

（6）再次清洗电极，并将电极放入标准缓冲溶液 2 中（一般 pH = 4.00 或者 pH = 9.18）。

（7）再次测量标准缓冲溶液 2 的温度，设置仪器为相同的温度值。

（8）待 pH 读数稳定后，按【斜率】键，仪器提示“Std yE5”字样，按【确认】键，仪器自动识别并显示当前温度下的标称 pH，按【确认】键即完成二点标定。

如果用户使用其他的标准缓冲溶液进行标定，则可在最后一次确认前，手动调节显示的 pH 数据至当前温度下对应标液的 pH，然后按【确认】键。

三、设置温度值

设置温度值操作如下：

（1）用温度计测出当前被测溶液的温度。

（2）用【温度△】或【温度▽】键调节显示值，使温度显示为温度计测得的被测溶液温度。

（3）按【确认】键，完成设置；按【pH/mV】键放弃设置。

四、测量 pH

经标定过的仪器，即可用来测量被测溶液，根据被测溶液与标定溶液温度是否相同，其测量步骤也有所不同。

（1）被测溶液与定位溶液温度相同时，测量步骤如下：

先用蒸馏水清洗电极，再用被测溶液清洗一次。把电极浸入被测溶液中，用玻璃棒搅拌溶液，使溶液均匀，在显示屏上读出溶液的 pH。

（2）被测溶液与定位溶液温度不同时，测量步骤如下：

先用蒸馏水清洗电极，再用被测溶液清洗一次。用温度计测出被测溶液的温度值，按【温度】键，使仪器显示为被测溶液温度值，然后按【确认】键。把电极插入被测溶液内，用玻璃棒搅拌溶液，使溶液均匀后读出该溶液的 pH。

五、测量电极电势（mV 值）

把离子选择性电极（或金属电极）和参比电极夹在电极架上，用蒸馏水清洗电极头部，再用被测溶液清洗一次。把离子电极的插头插入测量电极插座处，把参比电极接入仪器后部的参比电极接口处。把两种电极插在被测溶液内，将溶液搅拌均匀后，即可在显示屏上读出该离子选择性电极的电极电势(mV值),还可自动显示正、负极性。如果被测信号超出仪器的测量范围,仪器将显示“Err”字样。

六、仪器维护及注意事项

仪器维护及注意事项如下:

(1) 电极在测量前必须用已知pH的标准缓冲溶液进行校准,其pH越接近被测pH越好。

(2) 取下电极护套后,应避免电极的敏感玻璃泡与硬物接触,因为任何破损或擦毛都会使电极失效。

(3) 测量后,及时将电极保护套套上,电极套内应放少量外参比补充液,以保持电极球泡的湿润。切忌浸泡在蒸馏水中。

(4) 复合电极的外参比补充液为3 mol · L^{-1}氯化钾溶液,应高于被测溶液液面10 mm以上,如果低于被测溶液液面,应及时补充外参比补充液,补充液可以从电极上端小孔加入。复合电极不使用时,拉上橡胶套,防止补充液干涸。

(5) 电极的引出端必须保持清洁干燥,绝对防止输出两端短路,否则将导致测量失准或失效。

(6) 仪器的输入端(测量电极插座)必须保持干燥清洁。仪器不用时,将Q9短路插头插入插座,防止灰尘及水汽浸入。

(7) 第一次使用的pH电极或长期停用的pH电极,在使用前必须在3 mol · L^{-1}氯化钾溶液中浸泡24 h。电极应避免长期浸在蒸馏水、蛋白质溶液和酸性氟化物溶液中。电极应避免与有机硅油接触。

(8) 电极经长期使用后如发现斜率略有降低,则可把电极下端浸泡在4% HF溶液(氢氟酸)中(3 ~ 5 s),用蒸馏水洗净,然后在0.1 mol · L^{-1}盐酸中浸泡,使之复新。

(9) 被测溶液中如含有易污染敏感玻璃泡或堵塞液接界的物质而使电极钝化,则会出现斜率降低,显示读数不准现象。如发生该现象,则应根据污染物质的性质,用适当溶液清洗,使电极复新。

(10) 玻璃电极的保质期为一年,出厂一年以后无论是否使用,其性能都会受到影响,应及时更换。

使用电极时注意,选用清洗剂时,不能用四氯化碳、三氯乙烯、四氢呋喃等能溶解聚碳酸树脂的清洗液,因为电极外壳是用聚碳酸树脂制成的,其溶解后极易污染敏感玻璃泡,从而使电极失效。也不能用复合电极测上述溶液。

第二篇

实 验 部 分

第四章　基本操作实验

实验一　分析天平称量练习

【实验预习要点】

1. 电子分析天平的使用。
2. 直接称量法和差减称量法。

【实验目的】

1. 学会正确使用电子分析天平。
2. 熟悉直接称量和差减称量的方法。
3. 培养准确、整齐地记录实验原始数据的习惯。

【实验原理】

参见本书分析天平的相关部分。

【实验用品】

1. **试剂**

称量试剂

2. **仪器**

(1) 电子分析天平

(2) 称量瓶 1 个

(3) 50 mL 烧杯 1 个

【实验内容】

1. **检查天平**

观察天平各部件是否处于正常状态,检查天平的水平与清洁情况。

2. **直接称量练习**

(1) 称量称量瓶的质量　从干燥器中取一个称量瓶,放在天平盘上,称其质量并进行记录。重复称量 2 ~ 3 次,求出平均值。

(2) 称量瓶盖的质量　将瓶盖放在天平盘上(瓶体放回干燥器中),称其质量并进行记录。重复称量 2 ~ 3 次,求出平均值。

(3) 称量瓶体的质量　将瓶体放在天平盘上(瓶盖放回干燥器中),称其质量并进行记录。重复称量 2 ~ 3 次,求出平均值。

计算瓶盖加瓶体质量之和,并与称量瓶称得的质量进行比较。

3. **差减称量练习**

(1) 取一干净空称量瓶 A,称量并记录。

(2) 取一装有样品的称量瓶 B,称量并记录。

(3) 将称量瓶 B 内的样品粉末轻轻地倒入空的称量瓶 A 内约 0.5 g(勿撒落瓶外)。称量称量瓶 B 的质量并记录。

(4) 称量倒入样品粉末后称量瓶 A 的质量并记录。

(5) 再重复以上称量步骤一次。两种方法得到的转移粉末的质量之差要小于 0.5 mg。

【数据处理】

1. **直接称量练习(填入下表)**

称量编号	1	2	3
称量瓶质量/g			
称量瓶质量平均值/g			
瓶盖质量/g			
瓶盖质量平均值/g			
瓶体质量/g			
瓶体质量平均值/g			
瓶盖和瓶体质量和/g			

2. **差减法称量练习(填入下表)**

称量编号	1	2	3
称量瓶 A 质量 m_1/g			
倒出样品前称量瓶 B 质量 m_2/g			
倒出样品后称量瓶 B 质量 m_3/g			
称量瓶 A+粉末质量 m_4/g			
$(m_2-m_3)-(m_4-m_1)$			

【注意事项】

1. 实验前应认真预习天平与称量的有关内容。实验时严格遵守使用天平的操作规则。
2. 使用天平结束后，认真检查天平，并在天平使用登记本上登记。
3. 称量时可进行计时，以检验自己称量操作熟练程度。

【思考题】

1. 如何使用电子分析天平？
2. 本实验中称量瓶 A 的增重和称量瓶 B 的失重为什么理论上应该相符？如果不相符其原因可能是什么？

实验二 容量仪器的校准

【实验预习要点】

容量仪器校准的必要性和方法。

【实验目的】

1. 理解容量仪器校准的必要性和意义。
2. 学会容量仪器校正的方法。
3. 初步掌握移液管与容量瓶的校正。

【实验原理】

容量仪器的真实容积与它所标示的值之间存在一定的差值。因此在实验工作前，尤其对于准确度要求较高的工作，必须对其容积予以校正。

测量液体体积的基本单位是升(L)。1 L 是指在真空中，1 kg 质量的水在最大密度时(3.98 ℃)所占的体积。但是在实际工作中，容器中水的质量是在室温下和空气中称量的。因此必须考虑如下三个方面的影响。

1. 由于空气浮力使质量改变的校正

在空气中称量时，由于空气浮力引起减少的质量，等于水所排除的空气的质量。同理，砝码也是如此。但因砝码的密度比水的密度大，当两者质量相等时，砝码的体积较小因而所减少的质量也较小。因此，水的真实质量 m_v(g) 应为在空气中所称得的质量 m_a(g) 加上一个校正数 A，其值等于水所排去的空气和砝码所排去的空气的质量差：

$$A=d_a\left(\frac{m_a}{d_水}-\frac{m_a}{d_w}\right)$$

式中：d_a、$d_水$ 和 d_w 分别代表空气、水和砝码的相对密度。可见，在空气中称得水的质量为 m_a(g)时，在真空中应为(m_a+A)g，它在 3.98 ℃时占有的容积为(m_a+A)mL。

2. 由于水的密度随温度变化而改变的校正

称量水时，水温一般都高于 3.98 ℃。在此情况下水的密度随温度增高而减小，所以同质量的水在较高温度时占有较大的体积。或者说，它的实际体积(mL)比它的实际质量(g)在数值上大些。设这一校正数为 B，则 m(即 m_a+A) g 的水在温度 t 时所占的体积应等于(m_a+A+B)mL。B 的数值可按照下式从不同温度下水的相对密度值计算：

$$B=\frac{m_v}{d_t}-m_v$$

式中：d_t 为水在温度 t 时的相对密度。这样，水在温度 t 时的体积应等于(m_a+A+B)mL。

3. 由于玻璃容器本身容积随温度变化而改变的校正

随温度的变化，不仅水的体积改变，而且玻璃容器本身的容积也在改变。为了统一，一般规定以 20 ℃为测量玻璃容器容积的标准温度。不在 20 ℃校正时，就要加上校正值 C，其数值可按下式计算：

$$C=V_t(20-t)\times 0.000\,025$$

式中：V_t 是容器在温度 t(℃)时的容积；0.000 025 是玻璃的体积膨胀系数。因此容器在 20 ℃时的真实容积应等于$(m_a+A+B+C)$mL。

通过上述三项校正，即可计算出在某一温度时需称多少克的水(在空气中，用黄铜砝码)才能使它所占的体积恰好等于 20 ℃时该容器所标示的容积。

为了便于计算，将 20 ℃容积为 1 L 的玻璃容器，在不同温度时所应盛水的质量列于表 4-1。应用表 4-1 来校正容量仪器很方便。例如，在 15 ℃时，欲称取在 20 ℃时容器容量恰为 1 L 的水，其值当为 997.93 g；反之，亦能从水的质量换算成体积。

表 4-1　不同温度下 1 L 水的质量

温度 t/℃	1 L 水在空气中的质量(用黄铜砝码称量)/g	温度 t/℃	1 L 水在空气中的质量(用黄铜砝码称量)/g
10	998.39	21	997.00
11	998.32	22	996.80
12	998.23	23	996.60
13	998.14	24	996.38
14	998.04	25	996.17
15	997.93	26	995.93
16	997.80	27	995.69
17	997.66	28	995.44
18	997.51	29	995.18
19	997.35	30	994.91
20	997.18		

【实验内容】

1. 滴定管的校正

将蒸馏水装入已洗净的滴定管中，调节水的弯月面至刻度零处，然后按照滴定速率放出一定体积的水到已称量的小锥形瓶（最好是有玻璃塞的）中，再称量，两次质量之差，即为水的质量。然后用实验温度时 1 mL 水的质量（从表 4-1 查得）来除以水的质量，即可得滴定管真实体积。

按照国家市场监督管理总局计量司规定，常量滴定管分五段进行校正。现举一实验数据为例列于表 4-2 供参考。

表 4-2 50.00 mL 滴定管的校正表

滴定管读数容积/mL	瓶和水的质量/g	空瓶质量/g	水的质量/g	真实容积/mL	校正值/mL
0.00～10.00	44.74	34.80	9.94	9.97	-0.03
0.00～20.00	64.64	44.74	19.90	19.95	-0.05
0.00～30.00	94.49	64.64	29.85	29.92	-0.08
0.00～40.00	74.77	34.90	39.87	39.97	-0.04
0.00～50.00	84.73	34.88	49.85	49.98	-0.03

注：校正时水的温度为 18 ℃，1.00 mL 水的质量为 0.997 51 g。

校正时需要注意：

（1）称量时称准到 0.01 g 即可。

（2）最好使用同一容器做该实验，要尽量减少倾空次数；每次倾空后，容器外面不可有水，瓶口内残留的水也要用滤纸吸干；从滴定管往容器中放水时，尽可能不要沾湿瓶口，也不要溅失，这样可以减小误差。

2. 移液管的校正

将移液管洗净，吸取蒸馏水至标线以上，调节水的弯月面至标线，按前述的使用方法将水放入已称量的锥形瓶中，再称量。两次质量之差为量出水的质量。根据水温及表 4-1 中数据，计算移液管容积。

3. 容量瓶的校正

将洗净的容量瓶倒置，并使之自然干燥，称量空瓶质量。注入与室温平衡的蒸馏水至标线，注意瓶颈内壁标线以上不能挂有水珠，再称量。两次质量之差即为瓶中水的质量。从表 4-1 中查得该实验温度时每毫升水的质量，用水的质量除以该值，即得容量瓶的真实体积。

也可根据实验室水温和表 4-1 中数据计算出该容量瓶应该盛水的质量，然后在天平上向容量瓶中小心地注入该质量的水，到达平衡后取下容量瓶，做上新的标记。它标明了容量瓶校正后的容积，该容量瓶便可供分析使用。

4. 容量瓶与移液管的相对校正

用 25 mL 移液管吸取蒸馏水，放入洗净且沥干的 100 mL 容量瓶中，共放 4 次，观察容量瓶中弯月面下缘是否与刻度线相切。若不相切，记下弯月面下缘的位置。再重复上述操作，连续两次实验结果相符后，做新标记。使用时，将溶液稀释至新标记处。用这支移液管从这个容量瓶中吸取一管溶液，就是全部溶液体积的 1/4。

【注意事项】

1. 校正容量仪器所用水应预先放在天平室，使其与天平室的温度达到一致。
2. 容量瓶、移液管等待校正的容器应预先洗净沥干。
3. 用分析天平称量盛水的锥形瓶时，应暂时将天平箱中的硅胶取出，称完后再把硅胶放回天平箱内。

【思考题】

1. 影响容量仪器校正的主要因素有哪些？
2. 校正滴定管时，为什么每次放出的水都要从 0.00 刻度线开始？
3. 为什么校正容量仪器时的操作方法与使用方法必须一致？
4. 校正容量仪器为什么要求使用蒸馏水而不用自来水？为什么要测水温？

实验三　溶液的配制

【实验预习要点】

1. 一般溶液和准确浓度溶液的配制方法。
2. 电子天平、移液管、容量瓶、密度计的使用方法。
3. 有关的浓度计算。

【实验目的】

1. 掌握几种配制溶液的方法。
2. 熟练进行有关的浓度计算。
3. 练习使用几种常用仪器。

【实验原理】

一种物质以分子、原子或离子状态分散于另一种物质中所形成的均匀而稳定的系统叫作溶液。许多化学反应是在溶液中进行的。因此，正确地配制一定浓度的溶液是化学工作者应掌握的重要实验技术之一。

市售的常用的几种重要无机酸和一些有机酸是浓溶液状态，配制这些物质的溶液时，采用浓溶液的稀释法。其遵循的原则是稀释前后溶质物质的量不变。即

$$c_{浓} V_{浓} = c_{稀} V_{稀}$$

式中：$c_{浓}$ 和 $c_{稀}$ 分别表示原溶液和要配制溶液的浓度；$V_{浓}$ 和 $V_{稀}$ 分别表示量取原溶液体积和要配制溶液的体积。配制时根据计算取一定体积原浓溶液后，加水稀释至所需体积即可。若已知原溶液的质量分数和密度，则其物质的量浓度可表示为

$$c = \frac{\rho \times w}{M} (\text{mol} \cdot \text{L}^{-1})$$

式中：c 为物质的量浓度；M 为物质的摩尔质量；ρ 为其密度；w 为其质量分数。

大多数的碱和盐是固体状态。因此，配制这些物质的溶液时，先计算所需固体的质量：

$$m = cMV$$

式中：m 为所需固体的质量；c 为要配制溶液的浓度；M 为该物质的摩尔质量；V 为要配制溶液的体积。配制前先称出一定量固体后，加适量蒸馏水溶解，然后再加水到所要配制的体积即可。

【实验用品】

1. 试剂

(1) 浓硫酸

(2) 浓盐酸

(3) 0.2 $mol \cdot L^{-1}$ HAc 溶液

(4) NaOH(AR)

(5) $Na_2CO_3 \cdot 10H_2O$(AR)

2. 仪器

(1) 电子天平

(2) 10.00 mL 吸量管

(3) 100.00 mL 容量瓶

(4) 100 mL 量筒、100 mL 烧杯、玻璃棒、细口瓶

(5) 密度计

【实验内容】

1. 配制 1 $mol \cdot L^{-1}$ H_2SO_4 溶液 50 mL

先计算出配制 50 mL 1 $mol \cdot L^{-1}$ H_2SO_4 溶液所需要的浓硫酸和水的体积。用量筒量取所需蒸馏水加到 100 mL 烧杯中，再量取所需的浓硫酸缓慢地加到装有蒸馏水的烧杯中，并不断搅

拌，待溶液温度接近室温后，将配好的溶液移入细口瓶，贴标签备用。如果测定此溶液的密度，可将配好的溶液倒入 100 mL 量筒后，用密度计测定。

2. 配制 1∶3 HCl 溶液 40 mL

先计算出配制 40 mL 1∶3 HCl 溶液所需要的浓盐酸和水的体积。将所需体积的蒸馏水加到 100 mL 烧杯中，再量取所需的浓盐酸，将浓盐酸缓慢地加到装有蒸馏水的烧杯中，并不断搅拌，将配好的溶液移入细口瓶，贴标签备用。

3. 配制 1 mol·L^{-1} NaOH 溶液 50 mL

计算出配制 50 mL 1 mol·L^{-1} NaOH 溶液所需固体 NaOH 的质量。用电子天平称取 NaOH 固体，放入 100 mL 烧杯中，用量筒量取所需体积的蒸馏水加到烧杯中，并不断搅拌使之溶解，将配好的溶液移入细口瓶，贴标签备用。

4. 配制 0.2 mol·L^{-1} Na_2CO_3 溶液 50 mL

先计算出配制 50 mL 0.2 mol·L^{-1} Na_2CO_3 溶液所需固体的质量。用电子天平称量 $Na_2CO_3 \cdot H_2O$ 固体，放入 100 mL 烧杯中，用量筒量取所需体积的蒸馏水加到烧杯中，不断搅拌使之溶解，将配好的溶液移入细口瓶，贴标签备用。

5. 准确稀释一定浓度的 HAc 溶液

用吸量管吸取 0.2 mol·L^{-1} HAc 溶液 10.00 mL，移入 100.00 mL 容量瓶中，用蒸馏水稀释至刻度。摇匀后移入细口瓶中，贴标签备用。

【注意事项】

1. 使用浓酸、浓碱时应注意安全。
2. 稀释浓盐酸时应在通风橱内操作。

【思考题】

1. 稀释浓硫酸时，为什么要将浓硫酸缓慢倒入水中，并不断搅拌？若将少量水倒入大量浓硫酸中会有什么结果？
2. 用容量瓶配制溶液时，能否用量筒量取浓溶液？

实验四　滴定分析基本操作练习

【实验预习要点】

1. 滴定仪器的洗涤方法。
2. 滴定管、移液管及容量瓶的操作技术。
3. 滴定终点的判断方法。

【实验目的】

1. 学习滴定分析仪器的洗涤方法。
2. 掌握滴定管、移液管及容量瓶的操作技术。
3. 学习观察与判断滴定终点。

【实验原理】

在进行滴定分析时，一方面要会配制滴定剂溶液并能准确测定其浓度；另一方面要准确测量滴定过程中所消耗滴定剂的体积。为此，必须学会正确使用滴定分析仪器。否则，分析工作必定失败。按照滴定分析仪器的使用操作规程，进行滴定操作，移液管、容量瓶使用练习。

【实验用品】

1. **试剂**

(1) $K_2Cr_2O_7$(AR)

(2) 0.100 0 mol · L^{-1} HCl 溶液

(3) 0.100 0 mol · L^{-1} NaOH 溶液

(4) 甲基橙、甲基红、酚酞、溴甲酚绿-甲基红混合指示剂

2. **仪器**

(1) 滴定管

(2) 20.00 mL 移液管

(3) 250.00 mL 容量瓶

【实验内容】

1. 按照仪器操作规范洗涤滴定管、容量瓶、移液管。

2. 称取 $K_2Cr_2O_7$ 固体少许，置小烧杯中，加水约 20 mL，搅拌使溶解后，按操作规程，定量转移到 250.00 mL 容量瓶中，稀释至刻度，摇匀。

3. 用 20.00 mL 移液管吸取自来水，多次练习，直至操作熟练。

4. 用量筒量取自来水 20 mL 置 250 mL 锥形瓶中，加入 0.100 0 mol · L^{-1} NaOH 溶液 2.00 mL，加甲基橙指示剂 1 滴，用滴定管中 0.100 0 mol · L^{-1} HCl 溶液滴定，终点颜色由黄色至橙色。再加入 0.100 0 mol · L^{-1} NaOH 溶液数滴，再用 HCl 溶液滴定至终点，反复练习观察终点，直至操作熟练。注意练习掌握半滴的操作。

5. 用量筒量取自来水 20 mL 置 250 mL 锥形瓶中，加入 0.100 0 mol · L^{-1} HCl 溶液 2.00 mL，加酚酞指示剂 2 滴，用滴定管中 0.100 0 mol · L^{-1} NaOH 溶液滴定，终点颜色从无色至浅粉色。再加入 0.100 0 mol · L^{-1} HCl 溶液数滴，反复滴定，注意观察终点的颜色。

6. 用量筒量取自来水 20 mL 置 250 mL 锥形瓶中,加 0.100 0 mol · L^{-1} NaOH 溶液 2.00 mL,加混合指示剂(溴甲酚绿–甲基红)5 滴,溶液呈绿色,用酸滴定至呈紫色,加热煮沸 2 min(又恢复至绿色),冷却后,再用酸滴定至紫色为终点。

7. 用量筒量取自来水 20 mL 置 250 mL 烧杯中,加 0.100 0 mol · L^{-1} NaOH 溶液 2.00 mL,加甲基橙指示剂 1 滴,用酸滴定至终点。边滴定边用玻璃棒搅拌溶液。

【思考题】

1. 判断玻璃仪器洗净的标志是什么?为什么要达到这一要求?
2. 滴定管和移液管使用前如何处理?为什么?与锥形瓶的处理有何不同?
3. 用移液管量取溶液时,要领是什么?放完液体后为什么要停留 15 s?最后遗留在管口内部的少量溶液是否应吹出?
4. 实验中所用的锥形瓶是否需用待测溶液洗涤三遍?洗涤后是否需要烘干?
5. 滴定管尖端存在气泡对滴定有什么影响,应如何排除?

第五章　无机化学实验

实验一　粗食盐的提纯

【实验预习要点】

1. 粗食盐中杂质的组成。
2. 不同性质杂质的分离方法。
3. KCl 的特殊分离方法。
4. 加热、溶解、过滤（常压过滤、减压过滤）、蒸发、结晶、干燥等基本操作要领。

【实验目的】

1. 熟悉氯化钠的提纯原理及过程。
2. 掌握加热、溶解、过滤、蒸发、结晶、干燥等基本操作技术。

【实验原理】

粗食盐中含有不溶性杂质（如泥沙等）和可溶性杂质（主要是 Ca^{2+}、Mg^{2+}、K^{+}和 SO_4^{2-} 等）。不溶性杂质可用溶解和过滤的方法除去。大部分可溶性杂质可将其生成沉淀以过滤的方式除去。在粗食盐溶液中加入稍微过量的 $BaCl_2$ 溶液，将 SO_4^{2-} 转化为难溶的 $BaSO_4$ 沉淀：

$$Ba^{2+}+SO_4^{2-} = BaSO_4\downarrow$$

将溶液过滤可除去 $BaSO_4$ 沉淀。在其滤液中再加入 NaOH 和 Na_2CO_3 溶液，由于发生下列反应：

$$Mg^{2+}+2OH^{-} = Mg(OH)_2\downarrow$$

$$Ca^{2+}+CO_3^{2-} = CaCO_3\downarrow$$

$$Ba^{2+}+CO_3^{2-} = BaCO_3\downarrow$$

食盐溶液中的杂质 Ca^{2+}、Mg^{2+}，以及沉淀 SO_4^{2-} 时加入的过量 Ba^{2+}，相应转化为难溶的 $Mg(OH)_2$、$CaCO_3$、$BaCO_3$ 沉淀，通过过滤的方法可除去。少量可溶性杂质（如 KCl）在蒸发、浓缩和结晶过程中，仍留在母液中，不会和 NaCl 同时结晶出来。

【实验用品】

1. **试剂**

(1) 2 $mol \cdot L^{-1}$ HCl 溶液

(2) 1 $mol \cdot L^{-1}$ NaOH 溶液

(3) 1 $mol \cdot L^{-1}$ Na_2CO_3 溶液

(4) 1 $mol \cdot L^{-1}$ $BaCl_2$ 溶液

(5) 0.5 $mol \cdot L^{-1}$ $(NH_4)_2C_2O_4$ 溶液

(6) 粗食盐

(7) 镁试剂

2. **仪器**

(1) 100 mL、10 mL 量筒各 1 个，100 mL 烧杯 1 个

(2) 酒精灯、石棉网

(3) 电子天平

(4) 真空循环水泵、布氏漏斗、吸滤瓶、漏斗

(5) 蒸发皿、表面皿

(6) 滤纸、pH 试纸

【实验内容】

1. **粗食盐的提纯**

(1) 在电子天平上称取 5.0 g 粗食盐，放入烧杯中，加入 30 mL 水，加热使其溶解。加热至沸腾时，在搅动下逐滴加入 1 $mol \cdot L^{-1}$ $BaCl_2$ 溶液至沉淀完全(约 2 mL)。为了检验沉淀是否完全，可将烧杯从石棉网上取下，待沉淀沉降后，在上层清液中加入 1～2 滴 $BaCl_2$ 溶液，观察澄清液中是否有混浊现象，若无混浊现象，则表示 SO_4^{2-} 已沉淀完全；若有混浊现象，则需继续滴加 $BaCl_2$ 溶液，直至上层清液在加入 1 滴 $BaCl_2$ 溶液后不产生混浊现象为止。沉淀完全后，继续加热 5 min，以使颗粒长大而易于沉降过滤。过滤时，可将 $BaSO_4$ 及原来不溶性杂质一起除去。

(2) 在上述滤液中加 1 mL 1 $mol \cdot L^{-1}$ NaOH 溶液和 3 mL 1 $mol \cdot L^{-1}$ Na_2CO_3 溶液，加热至沸。取下放冷至室温，待沉淀沉降后，于上层清液中滴加 1 $mol \cdot L^{-1}$ Na_2CO_3 溶液，至不再产生沉淀为止，过滤。

(3) 在滤液中逐滴加入 2 $mol \cdot L^{-1}$ HCl 溶液，并用玻璃棒蘸取溶液，在 pH 试纸上试验，直至溶液呈微酸性为止(pH=6)。

(4) 将溶液倒入蒸发皿中，用小火加热蒸发并不停地搅拌，浓缩至稀粥状的稠液为止，但切记不可将溶液蒸发至干。

(5) 用布氏漏斗抽滤，尽量将结晶抽干。将结晶放在表面皿中，在石棉网上用小火加热干燥。

(6) 称出产品质量,并计算产率。

2. 产品纯度检验

取少量粗食盐和提纯后的氯化钠,分别溶于 5 mL 蒸馏水中,用下列方法检验并比较它们的纯度。

(1) SO_4^{2-} 的检验 往盛有粗食盐和纯氯化钠溶液(各 1 mL)的两支试管中分别加 2 滴 1 mol · L^{-1} $BaCl_2$溶液,观察有无白色 $BaSO_4$ 沉淀产生。

(2) Ca^{2+}的检验 往两种试液(各 1 mL)中分别加入 2 滴 0.5 mol · L^{-1} $(NH_4)_2C_2O_4$ 溶液,观察有无 CaC_2O_4 沉淀产生。

(3) Mg^{2+}的检验 往两种试液(约 1 mL)中分别加入 2 ~ 3 滴 1 mol · L^{-1} NaOH 溶液,使溶液呈碱性(用 pH 试纸检验),再分别加入 2 ~ 3 滴镁试剂,观察现象。

【数据处理】

1. 粗盐提纯

$m_{粗盐}$ =____________;$m_{精盐}$ =____________;产率=____________。

2. 性质鉴定(填入下表)

鉴定方法	粗盐	精盐
加 $BaCl_2$ 溶液		
加 $(NH_4)_2C_2O_4$ 溶液		
加镁试剂		

【注意事项】

1. 粗食盐溶解时可先用研钵研细,以加快溶解速度。
2. 加热时注意防止液体迸溅到身体上。

【思考题】

1. 为什么最后的氯化钠溶液不能蒸干?

2. 本实验为什么用 Na_2CO_3 除去 Ca^{2+}、Mg^{2+}等杂质而不用别的可溶性碳酸盐?除去 Na_2CO_3 为什么要用盐酸而不用其他强酸?

3. 除去 SO_4^{2-}、Mg^{2+}、K^+的顺序是否可以颠倒过来?例如,先除去 Ca^{2+}和 Mg^{2+},再除去 SO_4^{2-},两者有何不同?

【知识拓展】

“除杂”遵循的原则是在除去杂质的过程不能引入新杂质；不能改变被提纯物质的性质；要求被提纯物容易与杂质分离。“除杂”有物理和化学两种方法。

物理方法包括：

(1) 过滤法　是把不溶于液体的固体与液体分离的一种方法；

(2) 结晶法　是用可溶性的固体与液体分离的方法。

化学方法包括：

(1) 沉淀法　是加入某种试剂，将要除去的杂质转变为沉淀，然后过滤除去沉淀；

(2) 气化法　是通过加热或加入试剂将杂质变成气体逸出；

(3) 转纯法　是将要除去的杂质转变成纯物质；

(4) 吸收法　是使混合物通过一种溶剂把杂质吸收除去。

实验二　五水硫酸铜的制备与提纯

【实验预习要点】

1. 常用玻璃(瓷质)仪器：烧杯、量筒、蒸发皿、坩埚钳等的使用方法。
2. 加热与冷却；固、液分离。
3. 查阅物质的溶解度数据表；溶剂对溶解度的影响。
4. 硝酸的性质；铜、硫酸铜的性质。

【实验目的】

1. 了解由金属与酸作用制备盐的方法。
2. 学习重结晶法提纯物质的基本操作。
3. 掌握并巩固无机制备过程中加热、常压过滤、减压过滤、结晶等基本操作。
4. 了解产品纯度检验的原理及方法。

【实验原理】

$CuSO_4 \cdot 5H_2O$ 俗称蓝矾、胆矾或孔雀石，是蓝色透明三斜晶体，在空气中缓慢氧化。易溶于水，难溶于无水乙醇。加热时失水，当加热至 258 ℃时失去全部结晶水而成为白色无水 $CuSO_4$。无水 $CuSO_4$ 易吸水变蓝，利用此特性来检验某些液态有机物中微量的水。

$CuSO_4 \cdot 5H_2O$ 用途广泛，如用于棉及丝织品印染的媒染剂、农业的杀虫剂、水的杀菌剂、木材防腐剂、铜的电镀等。同时，还大量用于有色金属选矿(浮选)工业，船舶油漆工业及其他化工原料的制造。

$CuSO_4 \cdot 5H_2O$ 的生产方法有多种，如电解液法、废铜法、氧化铜法、白冰铜法、二氧化硫法。工业上常用电解液法，方法是将电解液与铜粉作用后，经冷却结晶分离，干燥而制得。

纯铜属于不活泼金属，不能溶于非氧化性酸中。本实验采用浓硝酸作氧化剂，以废铜屑与硫酸、浓硝酸作用来制备 $CuSO_4$。反应式为

$$Cu+2HNO_3+H_2SO_4 \xlongequal{} CuSO_4+2NO_2\uparrow+2H_2O$$

溶液中除生成 $CuSO_4$ 外，还含有一定量的 $Cu(NO_3)_2$ 和其他一些可溶性或不溶性杂质。不溶性杂质可过滤除去。$CuSO_4$ 可利用 $CuSO_4$ 和 $Cu(NO_3)_2$ 在水中溶解度的不同分离出来（见表 5-1）。

表 5-1 $CuSO_4$ 和 $Cu(NO_3)_2$ 在水中溶解度

盐	溶解度/[g·(100 g 水)$^{-1}$]				
	0 ℃	20 ℃	40 ℃	80 ℃	100 ℃
$CuSO_4 \cdot 5H_2O$	23.3	32.3	46.2	61.1	83.3
$Cu(NO_3)_2 \cdot 6H_2O$	81.8	125.1			
$Cu(NO_3)_2 \cdot 3H_2O$			163	208	247

由表 5-1 中数据可知，无论在高温或低温 $Cu(NO_3)_2$ 在水中溶解度都比 $CuSO_4$ 大得多。因此当热溶液被冷却到一定温度时，$CuSO_4$ 首先达到过饱和而开始从溶液中结晶析出，随着温度继续下降，$CuSO_4$ 不断从溶液中析出，$Cu(NO_3)_2$ 则大部分仍留在溶液中，只有小部分随 $CuSO_4$ 析出。这一小部分 $Cu(NO_3)_2$ 和其他一些可溶性杂质，可再通过重结晶的方法除去，最后达到制得纯 $CuSO_4 \cdot 5H_2O$ 的目的。

【实验用品】

1. **试剂**

（1）铜片

（2）1 mol·L^{-1} HNO_3 溶液、浓 HNO_3(AR)

（3）2 mol·L^{-1} HCl 溶液

（4）1 mol·L^{-1} H_2SO_4 溶液、3 mol·L^{-1} H_2SO_4 溶液

（5）2 mol·L^{-1}氨水、6 mol·L^{-1}氨水

（6）H_2O_2 溶液(3%)

（7）1 mol·L^{-1} KSCN 溶液

2. **仪器**

（1）电子天平

（2）蒸发皿

（3）普通漏斗

（4）漏斗架

(5) 布氏漏斗
(6) 吸滤瓶
(7) 真空泵
(8) 表面皿
(9) 酒精灯
(10) 水浴锅
(11) 量筒(100 mL,10 mL)
(12) 烧杯(250 mL,100 mL)
(13) pH 试纸

【实验内容】

1. 铜片的净化

称取剪碎的铜片,置于干燥的蒸发皿中,加入 7 mL 1 mol·L^{-1} HNO_3溶液,小火加热,以洗去铜片上的污物(不要加热过久,以免铜过多地溶解在稀 HNO_3 溶液中影响产率)。用倾析法除去酸液,用水洗净铜片。

2. $CuSO_4 \cdot 5H_2O$ 的制备

向盛有铜片的蒸发皿中加 12 mL 1 mol·L^{-1} H_2SO_4 溶液,水浴加热,温热后,分多次缓慢加入 5 mL 浓 HNO_3(反应过程中产生大量有毒的 NO_2 气体,操作应在通风橱中进行)。待反应缓和后,盖上表面皿,在水浴上继续加热至铜片几乎全部溶解(加热过程中需要补加 6 mL 3 mol·L^{-1} H_2SO_4 溶液和 1.5 mL 浓 HNO_3)。趁热用倾析法过滤,用 5 mL 蒸馏水分两次洗涤滤纸。将滤液转入洁净的蒸发皿中,在水浴上缓慢加热,浓缩至表面出现晶膜为止。取下蒸发皿,使溶液逐渐冷却,析出结晶,减压抽滤得到 $CuSO_4 \cdot 5H_2O$ 粗晶,晶体用滤纸吸干。称其粗品质量,计算产率(以湿品计算,应不少于 85%)。

3. 重结晶法提纯 $CuSO_4 \cdot 5H_2O$

称出 1 g 上面制得的粗 $CuSO_4 \cdot 5H_2O$ 晶体留作分析样品,其余的放入小烧杯中,按 $m(CuSO_4 \cdot 5H_2O) : m(H_2O) = 1 : 2$ 的比例加入纯水,加热溶解。滴加 2 mL 3% H_2O_2 溶液,将溶液加热,同时滴加 2 mol·L^{-1}氨水至溶液 pH=4,再多加 1~2 滴,加热片刻,静置,使生成的 $Fe(OH)_3$ 及其他不溶物沉降。过滤,滤液转入洁净的蒸发皿中,滴加 1 mol·L^{-1} H_2SO_4 溶液,调节 pH=1~2,然后在石棉网上加热、蒸发、浓缩至液面出现晶膜时,停止加热。以冷水冷却,抽滤(尽量抽干),取出结晶,放在两层滤纸中间挤压,以吸干水分,称其质量,计算产率。

4. $CuSO_4 \cdot 5H_2O$ 纯度检验

(1) 将 1 g 粗 $CuSO_4 \cdot 5H_2O$ 晶体,放入小烧杯中,用 10 mL 蒸馏水溶解,加入 1 mL 1 mol·L^{-1} H_2SO_4 溶液酸化,加 2 mL 3% H_2O_2 溶液,煮沸片刻,使 Fe^{2+} 氧化为 Fe^{3+},待溶液冷却后,在搅拌下滴加 6 mol·L^{-1}氨水直至最初生成的蓝色沉淀完全溶解,溶液呈蓝色为止。此时 Fe^{3+} 成为 $Fe(OH)_3$沉淀,而 Cu^{2+} 则成为 $[Cu(NH_3)_4]^{2+}$。将此溶液分 4~5 次常压过滤,用滴管吸取

6 mol · L^{-1} 氨水洗涤滤纸至蓝色消失，滤纸上留下黄色的 $Fe(OH)_3$ 沉淀。用少量蒸馏水冲洗，再用滴管将 3 mL 热的 2 mol · L^{-1} HCl 溶液逐滴滴在滤纸上至 $Fe(OH)_3$ 沉淀全部溶解，以洁净的试管接收滤液。然后在滤液中加入几滴 1 mol · L^{-1} KSCN 溶液，并加水稀释至 5 mL，观察血红色配合物的产生。保留此溶液供后面比较用。

（2）称取 1 g 提纯后的 $CuSO_4 \cdot 5H_2O$ 晶体，重复上述操作，比较两种溶液血红色的深浅，确定产品的纯度。

【注意事项】

1. 硝酸是氧化剂，加快了会有大量气体放出，气体会夹带溶液，使溶液溢出容器。分批加是为了充分利用硝酸，避免未反应的酸在加热时分解。反应时，硝酸加多了，会导致粗产品中含有较多的硝酸铜，使粗产品呈绿色。
2. 加入浓硝酸过程会产生大量有毒气体，所以操作一定要在通风橱中进行。

【思考题】

1. 为什么要在精制后的 $CuSO_4$ 溶液中调节 pH = 1 使溶液呈强酸性？
2. 制备 $CuSO_4 \cdot 5H_2O$ 时，为什么要加少量浓 HNO_3？为什么要分多次缓慢加入？
3. 蒸发、结晶制备 $CuSO_4 \cdot 5H_2O$ 时，为什么刚出现晶膜即停止加热而不能将液体蒸干？
4. 什么叫重结晶？NaCl 可以用重结晶法进行提纯吗？为什么？

【知识拓展】

硫酸铜有人称之为水质漂蓝剂，会使游泳池水较蓝，其实不然，硫酸铜在水中只有两种颜色，一种是无色的铜离子存在于水中，另一种是淡蓝色不透明混浊的氢氧化铜或碳酸铜，它会被过滤桶滤除或沉淀在池底形成绿色，这种情形是不会使池水呈蓝色的，硫酸铜会使池水较亮丽的主要原因，是因为氢氧化铜有吸附杂质的功能，这和水呈蓝色是没有直接关系的。

实验三 酸碱解离平衡

【实验预习要点】

1. 酸碱质子理论的内容（酸碱的概念及酸碱反应本质）。
2. 弱电解质解离平衡的规律（同离子效应、盐效应等）。
3. 缓冲作用原理及缓冲溶液的应用。

【实验目的】

1. 进一步理解酸、碱的概念。
2. 了解弱电解质的解离平衡及移动。
3. 了解缓冲溶液的组成、性质及配制方法。
4. 观察盐类的水解作用，了解影响盐类的水解的主要因素。

【实验原理】

1. 酸碱的概念

酸碱质子理论认为，凡是能给出质子的物质都是酸，凡是能与质子结合的物质都是碱。酸、碱既可以是中性分子，也可以是带电荷的离子。酸碱质子理论将解离理论中的解离、中和及水解等反应归结为一类，即质子传递反应。

酸给出质子后余下的部分称该酸的共轭碱，碱接受质子后所形成的物质称为该碱的共轭酸。它们存在着下列共轭关系：

$$\text{酸} \rightleftharpoons \text{质子} + \text{碱}$$

可以根据测定溶液 pH 的方法，确定溶液的酸碱性。

2. 解离平衡

强电解质在水溶液中能完全解离，而弱电解质在水溶液中只能部分解离，弱酸或弱碱在水溶液中存在解离平衡。如弱酸 HAc 的解离平衡为

$$HAc \rightleftharpoons Ac^- + H^+$$

平衡时

$$K_a^{\ominus} = \frac{[Ac^-][H^+]}{[HAc]}$$

又如，弱碱氨水的解离平衡为

$$NH_3 + H_2O \rightleftharpoons NH_4^+ + OH^-$$

平衡时

$$K_b^{\ominus} = \frac{[NH_4^+][OH^-]}{[NH_3]}$$

3. 同离子效应

在弱电解质的解离平衡系统中加入含有相同离子的强电解质，则平衡向着生成弱电解质的方向移动，使弱电解质的解离度降低，这种效应称为同离子效应。

4. 缓冲溶液

由共轭酸碱对组成的混合溶液，当外加少量酸、碱或适当稀释时，此混合溶液的 pH 基本保持不变，这种溶液称为缓冲溶液。

5. 盐类的水解

盐类的水解反应是由组成盐的离子与水解离出的 H^+ 或 OH^- 作用，生成弱酸或弱碱的反应，

反应后溶液的酸碱性取决于盐的类型。

【实验用品】

1. 试剂

0.1 mol · L^{-1} HCl 溶液、0.1 mol · L^{-1} HAc 溶液、0.2 mol · L^{-1} HAc 溶液、0.1 mol · L^{-1} NaOH 溶液、1 mol · L^{-1} NaOH 溶液、0.1 mol · L^{-1} $NH_3 \cdot H_2O$、0.1 mol · L^{-1} Na_2CO_3 溶液、0.1 mol · L^{-1} NaCl 溶液、1 mol · L^{-1} NaCl 溶液、0.1 mol · L^{-1} $Al_2(SO_4)_3$ 溶液、1 mol · L^{-1} NaAc 溶液、0.1 mol · L^{-1} NaAc 溶液、1 mol · L^{-1} NH_4Ac 溶液、食醋、食盐、糖、酒、锌粒、甲基橙指示剂、酚酞指示剂、广范 pH 试纸、精密 pH 试纸(0.5 ~ 5.0)等

2. 仪器

试管、点滴板、酒精灯、玻璃棒

【实验内容】

1. 比较酸、碱的强弱

(1) 醋酸与盐酸的酸性比较

① 在两支试管中分别加入 1 mL 0.1 mol · L^{-1} HCl 溶液和 0.1 mol · L^{-1} HAc 溶液，各加 2 mL水，再各加 1 滴甲基橙指示剂，观察溶液的颜色。

② 放 pH 试纸于点滴板空穴上，滴 1 滴 0.1 mol · L^{-1} HCl 溶液，立即将试纸所显颜色与比色卡上颜色对比，确定溶液的 pH。同法测出 0.1 mol · L^{-1} HAc 溶液的 pH。

③ 在两支试管中分别加入 2 mL 0.1 mol · L^{-1} HCl 溶液和 0.1 mol · L^{-1} HAc 溶液，再加入几颗锌粒，比较反应的快慢。加热两支试管进一步观察反应速率的差别。

(2) 溶液 pH 的测定　用 pH 试纸测定 0.1 mol · L^{-1} HAc 溶液、0.1 mol · L^{-1} NaOH 溶液、0.1 mol · L^{-1} $NH_3 \cdot H_2O$ 及蒸馏水、食醋、食盐、糖、酒等的 pH，将测定结果按 pH 大小顺序排列(可选择其中数种)。

2. 盐类的水解

(1) 用 pH 试纸分别测试 0.1 mol · L^{-1} Na_2CO_3 溶液、0.1 mol · L^{-1} NaCl 溶液、0.1 mol · L^{-1} $Al_2(SO_4)_3$ 溶液的酸碱性。解释结果并写出水解反应的离子方程式。

(2) 往试管中加入 1 mL 1 mol · L^{-1} NaAc 溶液和 1 滴酚酞指示剂，观察溶液的颜色，在小火上将此溶液加热，观察颜色的变化，并解释。

3. 同离子效应

(1) 取 1 mL 0.2 mol · L^{-1} HAc 溶液，加 1 滴甲基橙指示剂，再加 3 滴 1 mol · L^{-1} NaAc 溶液，观察颜色变化，用 1 mol · L^{-1} NaCl 溶液代替 NaAc 溶液重复上述实验，观察颜色变化。写出解离平衡方程式，并解释。

(2) 取 1 mL 0.1 mol · L^{-1} $NH_3 \cdot H_2O$，加 1 滴酚酞指示剂，再加 3 滴 1 mol · L^{-1} NH_4Ac 溶液，观察颜色变化，用 1 mol · L^{-1} NaCl 溶液代替 NH_4Ac 溶液重复上述实验，观察颜色变化。写

出解离平衡方程式，并解释。

4. 缓冲溶液

（1）用 pH 试纸测定蒸馏水的 pH。在两支各盛有 5 mL 蒸馏水的试管中分别滴加 2 滴 0.1 $mol \cdot L^{-1}$ HCl 溶液和 2 滴 0.1 $mol \cdot L^{-1}$ NaOH 溶液，测定它们的 pH。

（2）在一支试管中加入 5 mL 0.1 $mol \cdot L^{-1}$ HAc 溶液和 5 mL 0.1 $mol \cdot L^{-1}$ NaAc 溶液，摇匀后测定其 pH。将溶液分装入三支试管中，一支加入 2 滴 0.1 $mol \cdot L^{-1}$ HCl 溶液，第二支加入 2 滴 0.1 $mol \cdot L^{-1}$ NaOH 溶液，第三支试管中加入少量水稀释，分别测定它们的 pH。说明缓冲溶液的性质。

（3）欲配制 pH = 4.1 的缓冲溶液 10 mL，实验室有 0.1 $mol \cdot L^{-1}$ HAc 溶液和 0.1 $mol \cdot L^{-1}$ NaAc 溶液，应该怎么配制？先经过计算，再按计算的用量配好，并用精密 pH 试纸测量是否符合要求。

【注意事项】

1. 使用酒精灯加热时应注意操作规范。
2. 回收未反应完全的锌粒。

【思考题】

1. 为什么 H_3PO_4 溶液呈酸性，NaH_2PO_4 溶液呈微酸性，Na_2HPO_4 溶液呈微碱性，Na_3PO_4 溶液呈碱性？
2. 什么叫缓冲溶液？其 pH 如何计算？

【知识拓展】

人体内的酸碱平衡是一个动态平衡。由食物摄取及代谢产生的酸性或碱性物质不断进入血液打破原来的平衡，而机体能依赖血液缓冲体系、肺和肾三个方面的精巧的调节作用重归于相对平衡状态。酸碱失衡对人体健康危害极大，严重的酸中毒或碱中毒会危及生命，很多疾病与体液酸性化有关。

实验四　沉淀-溶解平衡

【实验预习要点】

1. 溶度积原理，溶度积规则。
2. 难溶物质的颜色及其溶度积常数。

【实验目的】

1. 掌握沉淀–溶解平衡和溶度积规则的运用。
2. 了解沉淀的生成、溶解、分步沉淀和沉淀的转化。

【实验原理】

在一定温度下，任何难溶电解质在水中溶解达沉淀–溶解平衡时，饱和溶液中离子相对浓度指数幂的乘积是一个常数，称为溶度积常数，简称为溶度积，用符号 $K_{sp}^{\ominus}$表示。例如：

$$Ag_2CrO_4(s) \rightleftharpoons 2Ag^+ + CrO_4^{2-}$$

$$K_{sp}^{\ominus}(Ag_2CrO_4) = [Ag^+]^2[CrO_4^{2-}]$$

而在难溶电解质溶液中，离子浓度指数幂的乘积叫作离子积，用符号 Q_i 表示。例如，某溶液中含有 Ag^+和 CrO_4^{2-}，则该溶液中两种离子相对浓度指数幂的乘积为

$$Q(Ag_2CrO_4) = [Ag^+]^2[CrO_4^{2-}]$$

在给定的难溶电解质溶液中，离子积 Q_i 与该电解质的溶度积常数 $K_{sp}^{\ominus}$之间的关系有三种可能：

（1）$Q_i = K_{sp}^{\ominus}$，为饱和溶液，沉淀与溶解两种过程达到动态平衡。

（2）$Q_i > K_{sp}^{\ominus}$，为过饱和溶液，溶液中将有沉淀析出。

（3）$Q_i < K_{sp}^{\ominus}$，为未饱和溶液，如系统中有固体电解质，将发生固体的溶解。

上述规则称为溶度积规则。

若溶液中同时有多种离子存在，它们都可能同另一种离子产生不同的沉淀，当向溶液中逐渐加入某种沉淀试剂时，根据难溶电解质的溶解度不同，沉淀的产生将有先后，这种现象称为分步沉淀。同类型难溶电解质若离子浓度相同，则溶度积小的将先沉淀，而溶度积大的后沉淀；不同类型的难溶电解质，则所需沉淀试剂浓度小的先沉淀，而需沉淀试剂浓度大的后沉淀。

向已达平衡的难溶电解质溶液中加入另一种沉淀试剂，如向饱和 AgCl 溶液中加入 Br^-，则平衡系统中的固体 AgCl 将不断溶解，生成 AgBr 沉淀。反应式是

$$AgCl(s) + Br^- \rightleftharpoons AgBr(s) + Cl^-$$

这称为沉淀的转化。转化的方向是由溶解度大的方向向溶解度小的方向变化。

【实验用品】

1. 试剂

6 $mol \cdot L^{-1}$ HCl 溶液、6 $mol \cdot L^{-1}$ HNO_3 溶液、6 $mol \cdot L^{-1}$ $NH_4 \cdot H_2O$、0.1 $mol \cdot L^{-1}$ $AgNO_3$ 溶液、0.1 $mol \cdot L^{-1}$ $Pb(NO_3)_2$ 溶液、0.1 $mol \cdot L^{-1}$ K_2CrO_4 溶液、0.1 $mol \cdot L^{-1}$ KI 溶液、0.2 $mol \cdot L^{-1}$ $BaCl_2$ 溶液、0.1 $mol \cdot L^{-1}$ NaCl 溶液、0.1 $mol \cdot L^{-1}$ $HgCl_2$ 溶液、0.1 $mol \cdot L^{-1}$ Na_2S 溶液、0.1 $mol \cdot L^{-1}$ Na_2SO_4 溶液、饱和 $(NH_4)_2C_2O_4$ 溶液

2. 仪器

酒精灯、试管、试管架、试管夹

【实验内容】

1. 沉淀的生成

（1）在两支试管中各加入蒸馏水 2 mL，再分别加入 0.1 mol·L^{-1} $AgNO_3$ 溶液 1 滴、0.1 mol·L^{-1} $Pb(NO_3)_2$ 溶液 1 滴，摇匀。然后各加入 0.1 mol·L^{-1} KI 溶液 1 滴，摇匀并观察沉淀的生成和颜色。

（2）在两支试管中各加入蒸馏水 2 mL，再分别加入 0.1 mol·L^{-1} $AgNO_3$ 溶液 1 滴、0.1 mol·L^{-1} $Pb(NO_3)_2$ 溶液 1 滴，摇匀。然后各加入 0.1 mol·L^{-1} K_2CrO_4 溶液 1 滴，摇匀并观察沉淀的生成和颜色。

2. 沉淀的溶解

（1）取 5 滴 0.2 mol·L^{-1} $BaCl_2$ 溶液加入试管中，再滴入 3 滴饱和 $(NH_4)_2C_2O_4$ 溶液，观察沉淀的生成。倾去上层溶液，在沉淀物上滴 6 mol·L^{-1} HCl 溶液数滴，观察现象。

（2）取 0.1 mol·L^{-1} $AgNO_3$ 溶液 10 滴加入试管中，再滴入 0.1 mol·L^{-1} NaCl 溶液 3 ~ 4 滴，观察现象；然后逐滴加入 6 mol·L^{-1} $NH_4 \cdot H_2O$ 溶液，观察现象。

（3）取 10 滴 0.1 mol·L^{-1} $AgNO_3$ 溶液，再滴入 3 ~ 4 滴 0.1 mol·L^{-1} Na_2S 溶液，观察现象。弃去溶液，在沉淀物上滴入 6 mol·L^{-1} HNO_3 溶液少许，加热，观察有何现象。写出化学反应方程式。

3. 分步沉淀

（1）在试管中滴入 2 滴 0.1 mol·L^{-1} Na_2S 溶液和 5 滴 0.1 mol·L^{-1} K_2CrO_4 溶液，用水稀释至 5 mL，然后逐滴加入 0.1 mol·L^{-1} $Pb(NO_3)_2$ 溶液，观察先后出现什么颜色的沉淀，根据有关溶度积数据加以说明。

（2）在试管中盛蒸馏水 4 mL，加入 0.1 mol·L^{-1} $AgNO_3$ 溶液 1 滴、0.1 mol·L^{-1} $Pb(NO_3)_2$ 溶液 1 滴，摇匀；加入 0.1 mol·L^{-1} K_2CrO_4 溶液 1 滴，摇匀，观察沉淀的生成和颜色。再加入 0.1 mol·L^{-1} K_2CrO_4 溶液 1 滴，观察沉淀的颜色，并加以解释。写出有关化学反应方程式。

4. 沉淀的转化

（1）在一支试管中加入 0.1 mol·L^{-1} $Pb(NO_3)_2$ 溶液约 0.5 mL，再加入约 0.5 mL 0.1 mol·L^{-1} Na_2SO_4 溶液，观察沉淀的生成。然后加入约 0.1 mL 0.1 mol·L^{-1} K_2CrO_4 溶液，搅拌，观察沉淀的颜色变化，解释实验现象。

（2）在试管中盛蒸馏水 1 mL，加入 0.1 mol·L^{-1} $AgNO_3$ 溶液 1 滴，再加入 0.1 mol·L^{-1} K_2CrO_4 溶液 1 滴，观察沉淀的颜色。然后滴入 0.1 mol·L^{-1} NaCl 溶液，并不断摇动，观察沉淀颜色的变化，解释实验现象并写出化学反应方程式。

【注意事项】

注意含银及含铬试液的回收再利用。

【思考题】

1. 使沉淀发生溶解都有哪些方法？在 Ag_2CrO_4 沉淀中加入 NaCl 溶液将会发生什么现象？

2. 在沉淀转化实验中能否用比较 $PbCl_2$、PbI_2、$PbSO_4$、$PbCrO_4$、PbS 的 $K_{sp}^{\ominus}$ 值的大小说明有关沉淀转化的原因？为什么？

【知识拓展】

沉淀转化的实质是沉淀-溶解平衡的移动。沉淀的转化在生活中应用广泛，如应用在氟化物防治龋齿、工业处理重晶石、锅炉中水垢的除去等。例如，锅炉中的水垢中除了 $CaCO_3$ 和 $Mg(OH)_2$ 外，还有 $CaSO_4$ 使得水垢更结实，用酸很难快速除去，要快速除去水垢，可以用饱和 Na_2CO_3 溶液处理，使之转化为易溶于酸的 $CaCO_3$，而快速除去。

实验五　氧化还原平衡

【实验预习要点】

1. 氧化还原反应的基本概念。
2. 电极电势的概念、能斯特方程及其应用。
3. 影响氧化还原反应的因素。
4. 原电池的工作原理。

【实验目的】

1. 了解电极电势与氧化还原反应的关系。
2. 掌握介质的酸碱性对氧化还原反应的影响。
3. 了解原电池的装置和反应，掌握氧化型浓度变化对电极电势的影响。

【实验原理】

在化学反应过程中，反应物的原子或离子有氧化数变化的反应，叫作氧化还原反应。原子或离子氧化数升高的过程叫作氧化；氧化数降低的过程叫作还原。氧化作用和还原作用总是同时发生，并处于一个统一体中。

一般规定，氢离子的活度 $a(H^+)$ 为 1 $mol \cdot L^{-1}$，氢气的压力等于 100 kPa 时，氢电极电势为零，即 $\varphi^{\ominus}(H^+/H_2)=0.000\ V$，此为标准氢电极。用标准氢电极作参比，在标准状态下，测定其他电极标准状态下的电极电势，把所测得的电极电势称为标准电极电势，用 $\varphi^{\ominus}$ 表示。

在通常情况下,氧化还原反应进行的方向可以直接用电对的标准电极电势来判断。氧化剂的标准电极电势应大于还原剂的标准电极电势值,即 $\varphi_+^\ominus > \varphi_-^\ominus$。若两者的标准电极电势的差值不大时,则应考虑浓度或分压对于电极电势的影响。除氧化型物质和还原型物质浓度或分压的改变对电极电势有影响外,介质的酸度对含氧酸盐的氧化性影响也很大。例如,高锰酸钾在酸性介质中被还原为 Mn^{2+}(无色或浅红色)。

$$MnO_4^- + 8H^+ + 5e^- \rightleftharpoons Mn^{2+} + 4H_2O \quad \varphi^\ominus = 1.507\ V$$

在中性或弱碱性介质中被还原为二氧化锰(MnO_2),为褐色或暗黄色沉淀。

$$MnO_4^- + 2H_2O + 3e^- \rightleftharpoons MnO_2\downarrow + 4OH^- \quad \varphi^\ominus = 0.588\ V$$

在强碱性介质中被还原为绿色的 MnO_4^{2-}。

$$MnO_4^- + e^- \rightleftharpoons MnO_4^{2-} \quad \varphi^\ominus = 0.564\ V$$

由此可以看出,高锰酸钾在不同的介质中还原产物有所不同,并且其氧化性随介质酸性减小而减弱。

一种元素有多种氧化数时,氧化数居中的物质一般既可作氧化剂,又可作还原剂。例如,过氧化氢(H_2O_2):

$$\underbrace{O_2 \xrightarrow{+0.695\ V} H_2O_2 \xrightarrow{+1.776\ V} H_2O}_{1.23\ V}$$

从电对 H_2O_2/H_2O 来看,H_2O_2 是强氧化剂,而在 O_2/H_2O_2 中,H_2O_2 是强还原剂。

利用氧化还原反应而产生电流的装置叫作原电池。原电池的电动势是指没有电流通过时,正极电极电势与负极电极电势之差,即 $E=\varphi_+ - \varphi_-$,在本实验中只能测定两电极的电极电势差。

【实验用品】

1. 试剂

3 mol·L^{-1} H_2SO_4 溶液、6 mol·L^{-1} HAc 溶液、6 mol·L^{-1} NaOH 溶液、0.1 mol·L^{-1} $FeCl_3$ 溶液、0.1 mol·L^{-1} KI 溶液、0.1 mol·L^{-1} KBr 溶液、0.1 mol·L^{-1} $FeSO_4$ 溶液、0.1 mol·L^{-1} Na_2SO_4 溶液、0.1 mol·L^{-1} $KMnO_4$ 溶液、0.1 mol·L^{-1} $SnCl_2$ 溶液、0.1 mol·L^{-1} $HgCl_2$ 溶液、1 mol·L^{-1} $CuSO_4$ 溶液、1 mol·L^{-1} $ZnSO_4$ 溶液、$NH_3 \cdot H_2O$、H_2O_2 溶液(3%)、H_2S 溶液(饱和)、CCl_4、溴水(饱和)、碘水(饱和)

2. 仪器

试管、试管架、量筒(100 mL)、洗瓶、烧杯(100 mL)、滴管、盐桥、导线、锌片、铜片、砂纸、酸度计

【实验内容】

1. 常见氧化剂和还原剂的反应

(1) H_2O_2 的氧化性　在小试管中加入 0.5 mL 0.1 mol·L^{-1} KI 溶液,再加入 2 滴3 mol·L^{-1}

H_2SO_4 使之酸化,然后再滴加数滴 3% H_2O_2 溶液,加入 0.5 mL CCl_4,振荡试管并观察现象。

(2) H_2O_2 的还原性 在小试管中加入 0.5 mL 0.1 mol · L^{-1} $KMnO_4$ 溶液,并加入数滴 3 mol · L^{-1} H_2SO_4 溶液使之酸化,然后再滴加数滴 3% H_2O_2 溶液,振荡并观察现象。

(3) H_2S 的还原性 在小试管中加入 1 mL 0.1 mol · L^{-1} $FeCl_3$ 溶液,滴加 H_2S 饱和溶液,振荡并观察现象。

(4) $SnCl_2$ 的还原性 在小试管中加入 1 mL 0.1 mol · L^{-1} $HgCl_2$ 溶液,逐滴加入 0.1 mol · L^{-1} $SnCl_2$ 溶液,注意沉淀的颜色由白色(Hg_2Cl_2)逐渐变化成灰色(Hg)。写出有关的化学反应方程式。

2. 电极电势与氧化还原反应的关系

(1) 往试管中加入 0.5 mL 0.1 mol · L^{-1} KI 溶液,再加入 2 滴 0.1 mol · L^{-1} $FeCl_3$ 溶液,混匀后加入 0.5 mL CCl_4,充分振荡,观察 CCl_4 层的颜色有何变化。

(2) 用 0.1 mol · L^{-1} KBr 溶液代替 0.1 mol · L^{-1} KI 溶液进行同样的实验,观察 CCl_4 层的颜色。

(3) 往两支试管中分别加入几滴饱和碘水和饱和溴水,然后加入 0.5 mL 0.1 mol · L^{-1} $FeSO_4$溶液,振荡试管,观察现象。

写出有关的化学反应方程式。

根据以上实验结果,比较 Br_2/Br^-、I_2/I^-、Fe^{3+}/Fe^{2+}三个电对电极电势的大小,并指出其中哪个是最强的氧化剂,哪个是最强的还原剂。

3. 酸度对氧化还原反应的影响

(1) 在三支试管中各加入 0.5 mL 0.1 mol · L^{-1} $KMnO_4$ 溶液,然后在第一支试管中加入 0.5 mL 3 mol · L^{-1} H_2SO_4 溶液;第二支试管中加入 0.5 mL 蒸馏水;第三支试管中加入 0.5 mL 6 mol · L^{-1} NaOH 溶液,最后再往三支试管中各加入 0.5 mL 0.1 mol · L^{-1} Na_2SO_4 溶液,观察反应物有何不同。写出化学反应方程式。

(2) 往两支试管中各加入 0.5 mL 0.1 mol · L^{-1} KBr 溶液,在第一支试管中加入约 0.5 mL 3 mol · L^{-1} H_2SO_4 溶液,往另一支试管中加入 0.5 mL 6 mol · L^{-1} HAc 溶液,然后各加 2 滴 0.1 mol · L^{-1} $KMnO_4$ 溶液。观察并比较两支试管中紫色消失的快慢,并加以说明。

4. 浓度对电极电势的影响

(1) 在 100 mL 烧杯中加入 30 mL 1 mol · L^{-1} $ZnSO_4$ 溶液,在另一个 100 mL 烧杯中加入30 mL 1 mol · L^{-1} $CuSO_4$ 溶液,然后在 $CuSO_4$ 溶液中插入一个铜片,在 $ZnSO_4$ 溶液中插入一个锌片[在导线(铜线)与电极接触处,以及导线的另一端,若有锈蚀,要用砂纸擦净],组成两个电极,用盐桥(含有琼胶及 KCl 饱和溶液的 U 形管)把 2 只烧杯中的溶液连通,通过导线将铜电极接入酸度计的正极,把锌电极通过“接续头”插入酸度计的负极插孔,测定其电势差。

(2) 在上面的实验装置中,取下盛有 $CuSO_4$ 溶液的烧杯,在其中加入氨水,搅拌,至生成的沉淀完全溶解,形成了深蓝色溶液。写出化学反应方程式。测量电势差,观察有何变化,这种变化是怎样引起的?

(3) 在 $ZnSO_4$ 溶液中加浓氨水至生成的沉淀完全溶解,写出化学反应方程式。测量电势差，其值又有何变化？试解释上面的实验结果。

【注意事项】

1. 有 NO_2 气体生成的反应，应该在通风橱中完成。

2. 氧化剂的氧化能力与 pH 相关，如高锰酸钾在酸性、中性、碱性中氧化能力不同，如过氧化氢的氧化能力还跟温度相关，有时还跟底物氧化程度相关。

【思考题】

1. 介质的酸度变化对 H_2O_2、Br_2 和 Fe^{3+}的氧化性有无影响？试从电极电势予以说明。

2. H_2O_2 为什么既可作氧化剂又可作还原剂？写出有关的电极反应。

3. 如何判断氧化剂和还原剂的强弱及氧化还原反应进行的方向？试设计一个实验比较下列物质的氧化性和还原性强弱：Cl_2、Br_2、I_2 和 Fe^{3+}；Cl^-、Br^-、I^-和 Fe^{2+}。

【知识拓展】

在工业生产中所需要的各种各样的金属，很多都是通过氧化还原反应从矿石中提炼而得到的。如生产活泼的有色金属要用电解或置换的方法；生产黑色金属和一些有色金属都是用在高温条件下还原的方法；生产贵金属常用湿法还原，等等。许多重要化工产品的合成，如氨的合成、盐酸的合成、接触法制硫酸、氨氧化法制硝酸、食盐水电解制烧碱等，也都有氧化还原反应的参与。石油化工中的催化去氢、催化加氢、链烃氧化制羧酸、环氧树脂的合成等也都是氧化还原反应。

实验六 配位平衡

【实验预习要点】

1. 配位化合物的基本概念。
2. 配位平衡的移动。
3. 实验中涉及的化学反应方程式。

【实验目的】

1. 了解配位化合物的生成及组成，熟悉几种常见的配位化合物。
2. 加深理解配位化合物的相对稳定性，比较配离子与简单离子的区别。

3. 了解配位平衡与其他化学平衡的关系。
4. 了解螯合物的形成、特性。

【实验原理】

配位化合物是由中心离子(形成体)及与其结合在一起的负离子或分子以配位键相结合所构成的复杂化合物。配位化合物都具有配位单元,配位单元可以是电中性的,也可以带有电荷,带有电荷的配位单元称为配离子。配位化合物的组成一般可分为内界和外界两部分,中心离子和配体组成配位化合物的内界,其余离子则为外界,其组成如下所示:

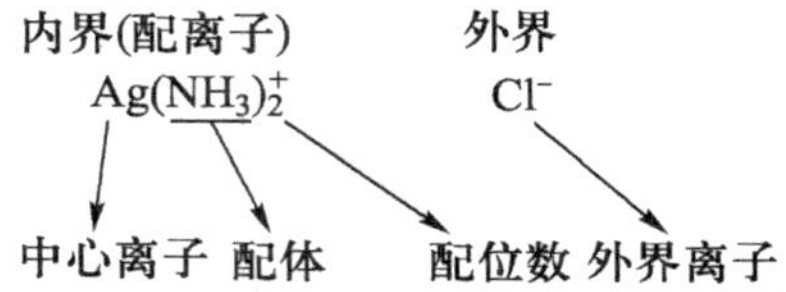

配离子具有相对稳定性,它不同于简单离子。例如,向 Cu^{2+}溶液中加入适量的 $NH_3 \cdot H_2O$ 时,可生成较稳定的 $Cu(NH_3)_4^{2+}$

$$Cu^{2+} + 4NH_3 \rightleftharpoons Cu(NH_3)_4^{2+}$$

反应前 Cu^{2+}是以简单离子形式存在的,而反应后的 Cu(Ⅱ)是以 $Cu(NH_3)_4^{2+}$ 配离子的形式存在的。配位反应在生成配离子的同时,亦存在着配位平衡,其平衡常数为

$$K_f^{\ominus} = \frac{[Cu(NH_3)_4^{2+}]}{[Cu^{2+}][NH_3]^4}$$

一般来说,相同类型的配位化合物,其 $K_f^{\ominus}$ 值越大,配离子越稳定,反之配离子越容易分解。

如同其他平衡一样,向配位平衡系统中加入其他物质,可发生酸碱反应、沉淀反应、氧化还原反应,亦可发生配位反应,以致改变系统中某物质的浓度,使配位平衡发生移动。例如,由 AgCl 沉淀与 $NH_3 \cdot H_2O$ 生成的 $Ag(NH_3)_2^+$ 在溶液中有下列平衡:

$$AgCl(s) + 2NH_3 \rightleftharpoons Ag(NH_3)_2^+ + Cl^-$$

若向此平衡系统中加入 HNO_3,则 H^+能与 NH_3 发生中和反应,生成简单离子 NH_4^+,使 NH_3 的浓度不断减小,Ag^+的浓度亦随之不断增大,平衡向 $Ag(NH_3)_2^+$ 解离方向移动。当溶液中的 Ag^+和 Cl^-的离子积增大到超过 AgCl 的溶度积常数时,就会重新生成 AgCl 沉淀。

配位反应有着广泛的应用。在分析化学中,可用生成稳定配离子的方法来掩蔽某种离子对所分析离子的干扰。例如,用 CNS^-检验 Co^{2+}时,如果待测溶液中含有少量的 Fe^{3+},当加入检验试剂 CNS^-时,Fe^{3+}和 Co^{2+}均可与之发生配位反应,生成不同颜色的配合物:

$$Co^{2+} + 4CNS^- = Co(CNS)_4^{2-}\text{(蓝色)}$$

$$Fe^{3+} + 6CNS^- = Fe(CNS)_6^{3-}\text{(血红色)}$$

两种产物混合在一起时,无法看清 $Co(CNS)_4^{2-}$ 的颜色,因此 Fe^{3+}的存在干扰了对 Co^{2+}的鉴别。如果在检验前加入 NH_4F,使 Fe^{3+}与 F^-生成较稳定的无色的 FeF_6^{3-}

$$Fe^{3+} + 6F^- = FeF_6^{3-} \quad K_f^{\ominus} = 1.0 \times 10^{16}$$

然后再加 CNS^- 时,就不会有血红色的 $Fe(CNS)_6^{3-}$ 生成,从而排除了 Fe^{3+} 对 Co^{2+} 检验的干扰。

螯合物是具有环状结构的配位化合物,很多金属的螯合物具有特征的颜色,并且难溶于水而易溶于有机溶剂中。例如,丁二酮肟在弱碱性条件下与 Ni^{2+} 生成鲜红色难溶于水的螯合物,这一反应可用作检验 Ni^{2+} 的特征反应。

【实验用品】

1. 试剂

2 mol·L^{-1} HNO_3 溶液、6 mol·L^{-1} HAc 溶液、2 mol·L^{-1} NaOH 溶液、2 mol·L^{-1} $NH_3·H_2O$ 溶液、6 mol·L^{-1} $NH_3·H_2O$ 溶液、0.1 mol·L^{-1} $CuSO_4$ 溶液、0.1 mol·L^{-1} $BaCl_2$ 溶液、0.1 mol·L^{-1} $FeCl_3$ 溶液、1 mol·L^{-1} NH_4CNS 溶液、0.1 mol·L^{-1} $AgNO_3$ 溶液、0.1 mol·L^{-1} $K_3[Fe(CN)_6]$ 溶液、0.1 mol·L^{-1} KI 溶液、0.1 mol·L^{-1} NaCl 溶液、0.1 mol·L^{-1} KBr 溶液、0.1 mol·L^{-1} $Na_2S_2O_3$ 溶液、0.1 mol·L^{-1} Na_2S 溶液、0.5 mol·L^{-1} $SnCl_2$ 溶液、4 mol·L^{-1} NH_4F 溶液、0.1 mol·L^{-1} $CoCl_2$ 溶液、0.1 mol·L^{-1} $NiCl_2$ 溶液、CCl_4、戊醇-丙酮混合液(1∶1)、蓝色石蕊试纸、丁二酮肟溶液

2. 仪器

量筒、烧杯、试管、滴管、玻璃棒

【实验内容】

1. 配位化合物的生成和组成

在两支试管中分别加入 10 滴 0.1 mol·L^{-1} $CuSO_4$ 溶液,再向第一支试管中加入 2 滴 0.1 mol·L^{-1} $BaCl_2$ 溶液,向第二支试管中加入 2 滴 2 mol·L^{-1} NaOH 溶液,观察两支试管中的沉淀颜色,并判断两种沉淀各是何种物质。

另取一支试管,加入 1 mL 0.1 mol·L^{-1} $CuSO_4$ 溶液,再逐滴加入 2 mol·L^{-1} $NH_3·H_2O$ 溶液,边加边振荡试管至溶液出现沉淀又溶解时为止(注意观察溶液颜色的变化,并说明该反应生成的是何种物质)。将试管中的溶液平均分装于两支试管中,然后再向第一支试管中加入 2 滴 0.1 mol·L^{-1} $BaCl_2$ 溶液,向第二支试管中加入 2 滴 2 mol·L^{-1} NaOH 溶液,观察两支试管中溶液有何变化。

根据实验结果,写出 $CuSO_4$ 和 NH_3 形成的配位化合物的组成,并指出其内界和外界。

2. 配离子与简单离子的区别

取两支试管,在第一支试管中加入 10 滴 0.1 mol·L^{-1} $FeCl_3$ 溶液,在第二支试管中加入 10 滴 0.1 mol·L^{-1} $K_3[Fe(CN)_6]$ 溶液。再向两支试管中各加 1 滴 1 mol·L^{-1} NH_4CNS 溶液,观察两支试管中溶液颜色的变化有何不同,并说明配离子与简单离子的区别。

3. 酸碱反应对配位平衡的影响

(1) 在一支试管中加入 5 滴 0.1 mol·L^{-1} $AgNO_3$ 溶液和 5 滴 0.1 mol·L^{-1} NaCl 溶液,此时有白色 AgCl 沉淀生成。然后逐滴加入 2 mol·L^{-1} $NH_3·H_2O$ 溶液至沉淀溶解。再向试管中加

入 2 滴 2 mol · L^{-1} HNO_3 溶液,观察试管中溶液有何现象发生。

(2) 在一支试管中加入 5 滴 0.1 mol · L^{-1} $CuSO_4$ 溶液,然后逐滴加入 2 mol · L^{-1} NH_3 · H_2O,至产生沉淀又溶解生成深蓝色溶液后,再加数滴 6 mol · L^{-1} HAc 溶液至溶液呈酸性(用蓝色石蕊试纸检查),观察试管中溶液颜色的变化。

4. 沉淀反应对配位平衡的影响

取一支试管,按下列步骤操作:

(1) 在试管中加入 2 滴 0.1 mol · L^{-1} $AgNO_3$ 溶液和 2 滴 0.1 mol · L^{-1} NaCl 溶液,此时有白色 AgCl 沉淀生成。

(2) 向其中逐滴加 6 mol · L^{-1} NH_3 · H_2O 至沉淀溶解,推断此产物是何物质。

(3) 再加入 2 滴 0.1 mol · L^{-1} KBr 溶液,此时有淡黄色 AgBr 沉淀生成。

(4) 待沉淀完全后,用倾析法将上层清液倒出少许,再向其中逐滴加入 0.1 mol · L^{-1} $Na_2S_2O_3$ 溶液至沉淀溶解,并判断又有何物质生成。

(5) 再加入 2 滴 0.1 mol · L^{-1} KI 溶液,此时又有黄色 AgI 沉淀生成。

通过实验,用平衡移动的原理解释上述一系列变化的原因。

5. 氧化还原反应对配位平衡的影响

(1) 在一支试管中加入 5 滴 0.1 mol · L^{-1} $FeCl_3$ 溶液和 1 滴 1 mol · L^{-1} NH_4CNS 溶液,摇匀后观察溶液的颜色。再向其中加入 2 滴 0.5 mol · L^{-1} $SnCl_2$ 溶液,观察试管中溶液又有何变化,并解释其现象。

(2) 在一支试管中加入 5 滴 0.1 mol · L^{-1} $FeCl_3$ 溶液和 5 滴 0.1 mol · L^{-1} KI 溶液,再加 10 滴 CCl_4 充分振荡试管后静置片刻,观察 CCl_4 层颜色。

另取一支试管,加入 5 滴 0.1 mol · L^{-1} $FeCl_3$ 溶液,再逐滴加入 4 mol · L^{-1} NH_4F 溶液至溶液无色,然后再加入 5 滴 0.1 mol · L^{-1} KI 溶液和 10 滴 CCl_4,充分振荡试管后静置片刻,观察 CCl_4 层颜色,并与上面实验做比较,解释其原因。

6. 配离子的掩蔽作用

取三支试管,各加入 5 滴 0.1 mol · L^{-1} $CoCl_2$ 溶液,然后在第一支试管中加入 5 滴 0.1 mol · L^{-1} $FeCl_3$ 溶液和 5 滴 4 mol · L^{-1} NH_4F 溶液,在第二支试管中只加入 5 滴 0.1 mol · L^{-1} $FeCl_3$ 溶液,第三支试管留作对照。再向三支试管中各加入 5 滴 1 mol · L^{-1} NH_4CNS 溶液和 10 滴戊醇-丙酮混合液,充分振荡三支试管后静置片刻,观察三支试管中戊醇-丙酮混合液层和水层的颜色,并解释其现象。

7. 螯合物

取一支试管,加 1 滴 0.1 mol · L^{-1} $NiCl_2$ 溶液,加 3 滴 6 mol · L^{-1} NH_3 · H_2O 使溶液呈碱性,再加入几滴丁二酮肟溶液,观察沉淀生成及颜色。

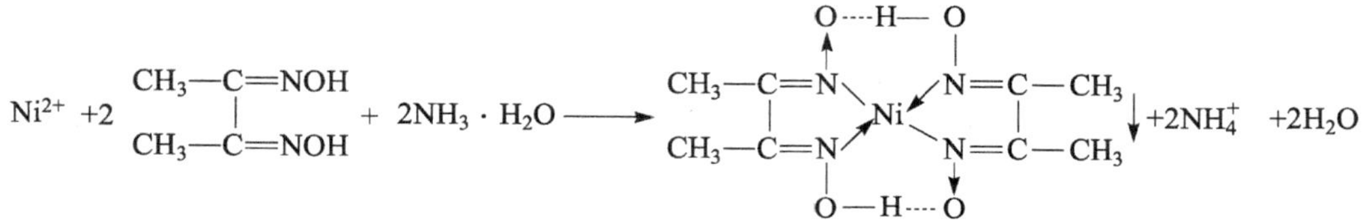

【注意事项】

实验用量要尽可能少,反应情况剧烈时要注意安全。

【思考题】

1. 哪些因素能使配位平衡发生移动?
2. 若用配位反应掩蔽某种干扰离子,将如何选用掩蔽剂?

【知识拓展】

生物学中,很多生物分子都是配位化合物。生物体内含铁的血红蛋白与氧气和一氧化碳的结合,很多酶及含镁离子的叶绿素的正常运作也都离不开配位化合物机理。常用的癌症治疗药物顺铂,即 *cis*-$[PtCl_2(NH_3)_2]$,可以抑制癌细胞的 DNA 复制过程,具有平面正方形的配位化合物构型。乙二胺四乙酸、柠檬酸钠、2,3-二巯基丁二酸等常用作重金属解毒剂,其机理是它们可与重金属离子配合,使其转化为毒性很小的配位化合物,从而达到解毒的目的。

实验七　醋酸解离度和解离常数的测定

【实验预习要点】

1. 化学平衡原理。
2. pH 的相关计算。

【实验目的】

1. 学习测定弱酸解离度和解离常数的基本原理和方法。
2. 学会酸度计的使用方法。
3. 巩固溶液的配制及容量瓶和移液管的使用,学习溶液浓度的标定。

【实验原理】

醋酸(HAc)是弱电解质,在水溶液中存在下列解离平衡:

$$HAc \rightleftharpoons H^+ + Ac^-$$

起始时　　　　c　　　0　　0

平衡时　　　　　　　　　　　$c-x$　　　x　　x

根据化学平衡原理，生成物相对浓度指数幂的乘积与反应物相对浓度指数幂的乘积之比为一常数，即

$$K_a^{\ominus}=\frac{[Ac^-][H^+]}{[HAc]}$$

将平衡时各物质的相对浓度代入上式，得

$$K_a^{\ominus}=\frac{x^2}{c-x}\approx\frac{x^2}{c}$$

根据解离度的定义，平衡时已解离的分子数占原有分子数的百分比称为解离度 α，即

$$\alpha=\frac{x}{c}\times100\%$$

因此，如果由实验测出醋酸的 pH，即可求出 $c(H^+)$，进而求出 α 和醋酸解离常数 $K_a^{\ominus}$。

【实验用品】

1. 试剂

(1) 0.2 mol·L^{-1} HAc 溶液

(2) 0.200 0 mol·L^{-1} NaOH 溶液

(3) 酚酞指示剂

(4) 标准缓冲溶液(pH=4)

2. 仪器

(1) 25.00 mL 滴定管

(2) 50.00 mL 容量瓶 3 个

(3) 25.00 mL、5.00 mL、2.50 mL 吸量管各 1 个

(4) 酸度计

(5) 250 mL 锥形瓶、50 mL 烧杯、洗耳球

【实验内容】

1. 醋酸浓度的标定(准确至四位有效数字)

在滴定管中加入 0.200 0 mol·L^{-1} NaOH 溶液至满刻度，并记录初始读数。

用吸量管吸取 20.00 mL 0.2 mol·L^{-1} HAc 溶液，加入 250 mL 锥形瓶中，再加 2～3 滴酚酞指示剂，摇匀。用滴定管中的 NaOH 溶液滴定，边滴定边不停旋摇锥形瓶，使之充分反应，同时注意溶液颜色的变化。滴定速度应由快逐渐转慢，当接近化学计量点时，应一滴一滴加入，甚至半滴加入。当溶液变为粉红色(约半分钟不褪色)时视为终点，记录此时滴定管读数。平行滴定 3 次。

2. 不同浓度醋酸的配制

用吸量管分别吸取 25.00 mL、5.00 mL、2.50 mL 已标定过的 HAc 溶液，分别加入三个容量

瓶(50.00 mL)中,再加入蒸馏水稀释至刻度,摇匀备用。

3. 不同浓度醋酸 pH 的测定

取四个干燥的小烧杯(50 mL),分别加入适量的四种不同浓度的醋酸,由稀到浓分别用酸度计测其 pH。并记录温度。

【数据处理】

1. 醋酸浓度的标定(填入下表)

滴定序号	1	2	3
NaOH 标准溶液的浓度/($mol \cdot L^{-1}$)			
所取 0.2 $mol \cdot L^{-1}$ HAc 溶液体积/mL			
NaOH 标准溶液消耗的体积/mL			
HAc 溶液的浓度测定值/($mol \cdot L^{-1}$)			
HAc 溶液的浓度平均值/($mol \cdot L^{-1}$)			
标准偏差 s			

2. 醋酸的解离度和解离常数(填入下表)

HAc 溶液编号	c	pH	$[H^+]$	$K_a^{\ominus}(HAc)$	α
1					
2					
3					
4					

【注意事项】

1. 酸碱滴定时注意终点颜色的把握。
2. 测定 pH 时应按照浓度由小到大的顺序进行。

【思考题】

1. 不同浓度的醋酸解离度是否相同?解离常数是否相同?
2. 使用酸度计应注意哪些问题?

【知识拓展】

醋酸也叫乙酸(无水乙酸又称为冰醋酸),为食醋的主要成分。纯的冰醋酸是无色吸湿性固体,凝固点为 16.6 ℃,凝固后为无色晶体,其水溶液呈弱酸性且腐蚀性强,蒸气对眼睛和鼻子有刺激性。醋酸可用作酸度调节剂、酸化剂、腌渍剂、增味剂、香料等。它也是很好的抗微生物剂,可使 pH 降至低于微生物最适生长所需的 pH。醋酸是我国应用最早、使用最多的酸味剂,主要用于复合调味料、配制蜡、罐头、干酪、果冻等的制作中。

实验八 碘酸铜溶度积常数的测定

【实验预习要点】

1. 沉淀的生成条件。
2. 溶液颜色和浓度的关系。

【实验目的】

1. 测定碘酸铜的溶度积,加深对溶度积概念的理解。
2. 练习目视比色(或光电比色)法测定溶液浓度。

【实验原理】

碘酸铜是难溶强电解质,在一定温度下,其水溶液中的 Cu^{2+} 和 IO_3^- 与未溶解的固体 $Cu(IO_3)_2$之间可建立动态平衡:

$$Cu(IO_3)_2(s) \rightleftharpoons Cu^{2+}(aq) + 2IO_3^-(aq)$$

平衡时的溶液是饱和溶液。当温度一定时,碘酸铜饱和溶液中的 Cu^{2+} 和 IO_3^- 浓度(严格地讲应为活度)平方的乘积是一个常数:

$$K_{sp}^{\ominus} = c(Cu^{2+}) \cdot [c(IO_3^-)]^2$$

$K_{sp}^{\ominus}$就是溶度积常数,简称溶度积。$c(Cu^{2+})$ 与 $c(IO_3^-)$ 分别为平衡时 Cu^{2+} 和 IO_3^- 的浓度($mol \cdot L^{-1}$)。在一定温度下,$K_{sp}^{\ominus}$数值不因 Cu^{2+} 及 IO_3^- 浓度的改变而改变。如果将已知准确浓度的 $CuSO_4$ 与 HIO_3 溶液混合,生成 $Cu(IO_3)_2$ 沉淀,当平衡建立后,分离出沉淀,测出溶液中 Cu^{2+} 和 IO_3^- 的平衡浓度,则可计算出 $K_{sp}^{\ominus}$。

为了测定 Cu^{2+}的平衡浓度,可往溶液中加入氨水,使 Cu^{2+}生成蓝色的 $Cu(NH_3)_4^{2+}$ 配离子,将其与已知准确浓度的标准 $Cu(NH_3)_4^{2+}$ 系列溶液进行目视比色,即可测出 Cu^{2+}的平衡浓度。IO_3^- 的平衡浓度可用间接法求得。以混合溶液 Cu^{2+} 的初始浓度(即刚混合后尚未产生沉淀时的浓度)减去平衡时的 Cu^{2+}浓度,便是生成沉淀后溶液中 Cu^{2+}减少的浓度。根据沉淀中每一个 Cu^{2+}与 2 个 IO_3^- 结合,就可以计算出因产生沉淀而使混合溶液中 IO_3^- 减少的浓度,从而计算出饱和溶液中 IO_3^- 的平衡浓度。

【实验用品】

1. 试剂

(1) 0.32 mol · L^{-1} HIO_3 溶液

(2) 1 : 1$NH_3 \cdot H_2O$ 溶液

(3) 0.15 mol · L^{-1} $CuSO_4$ 溶液

2. 仪器

(1) 25 mL 比色管 3 个

(2) 10.00 mL、2.00 mL 吸量管

(3) 普通漏斗 3 个、50 mL 烧杯 3 个、25 mL 试管 3 支

(4) 定量滤纸

【实验内容】

1. 制备 $Cu(IO_3)_2$ 的饱和溶液

取 3 支洁净、干燥的大试管,按表 5-2 规定的用量分别用吸量管加入 0.15 mcl · L^{-1} $CuSO_4$ 溶液和 0.32 mol · L^{-1} HIO_3 溶液及蒸馏水,使每支试管总体积均为 20 mL。

表 5-2　制备 $Cu(IO_3)_2$ 试剂用量

实验编号	1	2	3
0.15mol · L^{-1} $CuSO_4$ 溶液体积/mL	10.00	10.00	10.00
0.32 mol · L^{-1} HIO_3 溶液体积/mL	8.00	9.00	10.00
蒸馏水体积/mL	2.00	1.00	0.00

用玻璃棒搅拌并不断摩擦试管壁至有大量沉淀析出。用胶塞塞紧试管继续摇动 20 min,放置 20 min 后(放置时间越长越好),用双层滤纸过滤。滤液用洁净、干燥并有编号的小烧杯盛放,沉淀弃去。用吸量管吸取 10.00 mL 滤液注入 25 mL 比色管内,往管内滴加 1 : 1 氨水,开始有沉淀生成,继续滴加至沉淀刚好消失后,再加入 1 : 1 氨水 2 mL。此时溶液为透明的天蓝色。加蒸馏水稀释至 25 mL 处,盖好盖子摇匀。将此溶液与标准 $Cu(NH_3)_4^{2+}$ 系列溶液颜色进行比较,确定 Cu^{2+}的浓度。

2. 标准 $Cu(NH_3)_4^{2+}$ 系列溶液的配制

分别依次用 2.00 mL 吸量管吸取 0.20 mL、0.40 mL、0.60 mL、0.80 mL、1.00 mL、1.20 mL、1.40 mL、1.60 mL、1.80 mL 的 0.15 mol · L^{-1} $CuSO_4$ 溶液,在 25 mL 比色管中,按上述同样方法,

加 1 : 1 氨水使 $CuSO_4$ 出现的沉淀完全消失，再加蒸馏水至 25 mL 就配制成 $Cu(NH_3)_4^{2+}$ 溶液。所得 $Cu(NH_3)_4^{2+}$ 系列溶液中 Cu^{2+} 浓度分别为：1.2×10^{-3} mol · L^{-1}、2.4×10^{-3} mol · L^{-1}、3.6×10^{-3} mol · L^{-1}、4.8×10^{-3} mol · L^{-1}、6.0×10^{-3} mol · L^{-1}、7.2×10^{-3} mol · L^{-1}、8.4×10^{-3} mol · L^{-1}、9.6×10^{-3} mol · L^{-1}、1.08×10^{-2} mol · L^{-1}。

【数据处理】

实验结果　　　　温度________℃

实验编号	1	2	3
沉淀前 Cu^{2+}浓度 a/(mol · L^{-1})			
沉淀后 Cu^{2+}浓度 b/(mol · L^{-1})			
Cu^{2+}减少浓度 $a-b$/(mol · L^{-1})			
IO_3^- 减少浓度 $2(a-b)$/(mol · L^{-1})			
沉淀前 IO_3^- 浓度 c/(mol · L^{-1})			
沉淀后 IO_3^- 平衡浓度 $c-2(a-b)$/(mol · L^{-1})			
溶度积常数 $K_{sp}^{\ominus}$($=b\times[c-2(a-b)]^2$)			
$K_{sp}^{\ominus}$平均值			

【思考题】

1. 假如沉淀透过滤纸或者沉淀不完全，对实验结果会产生什么影响？为什么？
2. 将实验测得的溶度积常数与文献记载的数值（1.4×10^{-7}）相比较，找出产生偏差的原因。

【拓展知识】

用眼睛比较溶液颜色的深浅以测定物质含量的方法，称为目视比色法。

目视比色法的主要缺点是准确度不高，如果待测溶液中存在第二种有色物质，就可能会无法进行测定。另外，由于许多有色溶液颜色不稳定，标准系列不能久存，经常需在测定时配制，比较麻烦。

目视比色法的主要优点是设备简单，操作简便。由于比色管内液层厚，使观察颜色的灵敏度较高，且不要求有色溶液严格服从比尔定律，因而它广泛应用于准确度要求不高的常规分析中。可测定样品中质量分数为 $10^{-2}\sim10^{-5}$的微量组分，甚至可测定质量分数低至 $10^{-6}\sim10^{-8}$的痕量组分。几乎所有的无机离子和许多有机化合物都可以用目视比色法进行测定。

实验九　二氯化铅溶度积常数的测定

【实验预习要点】

1. 测定二氯化铅溶度积常数的原理。
2. 离子交换柱安装及使用方法。

【实验目的】

1. 巩固溶度积常数的概念，理解用离子交换法测定难溶电解质溶度积常数的原理和方法。
2. 学习离子交换树脂的使用方法。

【实验原理】

在一定温度下，难溶电解质 $PbCl_2$ 达成沉淀-溶解平衡：

$$PbCl_2(s) \rightleftharpoons Pb^{2+}(aq) + 2Cl^-(aq)$$

$$c(Pb^{2+}) = \frac{1}{2}c(Cl^-)$$

$$K_{sp}^{\ominus} = [Pb^{2+}][Cl^-]^2 = 4[Pb^{2+}]^3$$

可见，知道了 $PbCl_2$ 饱和溶液中 Pb^{2+}浓度，便可求出 $PbCl_2$ 的溶度积常数。

本实验用强酸型阳离子交换树脂（732 型号）交换 $PbCl_2$ 饱和溶液中的 Pb^{2+}，其交换反应为

$$2R—SO_3H + Pb^{2+} \rightleftharpoons (R—SO_3)_2Pb + 2H^+$$

式中 R 表示树脂母体。再用已知浓度的 NaOH 溶液滴定交换下来的 H^+：

$$OH^- + H^+ \rightleftharpoons H_2O$$

即可求出被交换的 Pb^{2+}浓度。

【实验用品】

1. 试剂

(1) 0.1 $mol \cdot L^{-1}$ HNO_3 溶液，1 $mol \cdot L^{-1}$ HNO_3 溶液

(2) 0.05 $mol \cdot L^{-1}$ NaOH 溶液（实验前标定）

(3) $PbCl_2$(AR)

(4) 强酸型离子交换树脂，0.1% 溴百里酚蓝指示剂

2. 仪器

(1) 离子交换柱（图 5-1，可用一支内径约为 2 cm，下口较细的玻璃管代替；下端细口处填

少许玻璃棉,并连接一段乳胶管,夹上螺丝夹)

(2) 25.00 mL 滴定管、10.00 mL 吸量管

(3) 10 mL 量筒、250 mL 锥形瓶、烧杯、pH 试纸

(4) 温度计(0 ~ 50 ℃)、定量滤纸、玻璃棉

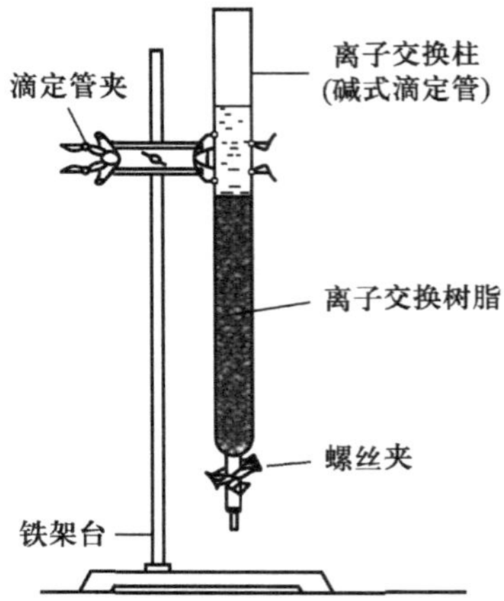

图 5-1 离子交换柱

【实验内容】

1. 树脂装柱

把离子交换柱固定在铁架台上。管内底部放一团玻璃棉,挡住孔口。在管中加入去离子水至三分之一高度,排出管中、玻璃棉中及橡胶管中的所有空气。然后将泡好的树脂和水搅拌调成糊状,从管上端倾入(树脂随水一起倾入,防止树脂分层),使树脂自然下沉,同时将多余的水从下部排出。树脂高度为 20 cm。在操作过程中,树脂一直要保持在水面下,防止水流干而有气泡进入。如果树脂床中进了空气,会产生缝隙而使交换效果降低。出现这种情况,可以用玻璃棒插进交换柱搅动赶走树脂间的气泡。

2. 树脂转型

市售的 732 型阳离子交换树脂系钠型树脂($R—SO_3Na$),使用前必须将其转变为氢型($R—SO_3H$)。方法:将 20 mL 0.1 $mol \cdot L^{-1}$ HNO_3 溶液加入柱中,调节交换柱底部的螺丝夹,使溶液以每分钟 40 滴的流速流经离子交换树脂,待柱中酸液液面降至接近树脂层上表面时,加入去离子水洗涤树脂,直至流出液呈中性(用 pH 试纸检验)。流出液全部弃去,此时柱中的钠型树脂全部转变为氢型。

3. $PbCl_2$ 饱和溶液的配制

按室温时 $PbCl_2$ 的溶解度,称取过量的 $PbCl_2$ 晶体,尽量使其溶于经煮沸已除去 CO_2 的去离子水中(充分搅拌),放置冷却至室温后,用定量滤纸过滤(漏斗、滤纸和承接烧杯均应干燥),滤液即为 $PbCl_2$ 饱和溶液。

4. 交换和洗涤

用吸量管量取 10.00 mL $PbCl_2$ 饱和溶液,放入离子交换柱中。调节螺丝夹使溶液流出速度控制在每分钟 20 ~ 25 滴,用 250 mL 锥形瓶承接流出液。待 $PbCl_2$ 饱和溶液液面接近树脂层表面时,用约 40 mL 去离子水分批(每次约 10 mL)洗涤交换树脂。第一次洗涤保持流速(每分钟 20 ~ 25 滴),以后几次洗涤,速度可适当加快,控制在每分钟 60 滴,直到流出液的 pH 接近 7。注意在每次加液体时,液面都应略高于树脂 1 ~ 3 mm,这样不会产生气泡,使管内液体按层次流出,可提高交换和洗涤的效果。整个过程中注意勿使流出液损失。

5. 滴定

在全部流出液中加入 2 ~ 3 滴溴百里酚蓝指示剂,用 NaOH 标准溶液滴定至终点(溶液由黄变蓝,pH = 6.2 ~ 7.6)。记录 $V(NaOH)$, $c(NaOH)$ 及室温温度,计算 $K_{sp}^{\ominus}$。

6. 树脂再生

可用 20 mL 不含有 Cl^- 的 0.1 $mol \cdot L^{-1}$ HNO_3 溶液使树脂再生。

$$(R-SO_3)_2Pb+2H^+ \rightleftharpoons 2R-SO_3H+Pb^{2+}$$

【数据处理】

$$c(Pb^{2+})=\frac{c(NaOH)\cdot V(NaOH)}{2V(PbCl_2)}$$

$PbCl_2$ 饱和溶液的温度________℃

$PbCl_2$ 溶液用量/mL	$c(NaOH)/(mol\cdot L^{-1})$	NaOH 溶液滴定前读数/mL	NaOH 溶液滴定后读数/mL	NaOH 溶液用量 V/mL	$c(Pb^{2+})/(mol\cdot L^{-1})$	$K_{sp}^{\ominus}$

【思考题】

1. 本实验中测定 $PbCl_2$ 溶度积的原理是什么？

2. 本实验操作过程中，为什么要控制液体的流速不宜太快？交换树脂层内，为什么不允许有气泡存在？应如何避免？

3. $PbCl_2$ 饱和溶液通过交换柱后，为什么要用去离子水洗涤至中性，且不允许流出液有所损失？

4. 在交换和洗涤过程中，作为承接流出液的锥形瓶是否要干燥？

【拓展知识】

二氯化铅为白色结晶性粉末。易溶于热水、浓盐酸、氯化铵溶液、硝酸铵溶液、氯化钠溶液和氢氧化钠溶液，微溶于甘油，难溶于冷水和稀盐酸，不溶于醇。有毒。

主要用作分析试剂、焊料和助熔剂、测定氟化钠、制备铅黄等染料、制备其他铅盐等。存储时放入紧密的贮藏器内，储存在阴凉、干燥的地方。

实验十　胶体的性质

【实验预习要点】

1. 胶体的定义。

2. 胶体的光学性质、电学性质。

【实验目的】

1. 了解胶体的光学性质——丁铎尔现象。
2. 了解胶体的电泳现象。

【实验原理】

如果用明亮的聚光光束透过胶体溶液，则在暗室内可以清楚地看到胶体溶液中显示出光亮的锥体，这种现象称为丁铎尔现象。产生光锥的原因是由于光照射到胶体上以后，产生了散射现象，使各胶体变成发光的小点，从而形成了光亮的锥体。真溶液则不能产生这一现象。

在外加电场（直流电）的作用下，胶体溶液中的胶团从吸附层与扩散层之间分裂，形成带正电荷或带负电荷的胶粒，带电的胶粒就会向正极或负极移动，这一现象称为电泳。根据胶粒移动的方向可以判断胶粒是带正电荷还是带负电荷。

【实验用品】

1. 试剂

（1）0.01 $mol \cdot L^{-1}$ KNO_3 溶液
（2）$FeCl_3$（AR）
（3）尿素
（4）2 $mol \cdot L^{-1}$ $CuSO_4$ 溶液

2. 仪器

（1）自制投光灯盒 1 个
（2）电泳器 1 个
（3）铂电极 2 支
（4）整流器（220 V）1 台、调压变压器 1 台
（5）电子天平
（6）250 mL 量筒 1 个、250 mL 烧杯 1 个
（7）铁架台、酒精灯、石棉网

【实验内容】

1. $Fe(OH)_3$ 溶胶的制备

在烧杯中加入 120 mL 蒸馏水、煮沸，加入 0.4 g $FeCl_3$ 固体，搅拌均匀后，制得 $Fe(OH)_3$ 溶胶，再加入 6.3 g 尿素，使其溶解以增加溶胶的密度，冷却备用。

2. 丁铎尔现象

按图 5-2 所示制作投光灯盒 1 个，盒的上面为一活动顶盖，盒的前方留一长方形的洞，用以

观察丁铎尔现象。盒的右半部内漆成黑色。以增强观察效果。盒内的左半部装一个强光灯泡，其左壁的相应位置装一个聚光镜，以增加灯光的聚焦能力。盒的中部以木板隔开，木板的中央开一个直径约 1 cm 的小孔，孔中装凸透镜，其位置与灯泡相应，使光线能更好地在试剂瓶上聚焦。胶体的试剂瓶放在盒的右半部（下面可垫一块木板）。打开光源，灯光即通过凸透镜投射在 $Fe(OH)_3$ 胶体溶液上，这时可以看到胶体溶液中显示出光亮的锥体，如图 5-3 所示。换用 $CuSO_4$ 溶液试验则无光锥出现。

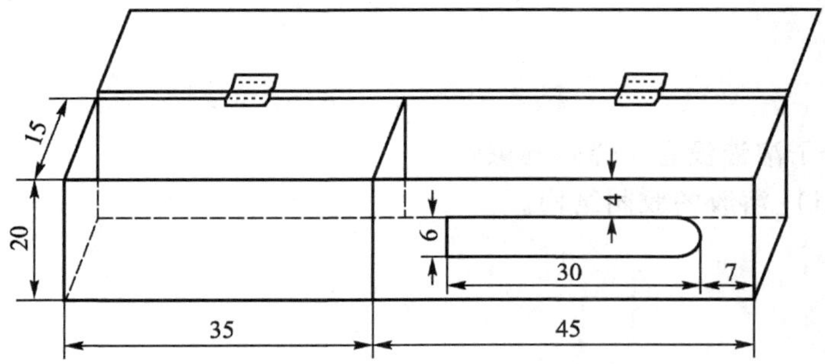

图 5-2 投光灯盒的尺寸（单位：cm）

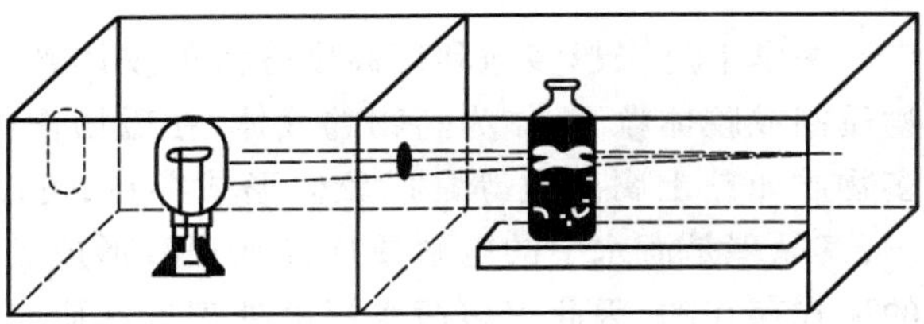

图 5-3 投光灯盒

3. 胶体的电泳

按图 5-4 装置仪器，将电泳器固定在铁架上（使用前洗净并烘干，旋塞涂上凡士林油）。首先将 $Fe(OH)_3$ 溶胶加到电泳器中漏斗和玻璃管中，略微打开旋塞，让溶胶进入旋塞孔内。注意不能让旋塞孔内留有气泡，但又不能让溶胶进入 U 形管。然后关闭旋塞。在 U 形管中加入 0.01 $mol \cdot L^{-1}$ KNO_3 溶液（约 2/3 体积）。

小心打开电泳器下部的旋塞，使溶胶慢慢进入 U 形管内。注意使 U 形管内 $Fe(OH)_3$ 溶胶与 0.01 $mol \cdot L^{-1}$ KNO_3 溶液之间保持清晰的界面，当 $Fe(OH)_3$ 溶胶的液面超过 U 形管的下部到达直管后，关闭旋塞。将两支铂电极插入 KNO_3 溶中。再把电极与整流器、调压变压器、电源相连，接通电源，控制电压在 140 ~ 160 V，5 ~ 10 min 后，可以看到电泳器中连接负极的管内的 $Fe(OH)_3$ 溶胶的界面上升，另一管内 $Fe(OH)_3$ 溶胶的界面下降，出现明显的液面差。现象表明 $Fe(OH)_3$ 胶粒带正电荷。

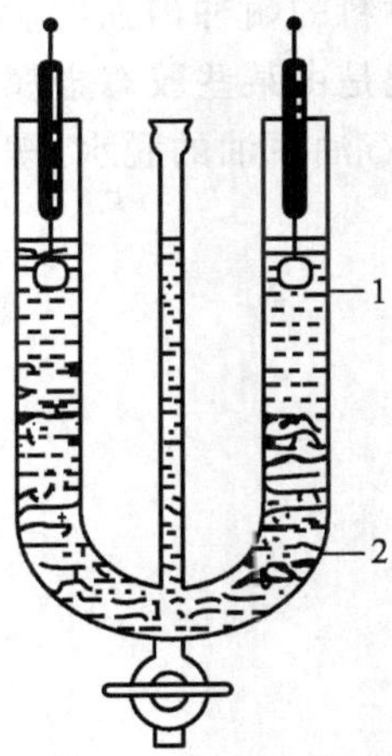

1—KNO_3 溶液；2—$Fe(OH)_3$ 溶胶

图 5-4 电泳图

【注意事项】

1. 注意 $Fe(OH)_3$ 溶胶必须新配制。

2. $Fe(OH)_3$ 溶胶与 KNO_3 溶液间界面要清晰，不可有混浊产生。所加的电压、电流都不能太大，否则胶粒移动太快，容易使界面模糊不清。

【思考题】

1. 为什么小分子溶液没有丁铎尔现象？
2. 写出 $Fe(OH)_3$ 溶胶的胶团结构。

【拓展知识】

胶体是一种分散质粒子直径介于粗分散体系和溶液之间的一类分散体系，这是一种高度分散的多相不均匀体系。

胶体的应用范围很广。医学上越来越多地利用高度分散的胶体来检验或治疗疾病，如胶态磁流体治癌术是将磁性物质制成胶体粒子，作为药物的载体，在磁场作用下将药物送到病灶，从而提高疗效。土壤中许多物质如黏土腐殖质等常以胶体形式存在，可以起到保水保肥的作用。江河入海口处形成三角洲，其原理是海水中的电解质使江河泥沙形成胶体发生聚沉。有的废水中的污染物质是以胶体的形式存在的，因此很多污水深度处理旨在研究如何快速高效去除废水中以胶体形式存在的污染物质。在金属、陶瓷、聚合物等材料中加入固态胶体粒子，不仅可以改进材料的耐冲击强度、耐断裂强度、抗拉强度等机械性能，还可以改进材料的光学性质。有色玻璃就是由某些胶态金属氧化物分散于玻璃中制成的。一些纳米材料的制备，冶金工业中的选矿，石油原油的脱水，塑料、橡胶及合成纤维等的制造过程都会用到胶体。

第六章　酸碱滴定

实验一　食用白醋中醋酸含量的测定

【实验预习要点】

1. 碱标准溶液的配制和标定方法。

2. 称取基准物质的质量计算公式、标定标准溶液及测定食用白醋中醋酸含量的计算公式。

3. 滴定管、移液管、容量瓶的使用方法、操作技术及使用时注意事项。

4. 分析天平的使用方法及注意事项。

【实验目的】

1. 了解基准物质邻苯二甲酸氢钾($KHC_8H_4O_4$)的性质及其应用。

2. 掌握 NaOH 标准溶液的配制与标定。

3. 掌握强碱滴定弱酸的滴定过程、突跃范围及指示剂的选择原理。

【实验原理】

食用白醋中的主要成分是醋酸(乙酸),其为有机酸($K_a^\ominus = 1.8\times10^{-5}$),与 NaOH 发生反应,

$$HAc + NaOH \rightleftharpoons NaAc + H_2O$$

反应产物为弱酸强碱盐,滴定突跃范围在碱性区,可选用酚酞等碱性范围变色的指示剂。食用白醋中醋酸含量一般为 30 ~ 50 $mg\cdot mL^{-1}$。

【实验用品】

1. 试剂

(1) 0.1 $mol\cdot L^{-1}$ NaOH 溶液

(2) 酚酞指示剂　10 $g\cdot L^{-1}$的乙醇溶液

(3) 邻苯二甲酸氢钾($KHC_8H_4O_4$)在 100 ~ 120℃干燥后备用

(4) 白醋样品(市售)

2. **仪器**

(1) 25.00 mL 滴定管 1 个

(2) 250 mL 锥形瓶 3 个

(3) 250.00 mL 容量瓶 1 个

(4) 25.00 mL 吸量管及洗耳球各 1 个

(5) 电子天平与电子分析天平等

【实验内容】

1. **0.1 $mol \cdot L^{-1}$ NaOH 标准溶液的标定**

用电子分析天平准确称取 0.25 g 左右 $KHC_8H_4O_4$ 一份,放入 250 mL 锥形瓶中,加入 40 ~ 50 mL 蒸馏水,待试剂完全溶解后,加入 2 ~ 3 滴酚酞指示剂,用待标定的 NaOH 溶液滴定至溶液呈现淡粉色,保持 30 s 不褪色,即为终点。记录消耗 NaOH 溶液的体积。计算 NaOH 溶液的浓度。平行做 3 次。

2. **食用白醋中醋酸含量的测定**

准确移取食用白醋 25.00 mL 置于 250.00 mL 容量瓶中,用蒸馏水稀释至刻度、摇匀。准确移取稀释好的食用白醋试液 20.00 mL 放入锥形瓶中,加 2 ~ 3 滴酚酞指示剂,用 NaOH 标准溶液滴定至溶液由无色变为淡粉色,并保持半分钟不褪色示为终点。记录 NaOH 溶液消耗的体积,平行做 3 次。计算每 100 mL 食用白醋中含醋酸的质量。

【数据处理】

1. **NaOH 标准溶液的标定**

$$c(\mathrm{NaOH}) = \frac{m}{204.2\ \mathrm{g \cdot mol^{-1}} \times V(\mathrm{NaOH})}$$

实验编号	1	2	3
$m(KHC_8H_4O_4)/g$			
$V(NaOH)/mL$			
$c(NaOH)/(mol \cdot L^{-1})$			
c(NaOH)平均值			

2. **醋酸含量的测定**

$$m(\mathrm{HAc}) = c(\mathrm{NaOH})V(\mathrm{NaOH}) \times M(\mathrm{HAc}) \times \frac{100\ \mathrm{mL}}{20.00\ \mathrm{mL}}$$

[已知:$M(HAc) = 60.05\ g \cdot mol^{-1}$。]

实验编号	1	2	3
$V(HAc)/mL$			
$V(NaOH)/mL$			
$m(HAc)/(g \cdot 100mL^{-1})$			
$m(HAC)$平均值			
标准偏差 s			

【注意事项】

1. 因食用白醋本身有很浅的颜色而终点颜色又不够稳定，所以滴定终点要注意观察和控制。

2. NaOH 标准溶液滴定 HAc 属强碱滴定弱酸，CO_2 的影响严重，注意除去所用碱标准溶液和蒸馏水中的 CO_2。

【思考题】

1. 常用的标定 NaOH 标准溶液的基准物质有哪几种？本实验选用的基准物质是什么？与其他基准物质比较，它有什么显著的优点？

2. 各用什么天平称取 NaOH 和邻苯二甲酸氢钾？为什么？

3. 测定食用白醋中醋酸含量时，为什么选用酚酞指示剂？改用甲基橙指示剂结果如何？

4. 基准物质称取的质量是怎样计算出来的？

5. 酚酞指示剂由无色变为淡红色时，溶液的 pH 为多少？变红的溶液在空气中放置后又会变为无色的原因是什么？

【知识拓展】

食用白醋是用粮食等淀粉质为原料，经微生物制曲、糖化、酒精发酵、醋酸发酵等阶段酿制而成。其主要成分除醋酸（质量分数为 0.03～0.05）外，还含有各种氨基酸、有机酸、糖类、维生素、醇和酯等营养成分及风味成分，具有独特的色、香、味。它是调味佳品，长期食用对身体健康十分有益。

实验二 食用碱中 Na_2CO_3、$NaHCO_3$ 含量及总碱度的测定

【实验预习要点】

1. 酸标准溶液的配制和标定方法。

2. 双指示剂法的原理、测定方法、指示剂的选择。
3. 称取基准物质的质量计算公式、标定标准溶液及测定混合碱及总碱度的计算公式。
4. 滴定管、移液管、容量瓶的使用方法、操作技术及使用时注意事项。
5. 电子分析天平的使用方法及注意事项。

【实验目的】

1. 了解基准物质碳酸钠和硼砂的化学性质。
2. 掌握 HCl 标准溶液的配制和标定方法。
3. 掌握双指示剂法测定混合碱的原理和操作技术。

【实验原理】

食用碱中主要成分是 Na_2CO_3，其次含有少量的 $NaHCO_3$。Na_2CO_3 为二元弱碱，分两步中和，其反应为

$$Na_2CO_3+HCl \rightleftharpoons NaHCO_3+NaCl \qquad \text{第一步}$$

$$NaHCO_3+HCl \rightleftharpoons H_2CO_3+NaCl \qquad \text{第二步}$$

$$H_2CO_3 \rightleftharpoons CO_2\uparrow +H_2O$$

第一步中和产物 $NaHCO_3$，其水溶液的 pH 为 8.3，选酚酞作指示剂。第二步中和产物为 H_2CO_3，其溶液的 pH 为 3.9，选甲基橙作指示剂。因 Na_2CO_3 的碱性比 $NaHCO_3$ 强得多，原先的 $NaHCO_3$ 在第一步中和中不起反应，第二步中和中两者都起反应。根据前后两步中和所消耗 HCl 溶液的体积，可计算出 Na_2CO_3、$NaHCO_3$ 的含量及总碱度。

【实验用品】

1. 试剂

(1) 2 $mol\cdot L^{-1}$ HCl 溶液
(2) 食用碱样品
(3) 硼砂(AR)
(4) 酚酞指示剂　10 $g\cdot L^{-1}$乙醇溶液
(5) 甲基橙指示剂　1 $g\cdot L^{-1}$水溶液

2. 仪器

(1) 25.00 mL 滴定管 1 个
(2) 250 mL 锥形瓶 3 个
(3) 100.00 mL 容量瓶 1 个
(4) 100 mL 烧杯 2 个
(5) 20.00 mL 移液管及洗耳球各 1 个
(6) 电子天平与电子分析天平等

（7）500 mL 细口瓶 1 个

【实验内容】

1. 0.1 mol·L^{-1} HCl 标准溶液的配制及标定

（1）0.1 mol·L^{-1} HCl 标准溶液的配制　用量筒量取 10 mL 2 mol·L^{-1} HCl 溶液倒入 500 mL 细口瓶中，再用量筒量取 190 mL 蒸馏水倒入上述细口瓶内，摇匀。

（2）用无水碳酸钠标定　用电子分析天平准确称取 0.1 g 无水 Na_2CO_3 一份，放入 250 mL 锥形瓶中，称量瓶称样时一定要带盖，以免吸湿。然后加入 20～30 mL 蒸馏水使之溶解，再加 1～2 滴甲基橙指示剂，用待标定的 HCl 溶液滴定至溶液由黄色变为橙色时即为终点，记录消耗 HCl 溶液的体积，计算 HCl 溶液的浓度。平行做 3 次。

（3）用硼砂标定　用电子分析天平准确称取 0.4 g 硼砂一份，置于锥形瓶中，加 40～50 mL 蒸馏水溶解后，再加 1～2 滴甲基橙指示剂，用待标定的 HCl 溶液滴定至溶液由黄色变为橙色即为终点，记录消耗 HCl 溶液的体积。根据硼砂的质量和滴定时所消耗的 HCl 溶液的体积，计算 HCl 溶液的浓度。平行做 3 次。

2. 食用碱总碱度的测定

用电子分析天平准确称取样品 0.8 g 放入 100 mL 烧杯中，加 20～30 mL 蒸馏水溶解，将溶液定量转移至 100.00 mL 容量瓶中定容，备用。

用移液管移取 20.00 mL 样品溶液放入 250 mL 锥形瓶中，加酚酞指示剂 1～2 滴，用 HCl 标准溶液滴定至红色刚好消失，消耗 HCl 标准溶液体积为 V_1(mL)，再加入甲基橙指示剂 2 滴，继续用 HCl 标准溶液滴定至溶液恰好由黄色变为橙色，消耗 HCl 标准溶液的体积为 V_2(mL)，平行滴定 3 次。

【数据处理】

1. HCl 标准溶液的标定

$$c(\text{HCl})=\frac{m(\text{硼砂})}{190.7\ \text{g}\cdot\text{mol}^{-1}\times V(\text{HCl})\ \text{L}\cdot\text{mL}^{-1}}$$

实验编号	1	2	3
称量 m(硼砂)/g			
消耗 V(HCl)/mL			
c(HCl)/(mol·L^{-1})			
c(HCl)平均值/(mol·L^{-1})			

2. 总碱度的测定

$$w(\text{Na}_2\text{CO}_3)=\frac{c(\text{HCl})\times V_1\times M(\text{Na}_2\text{CO}_3)}{m\times\dfrac{20.00\ \text{mL}}{100.00\ \text{mL}}}\times10^{-3}$$

$$w(NaHCO_3)=\frac{c(HCl)\times(V_2-V_1)\times M(NaHCO_3)}{m\times\frac{20.00\ mL}{100.00\ mL}}\times10^{-3}$$

$$w(\text{总碱度})=\frac{c(HCl)\times(V_1+V_2)\times M(\frac{1}{2}Na_2CO_3)}{m\times\frac{20.00\ mL}{100.00\ mL}}\times10^{-3}$$

[已知：$M(Na_2CO_3)=106.00\ g\cdot mol^{-1}$]，$M(NaHCO_3)=84.01\ g\cdot mol^{-1}$。]

实验编号	1	2	3
称量 m(碱)/g			
消耗 V_1(HCl)/mL			
消耗 V_2(HCl)/mL			
$w(Na_2CO_3)$			
$w(Na_2CO_3)$平均值			
标准偏差 s			
$w(NaHCO_3)$			
$w(NaHCO_3)$平均值			
标准偏差 s			
w(总碱度)			
w(总碱度)平均值			
标准偏差 s			

【注意事项】

1. 硼砂在 20 ℃时，100 g 水中可溶解 5 g，如果温度太低，可适量地加入温热的蒸馏水，以加速溶解。但滴定时一定要冷却至室温。

2. 第一个滴定终点是酚酞由红色变无色，容易滴过，所以要细致观察，慢慢滴定。

3. 第二个滴定终点要注意 CO_2 的影响。

【思考题】

1. 此实验第一个等量点溶液的 pH 如何计算？用酚酞作指示剂变色不敏锐，为避免这个问题，还可选用什么指示剂？

2. $NaHCO_3$ 水溶液的 pH 与浓度有无关系？

3. 标定 HCl 标准溶液的基准物质用无水碳酸钠或硼砂，各有哪些优缺点？

4. 在以 HCl 溶液为标准溶液滴定时，怎样使用甲基橙及酚酞两种指示剂来判别样品是由 $NaOH-Na_2CO_3$ 或 $Na_2CO_3-NaHCO_3$ 组成的？

【知识拓展】

食用碱为纯碱(Na_2CO_3)与小苏打($NaHCO_3$)的混合物,小苏打是由纯碱的溶液或结晶吸收二氧化碳之后的制成品。食用碱并不是一种调味品,它主要用于中和发面团酵母菌发酵产生的酸。个别情况可作为食品疏松剂和肉类嫩化剂,使干货原料迅速涨发,软化纤维,适当使用可为食品带来极佳的色、香、味、形,以增进食欲。食用碱大量应用于食品如面条、面包、馒头等的加工中。

实验三　硫酸铵肥料中含氮量的测定(甲醛法)

【实验预习要点】

1. 复习巩固强碱滴定一元弱酸的理论知识及滴定判据。
2. 写出弱酸强化的反应方程式,找出反应的化学计量比。
3. 正确写出甲醛法测定肥料中含氮量的计算公式。

【实验目的】

1. 了解弱酸强化的基本原理。
2. 掌握甲醛法测定铵态氮的原理及操作方法。
3. 熟练掌握酸碱指示剂的选择原理。

【实验原理】

硫酸铵是常用的氮肥之一。氮在自然界的存在形式比较复杂,测定物质中含氮量时,可以用总氮、铵态氮、硝酸态氮、酰胺态氮等形式表示。由于铵盐中 NH_4^+ 的酸性太弱($K_a^{\ominus}=5.6\times10^{-10}$),不能用 NaOH 标准溶液直接滴定,故要采用蒸馏法(又称凯氏定氮法)或甲醛法进行测定。

甲醛与 NH_4^+ 作用生成六亚甲基四胺盐和 H^+,反应式为

$$4NH_4^+ + 6HCHO \rightleftharpoons (CH_2)_6N_4H^+ + 3H^+ + 6H_2O$$

生成的$(CH_2)_6N_4H^+$($K_a^{\ominus}$ 为 7.1×10^{-6})和 H^+,可被 NaOH 标准溶液准确滴定,选酚酞为指示剂。

若样品中含有游离酸,加甲醛之前应事先以甲基红为指示剂,用 NaOH 溶液预中和至甲基红变为黄色(pH≈6),再加入甲醛,以酚酞为指示剂用 NaOH 标准溶液滴定酸强化后的产物。

【实验用品】

1. 试剂

(1) $0.1\ mol\cdot L^{-1}$ NaOH 溶液

(2) $KHC_8H_4O_4$ 基准试剂

(3) $(NH_4)_2SO_4$(AR)

(4) 甲基红指示剂 10 g·L^{-1}乙醇溶液

(5) 酚酞指示剂 10 g·L^{-1}乙醇溶液

(6) 体积比为 1∶1 的甲醛水溶液

2. 仪器

(1) 25.00 mL 滴定管 1 个

(2) 250 mL 锥形瓶 3 个

(3) 100.00 mL 容量瓶 1 个

(4) 20.00 mL 移液管及洗耳球各 1 个

(5) 100 mL 烧杯

(6) 电子天平与电子分析天平

【实验内容】

1. NaOH 溶液的标定

自行设计标定方案。

2. 甲醛溶液的处理

甲醛中常含有微量酸,应事先中和。其方法如下,取原瓶装甲醛上层清液于烧杯中,加水稀释一倍,加入 2～3 滴酚酞指示剂,用碱标准溶液滴定甲醛溶液至呈现微红色。

3. $(NH_4)_2SO_4$ 样品中氮含量的测定

用电子分析天平准确称取$(NH_4)_2SO_4$ 样品 0.8～1.2 g 于小烧杯中,加入少量蒸馏水溶解,然后把溶液定量转移至 100.00 mL 容量瓶中,用蒸馏水稀释至刻度,摇匀,备用。

移取 20.00 mL 试液置于 250 mL 锥形瓶中,加入 1 滴甲基红指示剂,用 0.1 mol·L^{-1} NaOH 溶液中和至橙黄色。加入 10 mL 甲醛水溶液,再加 1～2 滴酚酞指示剂,充分摇匀,放置 1 min 后,用 0.1 mol·L^{-1} NaOH 标准溶液滴定至溶液呈微红色,并持续半分钟不褪色,即为终点。平行测定 3 次。

【数据处理】

$$w(\mathrm{N})=\frac{c(\mathrm{NaOH})\times V(\mathrm{NaOH})\times M(\mathrm{N})}{m(\text{样品})\times\frac{20.00\ \mathrm{mL}}{100.00\ \mathrm{mL}}}\times10^{-3}$$

[已知:$M(\mathrm{N})$= 14.01 g·mol^{-1}。]

实验编号	1	2	3
邻苯二甲酸氢钾质量 m/g			
V(NaOH)/mL			
c(NaOH)/(mol·L^{-1})			
c(NaOH)平均值/(mol·L^{-1})			
$m[(NH_4)_2SO_4]$/g			
V(NaOH)/mL			
w(N)			
w(N)平均值			
标准偏差 s			

【注意事项】

1. 加入甲醛之前,用 NaOH 溶液预中和时,应避免 NaOH 溶液过量。

2. 注意滴定终点的颜色变化(本实验同时使用两种指示剂,不要把第一次出现的橙色误认为终点)。

【思考题】

1. NH_4^+ 为 NH_3 的共轭酸,为什么不能直接用 NaOH 溶液滴定?

2. NH_4NO_3、NH_4Cl 或 NH_4HCO_3 中的含氮量能否用甲醛法测定?

3. 尿素 $CO(NH_2)_2$ 中含氮量的测定方法,先加 H_2SO_4 加热消化,全部变为$(NH_4)_2SO_4$ 后,按甲醛法同样测定,试写出含氮量的计算式。

4. 为什么中和甲醛中的游离酸使用酚酞为指示剂,而中和$(NH_4)_2SO_4$ 中的游离酸却使用甲基红为指示剂?

【知识拓展】

甲醛法准确度稍差,其优点是简单快速,所以在生产上应用较多。此法适用于单纯含 NH_4^+ 样品(化肥)的含量测定。但样品中不能有钙、镁或重金属离子存在。甲醛法也可用于测定有机物中的含氮量,但需要先将其转化为铵盐,然后再进行测定。

蒸馏法是将铵盐与过量的浓碱作用,加热使氨气释放出来,吸收于 H_3BO_3 溶液中,用酸标准溶液滴定,选用混合指示剂(甲基红和溴甲酚绿),终点为粉红色(绿色→蓝灰色→粉红色)。另外,也可以将释放出的氨气用准确过量的 HCl 标准溶液吸收,而后用 NaOH 标准溶液返滴剩余的酸,用甲基红作指示剂。二者比较,用硼酸吸收更好些。它只需要一种标准溶液,硼酸浓度又不必准确,只要用量足够就可以了。

实验四 蛋壳中碳酸钙含量的测定

【实验预习要点】

1. 从理论上探讨返滴定法的滴定原理。
2. 写出与本实验有关的化学反应方程式。
3. 如何对蛋壳进行前处理。

【实验目的】

1. 了解样品的处理方法(粉碎、过筛)。
2. 掌握返滴定的方法原理。

【实验原理】

蛋壳的主要成分为 $CaCO_3$,将其粉碎并加入已知浓度的过量 HCl 标准溶液,即发生下述反应:

$$CaCO_3+2HCl = CaCl_2+CO_2\uparrow+H_2O$$

过量的 HCl 溶液用 NaOH 标准溶液返滴定,根据加入 HCl 的物质的量与返滴定所消耗的 NaOH 的物质的量之差,即可求得样品中 $CaCO_3$ 的含量。

【实验用品】

1. 试剂

(1) 0.1 $mol\cdot L^{-1}$ HCl 溶液

(2) 0.1 $mol\cdot L^{-1}$ NaOH 溶液

(3) 甲基橙指示剂 1 $g\cdot L^{-1}$水溶液

2. 仪器

(1) 25.00 mL 滴定管 1 个

(2) 250 mL 锥形瓶 3 个

(3) 25.00 mL 移液管及洗耳球各 1 个

(4) 80～100 目的标准筛 1 个

(5) 电子分析天平

【实验内容】

1. 0.1 mol·L^{-1} HCl 标准溶液的标定

自行设计标定方案。

2. 0.1 mol·L^{-1} NaOH 标准溶液的标定

自行设计标定方案。

3. 蛋壳中碳酸钙含量的测定

将蛋壳去内膜并洗净,烘干后研碎,使其通过 80~100 目的标准筛,准确称取 1 份 0.1 g 此样品,置于 250 mL 锥形瓶中,用滴定管逐滴加入 HCl 标准溶液 40.00 mL 并放置 30 min,加入甲基橙指示剂,以 NaOH 标准溶液返滴定其中的过量 HCl 至溶液由红色刚刚变为橙色即为终点。计算蛋壳试样中 $CaCO_3$ 的质量分数。平行测定 3 次。

【数据处理】

1. 0.1 mol·L^{-1} HCl 标准溶液的标定

实验编号	1	2	3
m(硼砂)/g			
V(HCl)/mL			
c(HCl)/(mol·L^{-1})			
c(HCl)平均值/(mol·L^{-1})			

2. 0.1 mol·L^{-1} NaOH 标准溶液的标定

实验编号	1	2	3
邻苯二甲酸氢钾质量 m/g			
V(NaOH)/mL			
c(NaOH)/(mol·L^{-1})			
c(NaOH)平均值/(mol·L^{-1})			

3. 蛋壳中碳酸钙含量的测定

$$w(CaCO_3)=\frac{[c(HCl)V(HCl)-c(NaOH)V(NaOH)]\times M(\frac{1}{2}CaCO_3)}{m(\text{样品})}\times 10^{-3}$$

[已知:$M(CaCO_3)=100.09\ g\cdot mol^{-1}$。]

实验编号	1	2	3
蛋壳粉质量 m/g			
$V(HCl)$/mL			
$V(NaOH)$/mL			
$w(CaCO_3)$			
$w(CaCO_3)$平均值			
标准偏差 s			

【注意事项】

1. 蛋壳中含有少量的 $MgCO_3$，以酸碱滴定法测得的 $CaCO_3$ 含量为近似值。
2. 滴加 HCl 标准溶液的过程中要充分摇动，以防止 CO_2 的影响。

【思考题】

1. 研碎后的蛋壳样品为什么要通过标准筛？
2. 为什么向样品中加入 HCl 溶液时要逐滴加入？加入 HCl 溶液后为什么要放置 30 min 后再以 NaOH 溶液返滴定？
3. 本实验能否使用酚酞指示剂？

【知识拓展】

蛋壳的主要成分是 $CaCO_3$，其次为 $MgCO_3$、蛋白质、色素及少量的 Fe、Al，本实验测出的是 $CaCO_3$ 和 $MgCO_3$ 二者的总和，以 $CaCO_3$ 含量表示。

此外，蛋壳中 Ca、Mg 含量的测定还可以采用高锰酸钾法或 EDTA 配位滴定法。

实验五　酸碱滴定设计性实验初步训练

【实验目的】

1. 培养学生查阅参考文献的能力。
2. 能运用所学知识及有关参考资料独立对实际样品写出实验方案设计。
3. 能对各种混合酸碱体系的组成含量进行测定，培养学生分析问题、解决问题的能力。

【实验要求】

1. 提前一周布置实验内容。学生选择待测混合酸碱体系，并且根据所查阅的资料自拟分析方案,经教师审阅后,进行实验工作,写出实验报告。

2. 设计混合酸碱组分测定方案时,主要应考虑下面几个问题:

(1) 有几种测定方法?分析各种方法的特点和不足,从中选择一种最优方案。

(2) 思考所选实验方案的原理:准确分步(分别)滴定的判别;滴定剂选择;计量点 pH 计算;指示剂的选择及分析结果的计算公式。

(3) 所需试剂的浓度、配制方法和用量。

(4) 实验步骤:包括标准溶液的配制和标定,样品的测定及其他有关实验步骤。

(5) 实验现象记录和数据记录(建议列成表格形式),处理方法。

(6) 结果讨论,建议将实验的注意事项、实验现象、实验结果、误差分析、心得体会等做较全面的分析和讨论。

【实验方案设计选题】

1. NaH_2PO_4-Na_2HPO_4

以酚酞或百里酚酞为指示剂,用 NaOH 标准溶液滴定 $H_2PO_4^-$ 至 HPO_4^{2-}。以甲基橙或溴酚蓝为指示剂,用 HCl 标准溶液滴定 HPO_4^{2-} 至 $H_2PO_4^-$,可以分取两份分别滴定,也可以在同一份溶液中连续滴定。

2. NaOH-Na_3PO_4

以百里酚酞为指示剂,用 HCl 标准溶液将 NaOH 滴定至 NaCl,PO_4^{3-} 滴定至 HPO_4^{2-}。以甲基橙为指示剂,用 HCl 标准溶液将 HPO_4^{2-} 滴定至 $H_2PO_4^-$。

3. NaOH-Na_2CO_3($NaHCO_3$ ~ Na_2CO_3)

混合碱以酚酞为指示剂,用 HCl 标准溶液滴定至无色,消耗 HCl 溶液体积设为 V_1,再以甲基橙为指示剂用 HCl 标准溶液滴定至橙色,消耗 HCl 溶液体积为 V_2,根据 V_1 及 V_2 的大小可判别混合碱的组成并计算各组分含量。

4. HCl-NH_4Cl

用甲基红为指示剂,以 NaOH 标准溶液滴定 HCl 溶液至 NaCl。甲醛法强化 NH_4^+,酚酞为指示剂,用 NaOH 标准溶液滴定。

5. HCl-H_3PO_4

以甲基橙为指示剂,用 NaOH 标准溶液滴定 HCl 溶液至 NaCl,H_3PO_4 至 $H_2PO_4^-$,再用酚酞为指示剂滴定 $H_2PO_4^-$ 至 HPO_4^{2-}。

6. H_2SO_4-HCl

先滴定酸的总量,然后以沉淀滴定法测定其中的 Cl^- 含量,差减法求出 H_2SO_4 的量。

7. HAc-H_2SO_4

先测定酸的总量,然后加入 $BaCl_2$ 将 H_2SO_4 沉淀析出,过滤,洗涤后,用配位滴定法测定 Ba^{2+} 的量。

第七章　配位滴定

实验一　自来水总硬度的测定

【实验预习要点】

1. EDTA 标准溶液的配制及标定原理。
2. 配位滴定法的原理及其应用。
3. 水硬度的表示方法。

【实验目的】

1. 掌握常用的标定 EDTA 的方法。
2. 熟悉配位滴定法及其操作技术。
3. 掌握水硬度的测定方法及金属指示剂终点的判断。

【实验原理】

EDTA 常因吸收少量水分和其中含有少量杂质而不能直接用作标准溶液。通常先把 EDTA 配成所需要的近似浓度，然后用基准物质标定。用于标定 EDTA 的基准物质一般为纯金属，如 Cu、Zn、Ni、Pb 等，以及它们的金属氧化物，或某些盐类，如 $ZnSO_4 \cdot 7H_2O$、$MgSO_4 \cdot 7H_2O$、$CaCO_3$ 等。在选用纯金属作为基准物质时，应注意金属表面氧化膜的存在会带来标定时的误差，应将氧化膜用细砂纸擦去，或用稀酸把氧化膜溶掉后，先用蒸馏水，再用乙醚或丙酮冲洗，于 105 ℃ 的烘箱中烘干，冷却后再称量。标定 EDTA 最常用的基准物质一般是 $CaCO_3$，在 pH = 10 的条件下，以铬黑 T 为指示剂，当溶液颜色由红色变为纯蓝色即为终点。

自然水（自来水、河水、井水等）含有较多的钙盐、镁盐，称为硬水。锅炉用水、工业和生活等用水都需测定其硬度。水样中 Ca^{2+}、Mg^{2+}的含量或总硬度的测定常用配位滴定法。先取一份水样，在 pH = 10 的氨性缓冲溶液中，以铬黑 T（EBT）为指示剂，用 EDTA 标准溶液滴定水中 Ca^{2+}、Mg^{2+}的总含量；然后另取一份等量水样，加入 NaOH 溶液，调 pH = 12，使 Mg^{2+}以 $Mg(OH)_2$ 沉淀形式被掩蔽，以钙指示剂指示终点，测得 Ca^{2+}的含量。从 Ca^{2+}、Mg^{2+}的总含量中减去 Ca^{2+}的含量，即可求得 Mg^{2+}的含量。

在上述条件下测定 Ca^{2+}、Mg^{2+} 含量时，铬黑 T(EBT)指示终点的变色原理如下：

(1) 滴定前　Ca^{2+}、Mg^{2+}(以 M 表示)与 EBT 配位形成 M-EBT 配合物，溶液呈酒红色。

$$\text{M+EBT(蓝色)} \xlongequal{} \text{M-EBT(酒红色)}$$

(2) 开始滴定至计量点前　溶液中游离的 Ca^{2+}、Mg^{2+} 逐步与 EDTA 配位形成 M-EDTA 配合物，溶液仍呈酒红色。

$$\text{M+EDTA(无色)} \xlongequal{} \text{M-EDTA(无色)}$$

(3) 滴定终点时　EDTA 夺取 M-EBT 中的 M，使 EBT 指示剂游离出来，从而使溶液由酒红色变为蓝色，指示终点的到达。

$$\text{M-EBT(酒红色)+EDTA} \xlongequal{} \text{M-EDTA+EBT(蓝色)}$$

钙指示剂(NN)的变色原理与 EBT 相同：

(1) 滴定前　$\text{Ca+NN(蓝色)} \xlongequal{} \text{Ca-NN(酒红色)}$

(2) 开始滴定至计量点前　$\text{Ca+EDTA(无色)} \xlongequal{} \text{Ca-EDTA(无色)}$

(3) 滴定终点时　$\text{Ca-NN(酒红色)+EDTA} \xlongequal{} \text{Ca-EDTA+NN(蓝色)}$

用 EDTA 测定水的硬度时，Fe^{3+}、Al^{3+} 等干扰离子可用三乙醇胺予以掩蔽；Cu^{2+}、Pb^{2+}、Zn^{2+} 等重金属离子可用 KCN 或 Na_2S 予以掩蔽。

【实验用品】

1. **试剂**

(1) 乙二胺四乙酸钠($Na_2H_2Y \cdot 2H_2O$，分子量 372.2，AR)

(2) NH_3-NH_4Cl 缓冲溶液

(3) 铬黑 T 指示剂

(4) 钙指示剂

(5) $CaCO_3$(AR)

(6) Mg-EDTA 溶液　先配制 0.05 $mol \cdot L^{-1}$ $MgCl_2$ 溶液和 0.05 $mol \cdot L^{-1}$ EDTA 溶液各 500 mL，然后在 pH = 10 的氨性条件下，以铬黑 T 为指示剂，用上述 EDTA 滴定 Mg^{2+}，按所得比例把 $MgCl_2$ 和 EDTA 混合，确保 $n(Mg) : n(EDTA) = 1 : 1$。

(7) 1∶2 氨水

(8) 1∶1HCl 溶液

(9) 1∶4 三乙醇胺溶液

(10) 质量分数为 0.020 的 Na_2S 溶液

(11) 甲基红指示剂　质量分数为 0.002 的乙醇溶液

(12) 质量分数为 0.10 的 NaOH 溶液

2. **仪器**

(1) 25.00 mL 滴定管 1 个

(2) 250.00 mL 容量瓶 1 个

(3) 20.00 mL、50.00 mL 移液管各 1 个

(4) 250 mL 锥形瓶 3 个

(5) 电子天平与电子分析天平

【实验内容】

1. **EDTA 标准溶液的配制和标定**

准确称取分析纯的 EDTA 二钠盐约 1 g 于烧杯中溶解,转移至 250.00 mL 容量瓶中摇匀,定容,计算 EDTA 标准溶液的准确浓度。或者称取约 1 g EDTA 二钠盐于 250 mL 烧杯中,加水,温热溶解并稀释至 250 mL,冷却后移入聚乙烯塑料瓶中,标定后使用。

准确称取在 120 ℃干燥过的分析纯的 $CaCO_3$ 0.25 ~ 0.26 g,置于 250 mL 烧杯中,用少量水润湿,盖上表面皿,从烧杯嘴处往烧杯中慢慢滴加 1∶1 HCl 溶液 10 mL,使其溶解。用少量水冲洗表面皿和烧杯内壁,定量转移至 250.00 mL 容量瓶中,用水稀释至刻度,摇匀。用移液管吸取 20.00 mL Ca^{2+}标准溶液于锥形瓶中,加 1 滴甲基红指示剂,用氨水中和 Ca^{2+}标准溶液中的 HCl,当溶液由红色变为黄色即可。加 20 mL 水和 5 mL Mg-EDTA 溶液,然后加入 20 mL 氨性缓冲溶液,加入少许(约 0.1 g)铬黑 T 固体指示剂,用待测的 EDTA 溶液滴定至溶液由酒红色变成纯蓝色即为终点,平行测定 2 ~ 3 次,计算 EDTA 标准溶液的准确浓度。

2. **水样分析**

用移液管吸取自来水水样 100 mL 于 250 mL 锥形瓶中,加入三乙醇胺溶液 5 mL,加氨性缓冲溶液 5 mL,加质量分数为 0.020 的 Na_2S 溶液 1 mL,再加少许(约 0.1 g)铬黑 T 指示剂。用 EDTA 标准溶液滴定至溶液由酒红色变为纯蓝色为终点,记录消耗 EDTA 标准溶液的体积 V_1。平行测定 2 ~ 3 次。

另取自来水水样 100.00 mL 于 250 mL 锥形瓶中,加入三乙醇胺溶液 5 mL,加 2 mL 质量分数为 0.10 的 NaOH 溶液,加质量分数为 0.020 的 Na_2S 溶液 1 mL,摇匀。再加少许(约 0.1 g)钙指示剂,用 EDTA 标准溶液滴定至溶液由酒红色变为纯蓝色为终点。记录所用 EDTA 标准溶液的体积 V_2。平行测定 2 ~ 3 次。

【数据处理】

$$Mg^{2+}\text{的含量}(\mu g\cdot mL^{-1})=\frac{c(\text{EDTA})(V_1-V_2)\times M(\text{Mg})\times 1\,000}{100.00}$$

$$Ca^{2+}\text{的含量}(\mu g\cdot mL^{-1})=\frac{c(\text{EDTA})\times V_2\times M(\text{Ca})\times 1\,000}{100.00}$$

$$\text{水的总硬度}(\mu g\cdot mL^{-1})=\frac{c(\text{EDTA})\times V_1\times M(\text{CaCO}_3)\times 1\,000}{100.00}$$

$$\text{水的总硬度}(^\circ)=\frac{c(\text{EDTA})\times V_1\times M(\text{CaO})\times 1\,000\ \text{mg}\cdot\text{g}^{-1}}{100.00}\times\frac{1}{10}$$

滴定序号	1	2	3
m(EDTA)/g			
c(EDTA)/(mol·L^{-1})			
水样体积/mL			
V_1/mL			
V_1 平均值			
V_2/mL			
V_2 平均值			
Ca^{2+}含量平均值/(μg·mL^{-1})			
Mg^{2+}含量平均值/(μg·mL^{-1})			
总硬度(以 $CaCO_3$ 计)/(μg·mL^{-1})			
总硬度(以 CaO 计)/(μg·mL^{-1})			

【注意事项】

1. 指示剂的量要适量,加多时颜色深,使变色不敏锐,加少时颜色太浅,不好观察。
2. 滴定终点溶液颜色不是突变,而是酒红色→紫色→蓝紫色→纯蓝色的渐变过程,而且过量后仍是纯蓝色。所以近终点时一定要慢滴,注意观察,也可以用对照法,利于观察判断。
3. 标定 EDTA 标准溶液时为使指示剂变色敏锐,可加入适量 Mg-EDTA 溶液。

【思考题】

1. 用 EDTA 测定水的硬度时哪些离子的存在有干扰?如何消除?
2. 滴定为什么要在缓冲溶液中进行?如果没有缓冲溶液存在,将会导致什么现象发生?
3. 阐述 Mg-EDTA 溶液能够提高终点敏锐度的原理。

【知识拓展】

水的硬度是表示水质量的一项重要指标。我国目前采用的表示方法主要有两种,一种是将测得的 Ca^{2+}、Mg^{2+}折算成 $CaCO_3$ 的质量,以每升水中含有 $CaCO_3$ 的质量(mg)表示硬度,1 mg·L^{-1}可写作 1 μg·mL^{-1};另一种是将测得的 Ca^{2+}、Mg^{2+}折算成 CaO 的质量,以每升水含有 10 mg CaO (10 μg·mL^{-1})为 1°,此为德国度。硬度小于 8°者称为软水,大于 16°者称为硬水,介于 8°~16°者称为中硬水。

实验二 铁、铝含量的连续测定

【实验预习要点】

1. 共存离子准确滴定的条件。
2. 提高配位滴定选择性的途径。
3. EDTA 标准溶液滴定 Fe^{3+}、Al^{3+}的原理和条件。

【实验目的】

1. 掌握利用控制溶液酸度的方法实现混合金属离子分别滴定的原理。
2. 了解分别测定铁、铝含量的原理和方法。
3. 熟悉磺基水杨酸、溴甲酚绿和 PAN 指示剂的应用和终点变化。

【实验原理】

铁、铝是常见金属元素，在土壤及许多矿物、岩石中常是共存的，铁、铝含量也是土壤主要的测定项目。铁、铝离子都能与 EDTA 形成稳定的配合物，但它们的稳定性有很大的差别。$\lg K_f^{\ominus}(FeY^-)$为 25.10，而 $\lg K_f^{\ominus}(AlY^-)$为 16.30，因此，可以利用控制溶液酸度进行连续滴定来测定铁、铝的含量。

1. 铁含量的测定

调节溶液的 pH 为 2 左右，以磺基水杨酸作指示剂，用 EDTA 标准溶液滴定混合试液中 Fe^{3+}。滴定中主要反应如下：

计量点前 Fe^{3+}(少量)$+SSal^{2-}$(无色)$\!=\!=\!=\!Fe(SSal)^+$(紫红色)

$Fe^{3+}+Y^{4-}\!=\!=\!=\!FeY^-$(黄色)

计量点时 $Fe(SSal)^+$(紫红色)$+Y^{4-}\!=\!=\!=\!FeY^-$(黄色)$+SSal^{2-}$(无色)

当溶液由紫红色转为黄色时，指示终点已到达。根据标准溶液 EDTA 的浓度和消耗的体积计算出 Fe^{3+}的含量。

为了加快 Fe^{3+}与 EDTA 配位反应的速率，防止磺基水杨酸指示剂发生僵化现象，该滴定需要先将溶液加热到 60～70 ℃后再进行滴定。但温度不得高于 75 ℃，否则，Al^{3+}可能与 EDTA 配位，使 Fe^{3+}的测定结果偏高，同时也影响了 Al^{3+}的测定结果。

2. 铝含量的测定

由于 Al^{3+}与 EDTA 的配位反应进行得较慢，故一般采用返滴定法。在滴定完 Fe^{3+}的溶液中加入一定过量的 EDTA 标准溶液，并调节溶液的 pH 为 4.3 左右，加热煮沸，使 Al^{3+}与 EDTA 充分配位，以 PAN 作指示剂，然后用 $CuSO_4$ 标准溶液滴定剩余量的 EDTA。

滴定开始前溶液呈黄色（FeY^-黄色、AlY^-无色、PAN 指示剂在 pH 为 4.3 的条件下也是黄色）。随着 $CuSO_4$ 标准溶液的加入，Cu^{2+} 不断与剩余量的 EDTA 配位，生成 CuY^{2-} 淡蓝色的配合物，因此溶液颜色由黄色逐渐变为绿色。在剩余量 EDTA 与 Cu^{2+} 完全配位后，再加入 $CuSO_4$ 标准溶液，微过量的 Cu^{2+} 与 PAN 指示剂配位生成深红色配合物，由于淡蓝色的 CuY^{2-} 存在，所以终点呈紫色。滴定过程的主要反应如下：

计量点前　$Al^{3+}+Y^{4-}$（过量）$\!=\!=\!=\!AlY^{-}$

$Cu^{2+}+Y^{4-}$（余量）$\!=\!=\!=\!CuY^{2-}$（淡蓝色）

计量点时　Cu^{2+}（微过量）+PAN（黄色）$\!=\!=\!=\!$Cu-PAN（深红色）

滴定的溶液由黄色逐渐变为绿色，最后变为紫色指示终点，根据加入 EDTA 标准溶液的体积和滴定中消耗 $CuSO_4$ 标准溶液的体积计算出 Al^{3+} 的含量。

【实验用品】

1. 试剂

（1）Fe^{3+}、Al^{3+} 混合试液　离子浓度约为 7×10^{-3} mol · L^{-1}，由于 Fe^{3+}、Al^{3+} 易水解，没有沉淀的 Fe^{3+}、Al^{3+} 混合试液，其酸度较高。取多少毫升试液滴定，视 Fe^{3+} 含量而定。

（2）0.02 mol · L^{-1} EDTA 标准溶液（配制和标定方法自行确定）

（3）0.02 mol · L^{-1} $CuSO_4$ 标准溶液

（4）1∶1 氨水

（5）1∶1 HCl 溶液

（6）质量分数为 0.10 的磺基水杨酸　称取 10 g 指示剂加少量蒸馏水溶解后稀释到 100 mL。

（7）质量分数为 0.002 的 PAN 指示剂　0.2 g PAN[1-(2-吡啶偶氮)-2-萘酚]，溶于 100 mL 乙醇或甲醇中。

（8）质量分数为 0.000 5 的溴甲酚绿指示剂　0.05 g 溴甲酚绿与 10 mL 0.05 mol · L^{-1} NaOH 溶液一起摇匀，加水稀释至 100 mL。

（9）HAc-NaAc 缓冲溶液

2. 仪器

（1）25.00 mL 滴定管 1 个

（2）250.00 mL 容量瓶 1 个

（3）20.00 mL、25.00 mL 吸量管各 1 个

（4）250 mL 锥形瓶 3 个，100 mL、10 mL 量筒各 1 个，250 mL 烧杯等

【实验内容】

1. Fe^{3+} 含量的测定

准确吸取 Fe^{3+} 和 Al^{3+} 混合试液 20.00 mL 于 250 mL 的锥形瓶中（加水稀释），加溴甲酚绿指示剂使溶液呈黄色（溴甲酚绿在 pH<3.8 时呈黄色，在 pH>5.4 时呈绿色），逐滴加入 1∶1 氨水使溶液呈绿黄色。然后用 1∶1 HCl 溶液调至黄色后过量 2～3 滴，此时溶液 pH 约为 2。

加热至 70 ℃左右(防止剧沸,否则 Fe^{3+}会形成氢氧化铁,使实验失败),加入磺基水杨酸指示剂 4 滴,以 0.02 mol · L^{-1} EDTA 标准溶液趁热滴定。刚开始滴定时,溶液呈紫红色,此时滴定速度可稍快些,当溶液逐渐呈淡紫色时,滴定速度要放慢,并边滴边摇动,最好同时加热直至溶液变到淡黄色(注意颜色变化),指示为终点。记录消耗 EDTA 标准溶液的体积 V_1。平行测定 3 次。

2. Al^{3+}含量的测定

在上面溶液中加入 20.00 mL EDTA 标准溶液,记录读数 V_2。摇匀后加 20 mL HAc-NaAc 缓冲溶液,以精密 pH 试纸检查,调 pH 约为 4.3。煮沸 1 min 左右,取下冷却到 60 ~ 70 ℃,加入 4 滴 PAN 指示剂,以 0.02 mol · L^{-1} $CuSO_4$ 标准溶液滴定。开始溶液呈黄色,随着 $CuSO_4$ 标准溶液的加入,溶液逐渐变绿色并加深,直至突变为紫色,指示为终点。在变紫色之前,有蓝绿色变为灰绿色的过程,在灰绿色溶液中加入半滴或 1 滴 $CuSO_4$ 标准溶液即为紫色,记录消耗 $CuSO_4$ 标准溶液体积 V_3。平行测定 3 次。

3. $CuSO_4$ 标准溶液相对浓度的测定

准确吸取 10.00 mL 0.02 mol · L^{-1} EDTA 标准溶液于 250 mL 锥形瓶中,用一定量水稀释后,加入约 15 mL HAc-NaAc 缓冲溶液。加热煮沸,取下冷却至 70 ℃左右,加入 4 滴 PAN 指示剂(溶液呈 PAN 指示剂色即黄色),以 $CuSO_4$ 标准溶液滴定至紫色,即为终点。

【数据处理】

1. $CuSO_4$ 标准溶液的浓度计算

$$c(CuSO_4)\times V(CuSO_4)=c(EDTA)\times V(EDTA)$$

2. Fe^{3+}的含量

$$Fe^{3+}\text{的含量}(mg \cdot L^{-1})=\frac{c(EDTA)\times V_1\times M(Fe^{3+})}{20.00\times10^{-3}}$$

滴定序号	1	2	3
$c(EDTA)/(mol \cdot L^{-1})$			
V_1/mL			
Fe^{3+}的含量/$(mg \cdot L^{-1})$			
平均值			
标准偏差 s			

3. Al^{3+}的含量

$$Al^{3+}\text{的含量}(mg \cdot L^{-1})=\frac{[c(EDTA)\times V_2-c(CuSO_4)\times V_3]\times M(Al^{3+})}{20.00\times10^{-3}}$$

滴定序号	1	2	3
$c(EDTA)/(mol \cdot L^{-1})$			
V_2/mL			
V_3/mL			
Al^{3+}的含量/($mg \cdot L^{-1}$)			
平均值			
标准偏差 s			

【注意事项】

1. 溴甲酚绿不宜加多。若加多了则黄色的底色深，在 Fe^{3+} 的测定中，对终点的颜色变化有影响。

2. 测定 Fe^{3+} 时磺基水杨酸与 Al^{3+} 也形成配合物，不宜多加，否则会使 Al^{3+} 的测定结果偏低。

3. Fe^{3+} 与 EDTA 的配位反应进行得较慢，故加热能加速反应。如果滴定速度慢，则溶液温度降得低，不利于配位滴定。但是如果滴定速度太快，Fe^{3+} 来不及配位则容易滴过终点。较好的办法是开始时滴定速度稍快（注意也不能太快），近终点时滴定速度放慢。

4. 铁含量（以 Fe_2O_3 表示）不宜超过 30 $mg \cdot L^{-1}$。因为 Fe^{3+} 与 EDTA 进行配位反应能释放出 H^+，在没有缓冲溶液时，若铁含量（以 Fe_2O_3 表示在 40 $mg \cdot L^{-1}$ 以上）较高，则会使溶液 pH 逐渐降低，将难以准确滴定。

5. Al^{3+} 在 pH＝4.3 的溶液中可能形成 $Al(OH)_3$ 沉淀，因此在测定 Al^{3+} 时必须先加入 EDTA 标准溶液，然后再加入 HAc-NaAc 缓冲溶液，并加热，这样在溶液的 pH 达 4.3 之前，部分 Al^{3+} 已配位成 Al-EDTA 配合物，从而降低 Al^{3+} 的浓度，以免 Al^{3+} 水解而形成沉淀。

6. 用返滴定法滴混合试液中的 Al^{3+} 时，EDTA 的量不宜过量太多，否则终点不敏锐。一般在 100 mL 溶液中，加入 0.02 $mol \cdot L^{-1}$ EDTA 标准溶液时以过量 10 mL 左右为佳。

【思考题】

1. Fe^{3+}、Al^{3+} 等离子共存下，用 EDTA 法测定 Al^{3+} 的含量是怎样避免 Fe^{3+} 干扰的？
2. 本实验中是怎样控制溶液的酸度的？
3. 测定中为什么要控制试液温度？

【知识拓展】

铁是人体必需的微量元素。铁在血液中的正常值男性为 9～29 $\mu mol \cdot L^{-1}$，女性为 7～27 $\mu mol \cdot L^{-1}$。铁是血红蛋白的构成部分，参与氧的运载、交换和组织呼吸过程。我国的膳食构成以植物性食物为主，食物中的天然铁是溶解度很低的高价铁，不能被直接吸收。只有在酸性环境中呈溶解度高的低价铁状态时,才易被胃肠道吸收。所以,许多富含铁的食物吃了并不一定能达到吸收的目的,故饮食补铁须得法。

实验三 钙试剂中钙含量的测定

【实验预习要点】

1. EDTA 标准溶液的配制及标定原理。
2. 配位滴定法的原理及其应用。

【实验目的】

1. 掌握配位滴定法测定钙试剂的原理和方法。
2. 掌握铬蓝黑 R 指示剂的应用条件和终点颜色判断。

【实验原理】

钙试剂中钙的含量,可采用 EDTA 为标准溶液进行直接测定。滴定时调节 $pH = 12 \sim 13$,以铬蓝黑 R 作指示剂,与钙生成红色的配合物,当用 EDTA 标准溶液滴定至化学计量点时,指示剂游离出来,溶液由红色变为蓝色。钙试剂一般用酸溶解并加入少量三乙醇胺,以消除 Fe^{3+} 等干扰离子。

【实验用品】

1. **试剂**

(1) 0.01 $mol \cdot L^{-1}$ EDTA 标准溶液(配制和标定方法自行确定)

(2) $CaCO_3$(AR)

(3) NH_3-NH_4Cl 缓冲溶液

(4) 5 $mol \cdot L^{-1}$ NaOH 溶液

(5) 6 $mol \cdot L^{-1}$ HCl 溶液

(6) 200 $g \cdot L^{-1}$ 三乙醇胺溶液

(7) 5 $g \cdot L^{-1}$ 铬蓝黑 R 乙醇溶液

(8) 葡萄糖酸钙

2. **仪器**

(1) 25.00 mL 滴定管 1 个

(2) 250.00 mL 容量瓶 1 个

(3) 25.00 mL 吸量管 1 个

(4) 250 mL 锥形瓶 3 个

（5）电子天平与电子分析天平

【实验内容】

准确称取葡萄糖酸钙试剂 2 g 左右，加 6 $mol \cdot L^{-1}$ HCl 溶液 5 mL，加热溶解完全后，定量转移至 250.00 mL 容量瓶中，用水稀释至刻度，摇匀。

用吸量管移取上述试液 20.00 mL，加三乙醇胺溶液 5 mL，加 5 $mol \cdot L^{-1}$ NaOH 溶液 5 mL，加水 25 mL，摇匀，加铬蓝黑 R 指示液 3～4 滴，用 0.01 $mol \cdot L^{-1}$ EDTA 标准溶液滴定至溶液由红色变为蓝色即为终点，记下消耗 EDTA 标准溶液的体积。平行测定 3 次。

【数据处理】

$$w(\mathrm{Ca})=\frac{c(\mathrm{EDTA})\times V(\mathrm{EDTA})\times M(\mathrm{Ca})\times 10^{-3}}{\frac{20.00}{250.00}\times m(\text{药片})}$$

滴定序号	1	2	3
$c(\mathrm{EDTA})/(mol \cdot L^{-1})$			
$V(\mathrm{EDTA})/mL$			
$m(\text{药片})/g$			
$w(\mathrm{Ca})$			
平均值			
标准偏差 s			

【注意事项】

钙试剂视其钙含量多少来确定称量范围。

【思考题】

1. 试述铬蓝黑 R 指示剂的变色原理。
2. 计算钙试剂的质量分数为 0.10 与 0.40 左右时的称样量范围。

【知识拓展】

人体内钙含量总量约为 1 200 g，99% 的钙集中于骨骼和牙齿中，只有 1% 的钙存在于软组织、细胞外液和血液中。钙是人体最易缺乏的矿物质元素。缺乏的原因是由于钙的吸收利用率低。成人对膳食钙的吸收利用率一般仅约 20%，儿童和青少年对钙的吸收利用率为 35% 左右。

缺钙可导致儿童佝偻病、青少年发育迟缓、孕妇高血压、老年人的骨质疏松症。近年来已证实缺钙还是诱发糖尿病、高血压、阿尔茨海默病及多种过敏性疾病的因素。补钙越来越被人们所重视,因此,许多钙制剂相应而生。目前常用钙制剂分无机钙和有机钙两类。无机钙含钙量高,作用快,但对胃刺激性大;有机钙含量低,吸收较好,对胃刺激性小。一般市售钙制剂的吸收利用率均在30%左右。

实验四 胃舒平药片中铝和镁含量的测定

【实验预习要点】

1. 提高配位滴定选择性的途径。
2. EDTA 标准溶液滴定 Mg^{2+}、Al^{3+} 的原理。
3. 沉淀分离及过滤等基本操作。

【实验目的】

1. 学习药剂测定的前处理方法。
2. 熟练沉淀分离的操作方法。

【实验原理】

胃病患者服用的胃舒平药片,其主要成分为氢氧化铝、三硅酸镁及少量中药颠茄流浸膏,在制成片剂时还加入了大量糊精等以使药片成型。药片中铝和镁的含量可用 EDTA 配位滴定法测定。为此先溶解样品,分离水中不溶的物质,然后取试液加入过量 EDTA 标准溶液,调节 pH 至 4 左右,煮沸使 EDTA 与铝配位,再以二甲酚橙为指示剂,用标准锌溶液回滴过量的 EDTA,测出铝含量。另取试液调节 pH,将铝沉淀分离后,于 pH 约为 10 的条件下以铬黑 T 为指示剂,用 EDTA 溶液滴定滤液中的镁。

【实验用品】

1. 试剂

(1) 0.02 $mol \cdot L^{-1}$ EDTA 标准溶液(配制与标定方法自定)
(2) 0.02 $mol \cdot L^{-1}$ Zn^{2+}标准溶液(配制方法自定)
(3) 二甲酚橙指示剂　质量分数为 0.002 水溶液
(4) 六亚甲基四胺　质量分数为 0.20 水溶液
(5) 1 : 1 氨水
(6) 1 : 1 HCl 溶液

(7) 1∶2 三乙醇胺溶液

(8) NH_3-NH_4Cl 缓冲溶液

(9) 甲基红指示剂 质量分数为 0.002 乙醇溶液

(10) 铬黑 T 指示剂

(11) NH_4Cl 固体(AR)

(12) 胃舒平药片

2. **仪器**

(1) 25.00 mL 滴定管 1 个

(2) 250.00 mL 容量瓶 1 个

(3) 5.00 mL、25.00 mL 吸量管各 1 个

(4) 250 mL 锥形瓶 3 个,10 mL、100 mL 量筒各 1 个

(5) 电子天平与电子分析天平

(6) 漏斗、滤纸等

【实验内容】

1. **样品处理**

取胃舒平药片 10 片,研细后,从中称出药粉 2 g 左右,加入 20 mL 1∶1 HCl 溶液,加蒸馏水至 100 mL,煮沸。冷却后过滤,并以水洗涤沉淀。收集滤液及洗涤液于 250.00 容量瓶中,稀释至刻度,摇匀。

2. **铝的测定**

准确吸取上述试液 5.00 mL,加水至 25 mL 左右。滴加 1∶1 氨水至刚出现浑浊,再加入 1∶1 HCl 溶液至沉淀恰好溶解。准确加入 0.02 $mol \cdot L^{-1}$ EDTA 标准溶液 25 mL 左右,再加入六亚甲基四胺溶液 10 mL,煮沸 10 min 并冷却后,加入二甲酚橙指示剂 2～3 滴,以标准锌溶液滴定至溶液由黄色转变为红色。根据加入 EDTA 标准溶液的体积 V_1 与锌标准溶液滴定体积 V_2,计算药片中 $Al(OH)_3$ 的含量。

3. **镁的测定**

准确吸取上述试液 5.00 mL,滴加 1∶1 氨水至刚出现沉淀,再加入 1∶1 HCl 溶液至沉淀恰好溶解。加入固体 2 g NH_4Cl,滴加六亚甲基四胺溶液至沉淀产生并过量 15 mL,加热至 80 ℃,维持 10～15 min。冷却后过滤,以少量蒸馏水洗涤沉淀数次。收集滤液与洗涤液于 250 mL 锥形瓶中,加入三乙醇胺 10 mL,NH_3-NH_4Cl 缓冲溶液 10 mL 及甲基红指示剂 1 滴,铬黑 T 指示剂少许。用 EDTA 标准溶液滴定至试液由暗红色转变为蓝绿色,记录消耗 EDTA 标准溶液的体积 V_3,计算药片中 MgO 的含量。

【数据处理】

$$Al(OH)_3\text{ 的含量}(mg \cdot g^{-1}) = \frac{[c(EDTA)\times V_1 - c(Zn^{2+})\times V_2]\times M(Al(OH)_3)}{\frac{5.00}{250.00}\times m(\text{药片})}$$

$$\text{MgO 的含量}(\text{mg}\cdot\text{g}^{-1})=\frac{c(\text{EDTA})\times V_3\times M(\text{MgO})}{\frac{5.00}{250.00}\times m(\text{药片})}$$

滴定序号	1	2
m(药片)/g		
c(EDTA)/(mol·L^{-1})		
V_1/mL		
$c(Zn^{2+})$/(mol·L^{-1})		
V_2/mL		
$Al(OH)_3$ 的含量/(mg·g^{-1})		
$Al(OH)_3$ 的含量平均值		
标准偏差 s		
V_3/mL		
MgO 的含量/(mg·g^{-1})		
MgO 的含量平均值		
标准偏差 s		

【注意事项】

1. 胃舒平药片样品中铝、镁含量可能不均匀，为使测定结果具有代表性，本实验取较多样品，研细后再取部分进行分析。
2. 试验结果表明，用六亚甲基四胺溶液调节 pH 分离 $Al(OH)_3$，结果比用氨水好，可以减少 $Al(OH)_3$ 沉淀时对 Mg^{2+}的吸附。
3. 测定镁时，加入甲基红 1 滴，能使终点更为敏锐。

【思考题】

1. 试述 EDTA 标准溶液滴定 Mg^{2+}、Al^{3+}的原理。
2. 胃舒平药片样品测定前如何处理？
3. 如何分离沉淀？

【知识拓展】

镁是人体必需的微量元素，人体的健康离不开镁的参与，它与钙、铁等微量元素一样，参与人体的健康工程，是一个“称职的健康工人”。镁缺乏的原因主要是摄入不足，吸收障碍，肾排出增多。镁主要存在于谷类的麸皮之中，现在粮食加工如此精细，镁随麸皮、稻壳丢失太多，精米、白面中含量甚微。有饮酒习惯者，会严重干扰镁的吸收。

镁可与其他金属制成优质合金，镁粉可作照明用，镁化合物广泛用于玻璃、照相材料制造和医药生产等工业。

实验五　配位滴定设计性实验初步训练

【实验目的】

1. 培养学生在配位滴定理论及实验中解决实际问题的能力，并通过实践加深对理论课程的理解，使其掌握返滴定、置换滴定等技巧；对分离掩蔽等理论和实验内容有初步的掌握。

2. 培养学生阅读参考资料的能力，提高他们的实验设计水平和独立完成实验报告的能力。

【实验要求】

1. 学生根据教师提供的题目自己选择感兴趣的实验内容，独立设计实验。
2. 在查阅参考文献的基础上，拟订实验方案，经教师批阅后，写出详细的实验报告。
3. 实验方案具体包括以下内容：
(1) 实验题目；
(2) 实验目的；
(3) 实验原理(简述测定方法、标准溶液的选择及指示剂的选择等)；
(4) 仪器与试剂(试剂的用量、浓度和配制方法)；
(5) 实验步骤(标定、测定等)；
(6) 数据及相关公式(用表格形式)；
(7) 结果和讨论。
4. 分组讨论各个方案的优缺点，交流实验设计收获。

【实验方案设计选题】

1. 黄铜中铜、锌含量的测定

掌握用配位滴定法测定铜、锌的原理及黄铜的溶解方法。

2. EDTA 含量的测定

EDTA 作为一种常用的试剂，在生产过程及成品检验中，必须对它的含量进行测定。

3. 牛奶中钙含量的测定

牛奶样品中先加入过量而又定量的 EDTA 溶液，过量的 EDTA 再用钙标准溶液回滴，即可测得牛奶中钙的含量。

4. Bi^{3+}、Fe^{3+}混合试液中 Bi^{3+}和 Fe^{3+}含量的测定

EDTA 与这两种离子所形成的配合物稳定程度相当，考虑对 Fe^{3+}选用适当的还原剂掩蔽，来测定 Bi^{3+}的含量。

第八章　氧化还原滴定

实验一　水样中化学需氧量（COD）的测定（重铬酸钾法）

【实验预习要点】

1. 水样的采集及保存方法。
2. 回流操作技术。
3. $K_2Cr_2O_7$ 标准溶液和 $FeSO_4 \cdot (NH_4)_2SO_4 \cdot 6H_2O$ 标准溶液的配制。
4. 水中化学需氧量(COD)与水体污染有何关系。

【实验目的】

1. 初步了解环境分析的重要性及水样的采集和保存方法。
2. 对水中 COD 与水体污染的关系有所了解。
3. 掌握重铬酸钾法测定水中 COD 的原理及方法。

【实验原理】

COD 是度量水体受还原性物质(主要是有机物)污染程度的综合性指标。它是指水体中易被强氧化剂氧化的还原性物质所消耗的氧化剂的量,换算成氧的含量(以 $mg \cdot L^{-1}$计)。COD 测定的方法有很多,对于测定地表水、河水等污染不十分严重的水质,一般情况下多采用酸性高锰酸钾法测定,对于工业污水及生活污水中含有成分复杂的污染物,宜用重铬酸钾法。本实验主要介绍重铬酸钾法。在强酸性溶液中,以 Ag_2SO_4 作催化剂,加入过量的 $K_2Cr_2O_7$ 氧化水中的还原性物质,过量的 $K_2Cr_2O_7$ 以试亚铁灵为指示剂,用硫酸亚铁铵标准溶液返滴定。根据消耗相关溶液的体积和浓度,计算水样中还原性物质消耗氧的量。滴定反应式为

$$Cr_2O_7^{2-}+6Fe^{2+}+14H^+ = 2Cr^{3+}+6Fe^{3+}+7H_2O$$

氯离子存在会影响测定,可在回流前向水样中加入 $HgSO_4$,使氯离子生成配合物以消除干扰。相关反应式为

$$Cr_2O_7^{2-}+6Cl^-+14H^+ = 2Cr^{3+}+3Cl_2+7H_2O$$

$$Ag_2SO_4+2Cl^- = 2AgCl+SO_4^{2-}$$

$$HgSO_4+4Cl^- \longrightarrow HgCl_4^{2-}+SO_4^{2-}$$

【实验用品】

1. **试剂**

(1) $K_2Cr_2O_7$(AR)

(2) Ag_2SO_4(AR)

(3) 浓 H_2SO_4

(4) $FeSO_4 \cdot (NH_4)_2SO_4 \cdot 6H_2O$(AR)

(5) $FeSO_4 \cdot 7H_2O$(AR)

(6) 邻二氮菲(AR)

(7) 试亚铁灵指示剂　1.485 g 邻二氮菲,0.695 g $FeSO_4 \cdot 7H_2O$ 溶于 100 mL 蒸馏水中,储存于棕色滴瓶中。

(8) H_2SO_4-Ag_2SO_4 溶液　在 500 mL 浓 H_2SO_4 中加 5 g Ag_2SO_4,摇动使之溶解。

2. **仪器**

(1) 25.00 mL 滴定管 1 个

(2) 250 mL 锥形瓶 3 个

(3) 20.00 mL 移液管一个

(4) 冷凝回流装置

(5) 100.00 mL 容量瓶 1 个

(6) 电子分析天平

【实验内容】

1. **$K_2Cr_2O_7$ 标准溶液的配制**

准确称取 $K_2Cr_2O_7$ 固体 1.176 7 g 左右溶于少量蒸馏水中,完全转移至 100.00 mL 容量瓶中,稀释至刻度,充分摇匀。

2. **0.15 mol · L^{-1} $FeSO_4 \cdot (NH_4)_2SO_4 \cdot 6H_2O$ 溶液的配制**

称取约 11.85 g $FeSO_4 \cdot (NH_4)_2SO_4 \cdot 6H_2O$ 溶于蒸馏水中,边搅拌边慢慢加入 6 mL 浓 H_2SO_4,冷却后稀释至 300 mL,转移至试剂瓶中。

3. **$FeSO_4 \cdot (NH_4)_2SO_4 \cdot 6H_2O$ 溶液的标定**

准确移取 10.00 mL $K_2Cr_2O_7$ 标准溶液于 250 mL 锥形瓶中,加入 100 mL 蒸馏水,缓慢加入浓 H_2SO_4 30 mL,摇匀。冷却后,加入 3 滴试亚铁灵指示剂,用 $FeSO_4 \cdot (NH_4)_2SO_4 \cdot 6H_2O$ 溶液滴定,溶液由黄色先变为蓝绿色,至红褐色为终点。由所用 $FeSO_4 \cdot (NH_4)_2SO_4 \cdot 6H_2O$ 溶液的体积 $V(\mathrm{Fe})$,计算 $FeSO_4 \cdot (NH_4)_2SO_4 \cdot 6H_2O$ 的浓度 $c(\mathrm{Fe})$。

4. **水中化学需氧量的测定**

(1) 移取 20.00 mL 混合均匀的水样于 250 mL 磨口的回流锥形瓶中,准确加入 10.00 mL

$K_2Cr_2O_7$ 标准溶液及数粒沸石，连接磨口回流冷凝管，从冷凝管上口慢慢加入 30 mL H_2SO_4-Ag_2SO_4 溶液（分 3 ~4 次加入），轻轻摇动混合均匀。加热回流 2 h（沸腾开始计时）。

（2）冷却后，用适量蒸馏水冲洗冷凝管，取下锥形瓶，用蒸馏水稀释至 140 mL。

（3）在冷却后溶液中加入 3 滴试亚铁灵指示剂，以 $FeSO_4 \cdot (NH_4)_2SO_4 \cdot 6H_2O$ 标准溶液滴定，溶液由黄色先变为蓝绿色，至变为红褐色为终点，记下所用 $FeSO_4 \cdot (NH_4)_2SO_4 \cdot 6H_2O$ 标准溶液的体积 V_1。

（4）测定水样的同时，以 20.00 mL 二次蒸馏水按以上同样步骤做空白试验。记下空白滴定时所用的 $FeSO_4 \cdot (NH_4)_2SO_4 \cdot 6H_2O$ 标准溶液的体积 V_0。计算水中 COD。

【数据处理】

1. **$K_2Cr_2O_7$ 标准溶液的浓度**

称取 $K_2Cr_2O_7$ 的质量 $m=$______ g，计算得 $K_2Cr_2O_7$ 标准溶液的浓度为 $c\left(\frac{1}{6}K_2Cr_2O_7\right)=$______ $mol \cdot L^{-1}$。

$$c\left(\frac{1}{6}K_2Cr_2O_7\right)=\frac{m}{M\left(\frac{1}{6}K_2Cr_2O_7\right)\times 100\times 10^{-3}}$$

［已知：$M\left(\frac{1}{6}K_2Cr_2O_7\right)=49.03 g \cdot mol^{-1}$。］

2. **$FeSO_4 \cdot (NH_4)_2SO_4 \cdot 6H_2O$ 溶液的浓度**

滴定 $K_2Cr_2O_7$ 消耗滴定剂体积 $V(Fe)=$______ mL，则 $c(Fe)=$______ $mol \cdot L^{-1}$。

$$c(Fe)=\frac{c\left(\frac{1}{6}K_2Cr_2O_7\right)\times 10.00}{V(Fe)}$$

3. **水样中的 COD**

测量水样消耗的体积 $V_1=$______ mL；测量二次蒸馏水消耗的体积 $V_0=$______ mL，则水样中 COD=______ $mg \cdot L^{-1}$。

$$COD（以 O 计）=\frac{c(Fe)\times(V_0-V_1)\times M(O)}{20.00\times 10^{-3}}$$

［已知：$M(O)=16.00\ g \cdot mol^{-1}$。］

【注意事项】

1. 如实验时间有限，回流时间可缩短为 0.5 ~1 h，以学习掌握 $K_2Cr_2O_7$ 测定 COD 的方法。回流时间缩短后，视样品不同测得的 COD 偏低 0.1 ~0.4，因此实际应用时必须回流 2 h。

2. 取样后应迅速测定，如不能及时进行测定，需用 H_2SO_4 调节 pH<2 加以保存。对于 COD 高的废水，取用量可以减少。若加热后溶液变为绿色，则应再适当减少废水取用量重做。

3. 滴定时溶液的总体积不得少于 140 mL，否则酸度太高，滴定终点不明显。

【思考题】

1. COD 表示什么?
2. 重铬酸钾法测定 COD 时的注意事项是什么?

【知识拓展】

水体污染是指排入水体的污染物在数量上超过了该物质在水体中的本底含量和自净能力即水体的环境容量,从而导致水体的物理特征、化学特征发生不良变化,破坏了水中固有的生态系统,破坏了水体的功能及其在人类生活和生产中的作用。

实验二　亚铁盐中铁含量的测定(重铬酸钾法)

【实验预习要点】

1. 氧化还原指示剂的变色原理。
2. 根据实验内容如何估算所需亚铁盐的质量。
3. $K_2Cr_2O_7$ 标准溶液的配制。

【实验目的】

1. 掌握重铬酸钾法测定亚铁盐中铁含量的原理和方法。
2. 了解氧化还原指示剂的变色原理。

【实验原理】

用 $K_2Cr_2O_7$ 为标准溶液,以二苯胺磺酸钠为指示剂测定亚铁盐中铁含量是在酸性条件下进行的,其反应式如下:

$$Cr_2O_7^{2-}+6Fe^{2+}+14H^+ = 2Cr^{3+}+6Fe^{3+}+7H_2O$$

随着滴定反应的进行,黄色的 Fe^{3+} 越来越多,不利于终点的观察。加入 H_3PO_4 与 Fe^{3+} 生成无色的 $[Fe(HPO_4)]^+$ 配离子而消除颜色的影响。另外,由于 $[Fe(HPO_4)]^+$ 的生成,降低了 Fe^{3+}/Fe^{2+} 电对的电极电势,使计量点的电极电势突跃范围增大,避免二苯胺磺酸钠指示剂过早变色,提高了测定结果的准确度。终点时溶液由浅绿色(Cr^{3+} 的颜色)变为紫色或紫蓝色。

重铬酸钾是基准物质,因此其标准溶液可以用直接法配制。$K_2Cr_2O_7$ 标准溶液非常稳定,可长期保存。

【实验用品】

1. **试剂**

(1) $K_2Cr_2O_7$(AR,预先在 140 ~ 150 ℃干燥 2 h)

(2) H_3PO_4 溶液(密度为 1.70 g · mL^{-1})

(3) 质量分数为 0.002 的二苯胺磺酸钠指示剂

(4) 3 mol · L^{-1} H_2SO_4 溶液

2. **仪器**

(1) 25.00 mL 滴定管 1 个

(2) 250 mL 锥形瓶 3 个

(3) 20.00 mL 移液管 1 个

(4) 100.00 mL、250.00 mL 容量瓶各 1 个

(5) 100 mL 烧杯 2 个

(6) 电子分析天平

【实验内容】

1. **直接法配制 $K_2Cr_2O_7$ 标准溶液**

用电子分析天平准确称取 $K_2Cr_2O_7$ 约 0.6 g,置于 100 mL 烧杯中,加入约 80 mL 水溶解,定量转移至 250.00 mL 容量瓶中,充分摇匀,定容备用。

2. **亚铁盐中铁含量的测定**

用电子分析天平准确称取 1.4 g 左右的硫酸亚铁($FeSO_4 \cdot 7H_2O$)样品于 100 mL 烧杯中,加入 3 mol · L^{-1} H_2SO_4 溶液 8 mL 以防止水解,再加入 30 mL 左右蒸馏水,使其完全溶解,转移至 100.00 mL 容量瓶中摇匀,定容备用。

用 20.00 mL 移液管吸取上述溶液放入 250 mL 锥形瓶中,加入 3 mol · L^{-1} H_2SO_4 溶液 8 mL。加二苯胺磺酸钠指示剂 5 ~ 6 滴,再加入 H_3PO_4 溶液 5 mL,用 $K_2Cr_2O_7$ 标准溶液滴定至溶液的颜色由绿色变为紫色或紫蓝色,表示到达滴定终点。记录消耗 $K_2Cr_2O_7$ 标准溶液的体积,平行做 3 次。

【数据处理】

1. **$K_2Cr_2O_7$ 标准溶液的浓度**

称取 $K_2Cr_2O_7$ 的质量 $m=$______ g,则 $K_2Cr_2O_7$ 标准溶液的浓度为 $c\left(\frac{1}{6}K_2Cr_2O_7\right)=$______ mol · L^{-1}。

$$c\left(\frac{1}{6}K_2Cr_2O_7\right)=\frac{m}{M\left(\frac{1}{6}K_2Cr_2O_7\right)\times 0.250\ 0}$$

[已知：$M\left(\frac{1}{6}K_2Cr_2O_7\right)=49.03\,g\cdot mol^{-1}$。]

2. 亚铁盐中铁含量的测定

$$w(Fe)=\frac{c\left(\frac{1}{6}K_2Cr_2O_7\right)\cdot V(K_2Cr_2O_7)\cdot\frac{M(Fe)}{1\,000}}{m(FeSO_4\cdot 7H_2O)\times\frac{1}{5}}$$

[已知：$M(Fe)=55.85\ g\cdot mol^{-1}$。]

滴定序号	1	2	3
$m(FeSO_4\cdot 7H_2O)/g$			
$V(K_2Cr_2O_7)/mL$			
$w(Fe)$			
$w(Fe)$平均值			
标准偏差 s			

【注意事项】

1. 在加入 H_2SO_4 溶液和 H_3PO_4 溶液后，Fe^{2+}在酸性环境中更易被氧化，故应马上滴定。

2. 滴定终点由绿色变为紫色。如果绿色太深则会对终点观察有影响，此时可加蒸馏水稀释，但 H_2SO_4 溶液和 H_3PO_4 溶液也要适当多加。

3. 二苯胺磺酸钠指示剂容易变质，颜色变为深绿色就不能再使用了。

【思考题】

1. $K_2Cr_2O_7$ 为什么能用直接法配制标准溶液？

2. $K_2Cr_2O_7$ 法测定 Fe^{2+}时，滴定前为什么要加入 H_2SO_4 溶液？加 HCl 溶液是否可以？

3. 滴定时加入浓 H_3PO_4 溶液的作用是什么？

【知识拓展】

硫酸亚铁又称绿矾或铁矾，为绿色的单斜晶系晶体，无臭，味咸、涩，具有刺激性，溶于水，不溶于醇系。干燥空气中风化成白色粉末，有腐蚀性，在潮湿空气中即迅速氧化变质成黄棕色碱式硫酸铁。主要用于净化水、净化煤气、制作颜料、印染行业。

实验三 饲料中钙含量的测定（高锰酸钾法）

【实验预习要点】

1. 饲料样品的消化方法。
2. 沉淀、过滤等基本操作技术。

【实验目的】

1. 掌握用 $KMnO_4$ 法测定钙的原理、步骤和操作技术。
2. 了解用沉淀分离法消除杂质干扰的方法。
3. 学会沉淀、过滤、洗涤和消化法处理样品的操作技术。

【实验原理】

将样品用酸处理成溶液，使 Ca^{2+} 溶解在溶液中。Ca^{2+} 在一定条件下与 $C_2O_4^{2-}$ 作用，形成白色沉淀，其反应式如下：

$$Ca^{2+}+C_2O_4^{2-} = CaC_2O_4\downarrow$$

将沉淀进行过滤、洗涤后，加稀 H_2SO_4 溶液将 CaC_2O_4 沉淀溶解，用 $KMnO_4$ 标准溶液滴定与钙结合的 $C_2O_4^{2-}$，由所消耗的 $KMnO_4$ 标准溶液的体积，间接求得样品中 Ca^{2+} 的含量。其反应式如下：

$$CaC_2O_4+2H^+ = Ca^{2+}+H_2C_2O_4$$

$$5H_2C_2O_4+2MnO_4^-+6H^+ = 2Mn^{2+}+10CO_2\uparrow+8H_2O$$

沉淀 Ca^{2+} 时，为了得到易于过滤和洗涤的粗晶形沉淀，必须很好地控制沉淀的条件。如果用 $(NH_4)_2C_2O_4$ 作沉淀剂，加到中性或氨性的 Ca^{2+} 溶液中，此时生成的 CaC_2O_4 沉淀颗粒细小，难以过滤，并含有碱式草酸钙和氢氧化钙。要想获得粗大的晶形沉淀，通常在含 Ca^{2+} 的酸性溶液中加入 $(NH_4)_2C_2O_4$ 沉淀剂。由于酸性溶液中 $C_2O_4^{2-}$ 大部分是以 $HC_2O_4^-$ 形式存在的，这样会影响 CaC_2O_4 沉淀的生成，所以在加入沉淀剂后必须慢慢滴加氨水，使溶液中 H^+ 逐渐被中和，$C_2O_4^{2-}$ 浓度缓慢地增加，这样就易得到 CaC_2O_4 粗晶形沉淀。沉淀完毕，pH 还在 3.5～4.5，既可防止其他难溶性钙盐的生成，又不至于使 CaC_2O_4 溶解度太大。加热 0.5 h 使沉淀陈化，然后过滤、洗涤以除去过量的 $(NH_4)_2C_2O_4$。将洗涤的 CaC_2O_4 沉淀溶于稀 H_2SO_4 中，加热至 75～85 ℃，用 $KMnO_4$ 标准溶液滴定。

此法也适用于牲畜体、粪、尿、血液及畜产品中钙的测定。

【实验用品】

1. 试剂

(1) 浓 H_2SO_4(AR)

(2) 质量分数为 0.30 的 H_2O_2 溶液

(3) 1 : 1 $NH_3 \cdot H_2O$ 溶液

(4) 1 : 50 $NH_3 \cdot H_2O$ 溶液

(5) 1 : 3 HCl 溶液

(6) 1 : 3 H_2SO_4 溶液

(7) 质量分数为 0.042 的$(NH_4)_2C_2O_4$ 溶液

(8) 甲基红指示剂

(9) 风干饲料样品

(10) $c(KMnO_4)=0.020\,0\ mol \cdot L^{-1}$的 $KMnO_4$ 标准溶液

(11) 质量分数为 0.10 的 $BaCl_2$ 溶液

2. 仪器

(1) 250 mL 凯氏瓶一个

(2) 25.00 mL 滴定管 1 个

(3) 250 mL 锥形瓶 3 个

(4) 20.00 mL 移液管 1 个

(5) 250.00 mL 容量瓶 1 个

(6) 100 mL 与 250 mL 烧杯各 1 个

(7) 电子分析天平

(8) 玻璃漏斗、滤纸等过滤装置

【实验内容】

1. 饲料样品预处理

样品预处理常用消化法和灰化法两种。样品中含钙量高时适合用消化法,而含钙量低时适合用灰化法。两种方法制备的溶液均可测定钙、磷、锰等元素。

本实验只介绍消化法:准确称取风干饲料样品 2 g 左右,放入 250 mL 凯氏瓶底部,加入浓 H_2SO_4 16 mL,混匀浸润后慢慢加热至开始冒大量白烟,微沸约 5 min,取下冷却(约 1 min),逐滴加入质量分数为 0.30 的 H_2O_2 溶液约 1 mL,继续加热微沸 2 ~ 5 min,取下稍冷后,添加几滴 H_2O_2 溶液,再加热煮 5 min,稍冷。必要时再加少量 H_2O_2 溶液(用量逐次减少)消煮,直到消煮液完全清亮为止。最后要微沸 5 min,以除尽 H_2O_2,冷却后转移至 250 mL 容量瓶中,用蒸馏水多次冲洗凯氏瓶,一并放入容量瓶中,在室温下定容。放置澄清后使用。

2. 草酸钙的沉淀

用移液管准确吸取上述处理过的溶液 20.00 mL,放入 250 mL 锥形瓶中,滴加 2 滴甲基红指

示剂。然后逐滴加入 1∶1 $NH_3 \cdot H_2O$，调节溶液 pH = 5 ~ 6（溶液由红色变为橘黄色即可）。加入数滴 1∶3 HCl 溶液，直至溶液又呈红色（此时 pH 为 2.5 ~ 3.0）。加蒸馏水稀释溶液，使总体积约为 150 mL，加热煮沸。在热溶液中徐徐滴入质量分数为 0.042 的 $(NH_4)_2C_2O_4$ 溶液 10 mL，若溶液由红色转变为黄色或橘色，应再滴入 1∶3 HCl 溶液直至溶液又转变成红色为止。将溶液煮沸 3 ~ 4 min，使之形成 CaC_2O_4 粗晶形沉淀，放置过夜。

如果不需放置过夜，可以加热 30 min，使沉淀陈化，冷却。

3. 沉淀的洗涤

用倾析法过滤及洗涤沉淀。先把沉淀与溶液放置一段时间，再将上层清液倾入漏斗中，让沉淀尽可能地留在锥形瓶内，以免沉淀堵塞滤纸孔，清液倾注完毕后进行洗涤，先用 1∶50 $NH_3 \cdot H_2O$ 溶液 15 mL 沿瓶壁加入使黏附在锥形瓶壁上的沉淀洗下，摇动锥形瓶使液体混合均匀，放置澄清，再倾析过滤，如此重复洗涤 3 ~ 5 次，再用蒸馏水洗 4 ~ 5 次，直至溶液中无 $C_2O_4^{2-}$ 存在为止（用质量分数为 0.10 的 $BaCl_2$ 溶液检查）。

4. 测定

将带有沉淀的锥形瓶放在上述过滤时用的漏斗下面，从漏斗上取下带有沉淀的滤纸放在锥形瓶内，加入 10 mL 1∶3 H_2SO_4 溶液使 CaC_2O_4 沉淀溶解，将溶液稀释至约 100 mL，加热溶液至 75 ~ 85 ℃，用 $KMnO_4$ 标准溶液滴定至溶液呈微红色。在 30 s 内仍不褪色为终点。记录消耗 $KMnO_4$ 标准溶液的体积，计算出饲料样品中 Ca 的质量分数。

【数据处理】

风干饲料样品的质量 m = ______ g。

$KMnO_4$ 标准溶液的浓度 $c\left(\frac{1}{5}KMnO_4\right)$ = ______ $mol \cdot L^{-1}$。

滴定消耗 $KMnO_4$ 标准溶液的体积 $V(KMnO_4)$ = ______ mL。

饲料样品中 Ca 的质量分数为 $w(Ca)$ = ______ %。

$$w(Ca)=\frac{c\left(\frac{1}{5}KMnO_4\right)\cdot V(KMnO_4)\cdot\frac{M\left(\frac{1}{2}Ca\right)}{1\,000}}{m\times\frac{20.00}{250.0}}$$

［已知：$M\left(\frac{1}{2}Ca\right)=20.04\ g\cdot mol^{-1}$。］

【注意事项】

1. 过滤时，尽量将沉淀留在器皿中，否则沉淀移到滤纸上会把滤孔堵塞，影响过滤速度。
2. $KMnO_4$ 标准溶液不稳定，使用时注意浓度的变化。

【思考题】

1. 样品溶液中为什么需先加 $NH_3 \cdot H_2O$,后又加盐酸?
2. 为什么需用 $NH_3 \cdot H_2O$ 溶液冲洗草酸钙沉淀直至剩余的 $(NH_4)_2C_2O_4$ 洗净为止?

【知识拓展】

饲料级磷酸氢钙是一种饲料添加剂,其在饲料中的添加量一般为 3% ~5%,主要为畜禽配合饲料提供磷、钙等矿物质营养,畜禽极易消化吸收。其作用为加速畜禽生长发育,缩短育肥期,快速增重,能提高畜禽的配种率及成活率,同时具有增强畜禽抗病耐寒能力,对畜禽的骨软骨病、白痢、瘫痪有防治作用。

实验四　间接碘量法测定胆矾中铜含量

【实验预习要点】

1. 碘量法的原理。
2. 间接碘量法的应用。
3. $Na_2S_2O_3$ 标准溶液的配制和标定。

【实验目的】

1. 掌握碘量法的原理和间接碘量法的应用。
2. 了解淀粉指示剂的作用原理。

【实验原理】

胆矾($CuSO_4 \cdot 5H_2O$)是农药波尔多液的主要原料。胆矾中的铜常用间接碘量法进行测定。样品在酸性溶液中,加入过量的 KI,使 KI 与 Cu^{2+} 作用生成难溶性的 CuI,并析出 I_2,再用 $Na_2S_2O_3$ 标准溶液滴定析出的 I_2。其反应式为

$$2Cu^{2+}+4I^- \xlongequal{} 2CuI\downarrow +I_2$$

$$I_2+2S_2O_3^{2-} \xlongequal{} 2I^- +S_4O_6^{2-}$$

CuI 沉淀溶解度较大,上述反应进行不完全。又由于 CuI 沉淀强烈吸附碘,使测定结果偏低,滴定终点不明显。所以在滴定时加入 KSCN,使 CuI 沉淀转化为更难溶的 CuSCN 沉淀:

$$CuI+SCN^- \xlongequal{} CuSCN\downarrow +I^-$$

CuSCN 沉淀吸附 I_2 的倾向性较小，提高了分析结果的准确度，也使反应的终点比较明显。但 KSCN 只能在接近终点时加入，否则，SCN^-可直接还原 Cu^{2+}而使结果偏低。

$$6Cu^{2+}+7SCN^-+4H_2O \xlongequal{} 6CuSCN\downarrow+SO_4^{2-}+HCN+7H^+$$

为了防止 Cu^{2+}水解，反应必须在微酸性（pH = 4.0 ~ 5.5）溶液中进行。由于 Cu^{2+}容易和 Cl^-形成配离子，所以酸化时要用 H_2SO_4 或 HAc，而不能用 HCl。

样品中若含 Fe^{3+}，则对测定有干扰（Fe^{3+}能氧化 I^-生成 I_2，使测得结果偏高），可加入 NaF 掩蔽。

【实验用品】

1. 试剂

（1）$K_2Cr_2O_7$（AR）

（2）6 mol · L^{-1} HAc 溶液

（3）3 mol · L^{-1} H_2SO_4 溶液

（4）0.15 mol · L^{-1} $Na_2S_2O_3$ 标准溶液

（5）质量分数为 0.10 的 KI 溶液

（6）质量分数为 0.10 的 KSCN 溶液

（7）质量分数为 0.005 的淀粉指示剂　取可溶性淀粉 0.5 g，加冷蒸馏水 10 mL，搅匀后缓缓倒入 90 mL 沸蒸馏水中，随加随搅，煮沸至呈稀薄的半透明液，加入少许 HgI_2 或硼酸防腐剂。

（8）$CuSO_4 \cdot 5H_2O$（AR）

（9）Na_2CO_3（AR）

2. 仪器

（1）25.00 mL 滴定管 1 个

（2）250 mL 锥形瓶 3 个

（3）20.00 mL 移液管 1 个

（4）电子天平和电子分析天平

【实验内容】

1. $Na_2S_2O_3$ 标准溶液的配制与标定

用电子天平称取 $Na_2S_2O_3 \cdot 5H_2O$ 约 18.6 g，溶于适量的刚煮沸并冷却的蒸馏水中，加入 Na_2CO_3 约 0.07 g，稀释至 500 mL，倒入细口试剂瓶中，放置 6 ~ 10 天后标定。

用电子分析天平准确称取 $K_2Cr_2O_7$ 基准物质 0.12 ~ 0.13 g（预先干燥过），置于 250 mL 锥形瓶中（最好用带有磨口塞的锥形瓶或碘量瓶），加蒸馏水 50 mL 使之溶解。再加入 3 mol · L^{-1} H_2SO_4 溶液 10 mL 和质量分数为 0.10 的 KI 溶液 15 mL，充分混合后，用小表面皿盖好以防止 I_2 挥发而损失，在暗处放置 10 min。然后加约 50 mL 蒸馏水稀释，用 $Na_2S_2O_3$ 标准溶液滴定至溶液呈浅黄色时，加入 5 mL 淀粉指示剂。继续滴入 $Na_2S_2O_3$ 溶液，直至蓝色刚刚消失，而 Cr^{3+}的绿色刚出现为止。记录 $Na_2S_2O_3$ 溶液的体积，计算 $Na_2S_2O_3$ 溶液的浓度。平行做 2 ~ 3 次。

2. Cu 含量的测定

用电子分析天平准确称取样品 0.6～0.7 g，放入 250 mL 锥形瓶中，加 6 mol · L^{-1} HAc 溶液 10 mL 及蒸馏水 100 mL 溶解。再加 10 mL 质量分数为 0.10 的 KI 溶液，立即用 $Na_2S_2O_3$ 标准溶液滴定至浅黄色。再加入淀粉指示剂 5 mL 和质量分数为 0.10 的 KSCN 溶液 20 mL，混合后继续用 $Na_2S_2O_3$ 标准溶液滴定至蓝色刚好消失示为终点。此时，溶液为米黄色 CuSCN 悬浮液。记录 $Na_2S_2O_3$ 溶液消耗的体积，计算 Cu 的质量分数。平行做 2～3 次。

【数据处理】

1. $Na_2S_2O_3$ 标准溶液的标定

$$c(Na_2S_2O_3)=\frac{m(K_2Cr_2O_7)}{M\left(\frac{1}{6}K_2Cr_2O_7\right)V_1(Na_2S_2O_3)}\times 1\,000$$

[已知：$M\left(\frac{1}{6}K_2Cr_2O_7\right)=49.03\ g\cdot mol^{-1}$。]

滴定序号	1	2	3
$m(K_2Cr_2O_7)/g$			
$V_1(Na_2S_2O_3)/mL$			
$c(Na_2S_2O_3)/(mol\cdot L^{-1})$			
$c(Na_2S_2O_3)$平均值/$(mol\cdot L^{-1})$			
标准偏差 s			

2. 胆矾中 Cu 的质量分数

$$w(Cu)=\frac{c(Na_2S_2O_3)\cdot V_2(Na_2S_2O_3)\cdot\frac{M(Cu)}{1\,000}}{m}$$

[已知：$M(Cu)=63.55\ g\cdot mol^{-1}$。]

滴定序号	1	2	3
样品质量 m/g			
$V_2(Na_2S_2O_3)/mL$			
$w(Cu)$			
$w(Cu)$平均值			
标准偏差 s			

【注意事项】

1. 滴定要在避光、快速、勿剧烈摇动下进行。
2. 淀粉指示剂和 KSCN 溶液在近终点时加入，不能早加。

【思考题】

1. 碘量法测 Cu^{2+},为什么要加 KSCN?

2. 若在胆矾测定中既加 NaF 又加 KI,这两种物质各起什么作用?有无先后顺序关系?为什么?

【知识拓展】

波尔多液是一种保护性的杀菌剂,其有效成分的化学组成是 $CuSO_4 \cdot xCu(OH)_2 \cdot yCa(OH)_2 \cdot zH_2O$,因 1882 年法国人米亚尔代于波尔多城发现其杀菌作用而得名。它是由约 500 g 的硫酸铜、500 g 的生石灰和 50 kg 的水配制成的天蓝色胶状悬浊液。配料比可根据需要适当增减,一般呈碱性,有良好的黏附性能,宜现配现用或制成失水波尔多粉,使用时再兑水混合。该制剂持效期长,可有效地抑制病原菌孢子萌发或菌丝生长,并能促使叶色浓绿、生长健壮及提高抗病能力。广泛用于防治蔬菜、果树、棉、麻等的多种病害,对霜霉病、炭疽病及马铃薯晚疫病等叶部病害效果尤佳。

实验五 水果中抗坏血酸(维生素 C)含量的测定

【实验预习要点】

1. 水果样品的预处理。
2. 碘量法的应用。
3. I_2 标准溶液的配制与标定。

【实验目的】

1. 掌握碘量法测定抗坏血酸含量的原理和步骤。
2. 学会 I_2 标准溶液的配制和标定方法。

【实验原理】

用 I_2 标准溶液可以直接测定抗坏血酸等一些还原性较强的物质。抗坏血酸分子中的二烯醇基可被 I_2 氧化成二酮基:

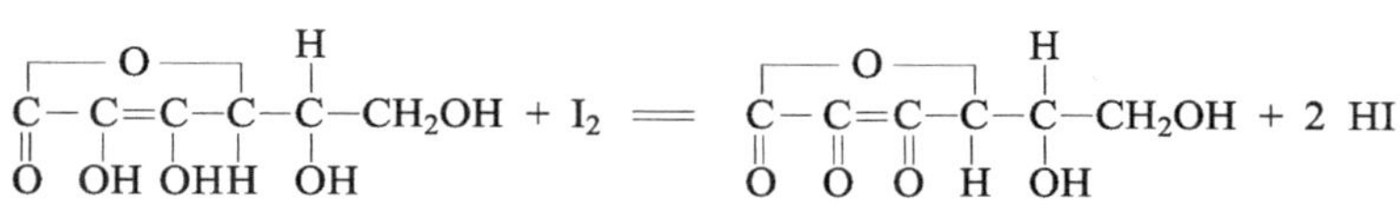

此反应不必加碱即可进行完全。由于抗坏血酸的还原能力强而易被空气氧化,特别是在碱性溶液中更容易被氧化,所以,在测定中须加稀 HAc 溶液,使溶液保持足够的酸度,以减少副反应的发生。

配制 I_2 标准溶液时,如果碘试剂很纯,则可用升华法直接配制成标准溶液。但商品碘含有杂质,需用间接法配制。

【实验用品】

1. **试剂**

(1) 0.05 mol·L^{-1} I_2 标准溶液　称取 3.3 g I_2 和 5 g KI,置于研钵中,加少量蒸馏水,研至完全溶解后,将溶液转入棕色试剂瓶中。加蒸馏水稀释至 250 mL。充分摇匀,放暗处保存。

(2) 质量分数为 0.005 的淀粉溶液

(3) 2 mol·L^{-1} HAc 溶液

(4) 约 0.15 mol·L^{-1} $Na_2S_2O_3$ 标准溶液(配制方法参考本章实验四)

2. **仪器**

(1) 25.00 mL 滴定管 1 个

(2) 250 mL 锥形瓶 3 个

(3) 20.00 mL 移液管 1 个

(4) 100.00 mL 与 250.00 mL 容量瓶各 1 个

(5) 10 mL 与 100 mL 量筒各 1 个

(6) 电子分析天平等

【实验内容】

1. **I_2 标准溶液的标定**

采用比较标定法,用 $Na_2S_2O_3$ 标准溶液标定 I_2 溶液。用移液管准确移取 20.00 mL I_2 溶液于 250 mL 锥形瓶(或碘量瓶)中,加 50 mL 蒸馏水,用 $Na_2S_2O_3$ 标准溶液滴定至溶液呈浅黄色时,加淀粉指示剂 3 mL,继续用 $Na_2S_2O_3$ 标准溶液滴定至蓝色恰好消失,即为终点。平行测定 2~3 次。

2. **抗坏血酸含量的测定**

准确称取经过处理的水果样品 0.15 g,置于 250 mL 锥形瓶中,加入新煮沸的冷却蒸馏水 100 mL 和2 mol·L^{-1} HAc 溶液 10 mL,完全溶解后,再加淀粉指示剂 2 mL,立即用 I_2 标准溶液滴定至出现稳定的蓝色。平行测定 2~3 次(相对偏差不能大于 0.5%),然后计算抗坏血酸的质量分数。

【数据处理】

1. **I_2 标准溶液的浓度**

$$c\left(\frac{1}{2}I_2\right)=\frac{c(Na_2S_2O_3)\cdot V(Na_2S_2O_3)}{20.00}$$

滴定序号	1	2	3
$V(Na_2S_2O_3)$/mL $c\left(\frac{1}{2}I_2\right)/(mol \cdot L^{-1})$			
$c\left(\frac{1}{2}I_2\right)$ 平均值/$(mol \cdot L^{-1})$			
标准偏差 s			

2. 抗坏血酸含量的测定

$$w(\text{维生素 C})=\frac{c\left(\frac{1}{2}I_2\right)\cdot V(I_2)\cdot M\left(\frac{1}{2}C_6H_8O_6\right)}{m\times 1\ 000}$$

[已知：$M\left(\frac{1}{2}C_6H_8O_6\right)=88.06\ g\cdot mol^{-1}$。]

滴定序号	1	2	3
样品质量 m/g			
$V(I_2)$/mL			
w(维生素 C)			
w(维生素 C)平均值			
标准偏差 s			

【注意事项】

1. 配制 I_2 标准溶液时可加入少许 HCl，使 KI 中可能存在的少量 KIO_3 与 KI 作用生成 I_2，以免 KIO_3 对滴定有影响。

2. 抗坏血酸容易被空气中的氧所氧化，所以在处理样品和测定过程中要注意减少与空气的接触。

【思考题】

1. 测定抗坏血酸的溶液中为什么要加入稀 HAc 溶液？
2. 溶解抗坏血酸样品为什么要用新煮沸的冷蒸馏水？

【知识拓展】

维生素 C 是六碳糖的衍生物，有 L 型和 D 型两种异构体，但只有 L 型有生理作用。维生素 C 对于骨骼组织中骨胶原的形成，以及这些组织正常功能的维持都是必需的，对于机体的防御机能也有促进作用，还可促进肠道内铁的吸收，参与叶酸、酪氨酸、色氨酸代谢，调节脂肪、类脂及胆固醇代谢，具有较强的解毒作用及抗氧化作用。

实验六　氧化还原滴定设计性实验初步训练

【实验目的】

1. 培养学生查阅有关资料的能力，巩固理论课中学过的重要的氧化还原反应的知识。
2. 运用所学知识对较复杂的氧化还原体系的组分测定能设计出可行的方案。
3. 在教师指导下对各种氧化还原体系的组分含量进行分析，培养学生分析问题、解决问题的能力。

【实验要求】

1. 学生根据教师提供的题目自己选择感兴趣的实验内容，独立设计实验。
2. 在查阅参考文献的基础上，拟订实验方案，经教师批阅后，写出详细的实验报告。
3. 实验方案具体包括以下内容：

(1) 实验题目；
(2) 实验目的；
(3) 实验原理（简述测定方法、标准溶液的选择及指示剂的选择等）；
(4) 仪器与试剂（试剂的用量、浓度和配制方法）；
(5) 实验步骤（标定、测定等）；
(6) 数据及相关公式（用表格形式）；
(7) 结果和讨论。

【实验方案设计选题】

1. Na_2S-Sb_2S_5 混合物

样品溶解后，预处理使 Sb(Ⅲ)及 Sb(Ⅴ)全部还原为 SbO_3^{3-}，在 $NaHCO_3$ 介质中以 I_2 标准溶液滴定至终点。另取一份样品溶于酸，并将 H_2S 收集于 I_2 标准溶液中，过量的 I_2 溶液用 $Na_2S_2O_3$ 标准溶液返滴定。

2. 胱氨酸纯度的测定

$KBrO_3$-KBr 在酸性介质中反应产生 Br_2，胱氨酸在强酸性介质中被 Br_2 氧化，剩余的 Br_2 用 KI 还原，析出的 I_2 用 $Na_2S_2O_3$ 标准溶液滴定。

3. H_2SO_4-$H_2C_2O_4$ 混合溶液中各组分浓度测定

以 NaOH 滴定 H_2SO_4 及 $H_2C_2O_4$ 总酸量，酚酞为指示剂。用 $KMnO_4$ 法测定 $H_2C_2O_4$ 的质量

分数，总酸浓度减去 $H_2C_2O_4$ 的含量后，可以求得 H_2SO_4 的量。

4. HCOOH-HAc 混合溶液

以酚酞为指示剂，用 NaOH 溶液滴定总酸量。在强碱性介质中向样品溶液加入过量 $KMnO_4$ 标准溶液，此时甲酸被氧化为 CO_2，MnO_4^- 还原为 MnO_4^{2-}，加酸，MnO_4^{2-} 进一步歧化为 MnO_4^- 及 MnO_2。加入过量的 KI 还原过量部分的 MnO_4^- 和歧化生成的 MnO_4^- 及 MnO_2 至 Mn^{2+} 并析出 I_2，再以 $Na_2S_2O_3$ 标准溶液滴定。

5. Mn-V 混合样品

将 Mn 和 V 预处理为 Mn^{2+} 和 VO^{2+}，以 $KMnO_4$ 溶液滴定 VO^{2+}，加入 $H_4P_2O_7$，继续用 $KMnO_4$ 溶液滴定生成的 Mn^{2+} 及原有的 Mn^{2+} 到 Mn^{3+}（Mn^{3+} 能和焦磷酸形成稳定的配合物）。根据 $KMnO_4$ 消耗的体积计算 Mn、V 的质量分数。

6. PbO-PbO$_2$ 混合物

加入过量 $H_2C_2O_4$ 标准溶液使 PbO_2 还原为 Pb^{2+}，用氨水中和溶液，Pb^{2+} 定量沉淀为 PbC_2O_4，过滤。滤液酸化后，以 $KMnO_4$ 标准溶液滴定，沉淀以酸溶解后再以 $KMnO_4$ 标准溶液滴定。

7. 含 Cr_2O_3 和 MnO 矿石中 Cr 及 Mn 的测定

以 Na_2O_2 熔融样品，得到 MnO_4^{2-} 及 CrO_4^{2-}，煮沸除去过氧化物，酸化溶液，MnO_4^{2-} 歧化为 MnO_4^- 和 MnO_2。过滤除去 MnO_2 滤液加入过量 Fe^{2+} 标准溶液还原 CrO_4^{2-} 及 MnO_4^-，过量部分的 Fe^{2+} 用 $KMnO_4$ 标准溶液滴定。

8. Fe_2O_3-Al_2O_3 混合物

以酸溶解后，将 Fe^{3+} 还原为 Fe^{2+}，用 $K_2Cr_2O_7$ 标准溶液滴定。向试液中加入过量 EDTA 标准溶液，在 pH 为 3 ~ 4 时煮沸以配合 Al^{3+}，冷却后加入六亚甲基四胺缓冲溶液，以二甲酚橙为指示剂，用 Zn^{2+} 标准溶液滴定过量的 EDTA。也可以在 pH 为 1 时，用磺基水杨酸为指示剂以 EDTA 滴定 Fe^{3+}，然后用上述方法测定 Al^{3+}。

9. Al_2O_3-As_2O_5 混合物

将样品处理为 AsO_3^{3-} 与 AsO_4^{3-} 的溶液，调节溶液为弱碱性，以淀粉为指示剂，用 I_2 标准溶液滴定 AsO_3^{3-} 至溶液变蓝色为终点。再将该溶液用 HCl 溶液调节至酸性并加入过量 KI 溶液，AsO_4^{3-} 将 I^- 氧化至 I_2，用 $Na_2S_2O_3$ 标准溶液滴定析出的 I_2，直至终点。

第九章 沉淀滴定

实验一 低钠盐中氯含量的测定（莫尔法）

【实验预习要点】

1. 分步沉淀原理。
2. 莫尔法的测定原理及滴定条件。
3. 沉淀滴定操作技术和注意事项。

【实验目的】

1. 掌握莫尔法的测定原理、滴定条件和操作技术。
2. 学会正确判断 K_2CrO_4 指示剂的滴定终点。
3. 学习 $AgNO_3$ 标准溶液的配制和标定。

【实验原理】

可溶性氯化物中 Cl^- 含量的测定常采用莫尔法。此法是在中性或弱碱性溶液中，以 K_2CrO_4 为指示剂，用 $AgNO_3$ 标准溶液进行滴定。由于 AgCl 溶解度比 Ag_2CrO_4 小，溶液中首先析出白色 AgCl 沉淀。当 AgCl 沉淀完全后，$AgNO_3$ 溶液过量 1 滴即与溶液中的 CrO_4^{2-} 反应生成砖红色的 Ag_2CrO_4 沉淀，指示终点。主要的化学反应方程式如下：

$$Ag^+ + Cl^- \rightleftharpoons AgCl\downarrow \text{（白色）}$$

$$2Ag^+ + CrO_4^{2-} \rightleftharpoons Ag_2CrO_4\downarrow \text{（砖红色）}$$

滴定必须在中性或弱碱性溶液中进行，最适宜 pH 范围为 6.5～10.5。如果溶液的酸度过高，CrO_4^{2-} 将受酸效应影响浓度降低，导致 Ag_2CrO_4 沉淀出现过迟甚至不沉淀；如果是碱性太强，则会有 Ag_2O 沉淀产生。当溶液中有铵盐存在时，控制溶液的 pH 在 6.5～7.2 的酸度范围进行滴定，可以得到满意的结果。若 $c(NH_4^+) \geq 0.15\ mol \cdot L^{-1}$，则在滴定前须除去铵盐。

指示剂 K_2CrO_4 的用量对滴定终点有较大的影响，如果其浓度过高，将使终点提前，如果其浓度过低，则使终点滞后。终点时 CrO_4^{2-} 的浓度以 $5.0\times10^{-3}\ mol \cdot L^{-1}$左右为宜。

能与 CrO_4^{2-} 生成沉淀的阳离子(如 Ba^{2+}、Pb^{2+} 等)和能与 Ag^+ 生成难溶化合物或稳定配合物的阴离子(如 PO_4^{3-}、AsO_4^{3-}、SO_3^{2-}、S^{2-}、CO_3^{2-}、CrO_4^{2-} 等)对测定有干扰。大量 Cu^{2+}、Ni^{2+}、Co^{2+} 等有色离子将影响终点的观察。Al^{3+}、Fe^{3+}、Bi^{3+}、Sn^{4+} 等高价金属离子,在中性或弱碱性溶液中易水解产生沉淀,也会干扰滴定。另外,先产生的 AgCl 沉淀容易吸附溶液中的 Cl^-,使终点提前,因此滴定时必须剧烈摇动。

【实验用品】

1. 试剂

(1) NaCl 基准试剂 将 NaCl 放在 500 ~ 600 ℃高温炉中灼烧 0.5 h 后,置于干燥器中冷却。也可将 NaCl 置于带盖的瓷坩埚中加热,并不断搅拌,待爆炸声停止后,继续加热 15 min,然后将坩埚放入干燥器中冷却。

(2) 0.1 mol · L^{-1} $AgNO_3$ 溶液

(3) 50g · L^{-1} K_2CrO_4 溶液

2. 仪器

(1) 25.00 mL 滴定管 1 个

(2) 100.00 mL 容量瓶 2 个

(3) 25.00 mL 吸量管 1 个

(4) 电子分析天平

(5) 锥形瓶,量筒,烧杯

【实验内容】

1. $AgNO_3$ 标准溶液的配制和标定

(1) 称取 8.5 g $AgNO_3$ 溶解于 500 mL 蒸馏水中,将溶液转入棕色试剂瓶中,置暗处保存。

(2) 准确称取 0.50 ~ 0.65 g NaCl 基准试剂于小烧杯中,用蒸馏水溶解,转入 100.00 mL 容量瓶中,稀释至刻度,摇匀。

用吸量管移取 20.00 mL NaCl 溶液置于 250 mL 锥形瓶中,加入 25 mL 蒸馏水,用吸量管加入 1.00 mL 50 g · L^{-1} K_2CrO_4 溶液,在不断摇动下,用 $AgNO_3$ 溶液滴定至呈现微砖红色,即为终点。平行测定 3 次,根据所消耗 $AgNO_3$ 溶液的体积和 NaCl 的质量,计算 $AgNO_3$ 溶液的浓度。

2. 低钠盐中氯含量的测定

准确称取 0.8 g 左右低钠盐样品置于烧杯中,加水溶解后,转入 100.00 mL 容量瓶中,用水稀释至刻度,摇匀。

用吸量管移取 20.00 mL 试液于 250 mL 锥形瓶中,加入 25 mL 蒸馏水,用吸量管加入 1.00 mL 50 g · L^{-1} K_2CrO_4 溶液,在不断摇动下,用 $AgNO_3$ 标准溶液滴定至溶液出现微砖红色,即为终点。平行测定 3 次,计算样品中氯的含量。

【数据处理】

1. $AgNO_3$ 标准溶液的标定

$$c(AgNO_3)=\frac{m(NaCl)\times\frac{20.00}{100.00}}{58.44\times V(AgNO_3)\times10^{-3}}$$

滴定序号	1	2	3
称量 $m(NaCl)/g$			
消耗 $V(AgNO_3)/mL$			
$c(AgNO_3)/(mol\cdot L^{-1})$			
$c(AgNO_3)$平均值$/(mol\cdot L^{-1})$			

2. 低钠盐中氯含量的测定

$$w(Cl)=\frac{c(AgNO_3)V(AgNO_3)\times10^{-3}\times35.45}{m(NaCl)\times\frac{20.00}{100}}$$

滴定序号	1	2	3
称量 m(低钠盐)/g			
消耗 $V(AgNO_3)/mL$			
含 Cl 质量分数 w			
含 Cl 质量分数 w 平均值			
标准偏差 s			

【注意事项】

1. 莫尔法只适用于以 $AgNO_3$ 标准溶液直接滴定 Cl^-、Br^-和CN^-。由于 AgI 和 AgSCN 沉淀对 I^-和 SCN^-有强烈的吸附作用，故不适宜直接滴定测 I^-和 SCN^-。

2. K_2CrO_4 指示剂用量对测定结果有影响，所以加 1.00 mL K_2CrO_4 溶液的量要准确，可用吸量管量取，如果准确度要求非常高时，可做空白试验来扣除指示剂对 $AgNO_3$ 的消耗。

3. 滴定时应剧烈振荡，以减少沉淀吸附的影响。

4. 本实验所用的水均是除去 Cl^-的蒸馏水，包括洗涤滴定管的水等。

5. 由于 $AgNO_3$ 见光会分解，所以操作过程中应避免阳光直接照射。

【思考题】

1. 莫尔法测氯时，为什么溶液的 pH 须控制在 6.5～10.5？

2. K_2CrO_4 指示剂用量的多少对 Cl^-测定结果有何影响？
3. 滴定过程中如果振摇不充分对测定结果有何影响？
4. 用 K_2CrO_4 为指示剂时，可否用 NaCl 标准溶液直接滴定 Ag^+？为什么？

【知识拓展】

自然界中存在的水一般都含有氯化物，主要以氯化钠、氯化钙、氯化镁等形式存在。天然水用漂白粉等处理时也会引入一定量的氯化物。当人体内氯化物含量过高时，可干扰电解质平衡，使人体细胞外渗透压增加，导致细胞失水，代谢过程出现故障。因此我国的《生活饮用水卫生标准》要求饮用水中氯化物的含量应小于 250 mg · L^{-1}。另外，工业用水含有氯化物时会对锅炉、管道有腐蚀作用；化工原料用水中含有氯化物时会影响产品质量。

实验二　酱油中 NaCl 含量的测定（佛尔哈德法）

【实验预习要点】

1. 酱油样品称量方法。
2. 用佛尔哈德法返滴定测定氯化物中氯含量的原理和方法。
3. 测定时的操作技术及注意事项。

【实验目的】

1. 学习 NH_4SCN 标准溶液的配制和标定。
2. 掌握用佛尔哈德法返滴定测定酱油中氯含量的原理和方法。

【实验原理】

佛尔哈德法是用铁铵矾作指示剂，以 NH_4SCN（或 KSCN）标准溶液滴定含有 Ag^+的酸性溶液的测定方法。在滴定过程中，会产生白色 AgSCN 沉淀：

$$Ag^+ + SCN^- \rightleftharpoons AgSCN\downarrow \text{（白色）}$$

到达反应计量点时，稍过量的 NH_4SCN 会与溶液中的 Fe^{3+}结合，生成红色配离子 $Fe(SCN)^{2+}$，指示滴定达到了终点。指示剂用量多少对滴定有影响，一般控制 Fe^{3+}浓度为 0.015 mol · L^{-1}为宜。

$$Fe^{3+} + SCN^- \rightleftharpoons Fe(SCN)^{2+} \text{（红色）}$$

佛尔哈德法还可以测定样品中的 Cl^-、Br^-和 SCN^-。如测定 NaCl 时，可在含 Cl^-的酸性溶液中，加入一定量过量的 Ag^+标准溶液，生成 AgCl 沉淀后，剩余的 Ag^+以铁铵矾为指示剂，用 NH_4SCN 标准溶液返滴定，由 $Fe(SCN)^{2+}$配离子的红色的生成来指示滴定终点。主要反应为

$$Ag^{+}+Cl^{-} \rightleftharpoons AgCl\downarrow \text{(白色)}$$

$$Ag^{+}+SCN^{-} \rightleftharpoons AgSCN\downarrow \text{(白色)}$$

$$Fe^{3+}+SCN^{-} \rightleftharpoons Fe(SCN)^{2+} \text{(红色)}$$

由于 AgCl 溶解度比 AgSCN 大,在接近终点时,溶液中的 Ag^{+}被滴定完后,过量的 SCN^{-}可与 AgCl 作用,转化为 AgSCN 沉淀:

$$AgCl+SCN^{-} \rightleftharpoons AgSCN\downarrow +Cl^{-}$$

另外,当过量滴加的 SCN^{-}与 Fe^{3+}结合生成红色配离子 $Fe(SCN)^{2+}$后,如果剧烈摇动,也可以发生下式转化,进而使红色消失,终点延后:

$$Fe(SCN)^{2+}+AgCl \rightleftharpoons Fe^{3+}+AgSCN\downarrow +Cl^{-}$$

为避免由于 AgCl 的存在而带来的误差,可以在用 NH_4SCN 滴定之前,先把溶液加热,使 AgCl 凝聚后滤除,再滴定溶液中过量的 Ag^{+}。或者在待测溶液中加入硝基苯等有机溶剂,使 AgCl 沉淀在有机溶剂的保护下,不参与新的转化反应。

测定时,能与 SCN^{-}生成沉淀或生成配合物,或者能氧化 SCN^{-}的物质均有干扰。

【实验用品】

1. 试剂

(1) 0.100 0 mol · L^{-1} $AgNO_3$ 标准溶液(配制和标定见本章实验一)

(2) 0.1 mol · L^{-1} NH_4SCN 溶液

(3) 400 g · L^{-1}铁铵矾指示剂

(4) 6 mol · L^{-1} HNO_3 溶液,1 : 1 HNO_3 溶液

(5) 硝基苯

(6) NaCl 基准试剂

2. 仪器

(1) 25.00 mL 滴定管

(2) 250.00 mL 容量瓶

(3) 25.00 mL 吸量管

(4) 电子分析天平

(5) 锥形瓶、量筒、烧杯

【实验内容】

1. NH_4SCN 溶液的配制与标定

(1) 称取 3.8 g NH_4SCN,用 500 mL 水溶解后转入试剂瓶中。

(2) 用吸量管移取 $AgNO_3$ 标准溶液 20.00 mL 于 250 mL 锥形瓶中,加入 5 mL 1 : 1 HNO_3 溶液和 1.0 mL 铁铵矾指示剂,然后用 NH_4SCN 溶液滴定。滴定时,要不停振荡溶液,当滴至溶液颜色为淡红色稳定不变时即为终点。平行标定 3 次,计算 NH_4SCN 溶液浓度。

2. **测定酱油中 NaCl 含量**

准确称取酱油样品 5.00 g，定量移入 250.00 mL 容量瓶中，加蒸馏水稀释至刻度，摇匀。准确移取酱油稀释液 10.00 mL 置于 250 mL 锥形瓶中，加水 50 mL，加 6 mol · L^{-1} HNO_3 溶液 15 mL。由滴定管加入 $AgNO_3$ 标准溶液至过量 5～10 mL（加入 $AgNO_3$ 溶液时，生成白色 AgCl 沉淀，接近计量点时，AgCl 要凝聚，振荡溶液，再让其静置片刻，使沉淀沉降，然后加入几滴 $AgNO_3$ 溶液到清液层，如不生成沉淀，说明 $AgNO_3$ 已过量，这时，再适当过量 5～10 mL $AgNO_3$ 溶液即可）。然后，加入 5 mL 硝基苯，用橡胶塞塞住瓶口，剧烈振荡半分钟，使 AgCl 沉淀进入硝基苯层而与溶液隔开。再加入 1.0 mL 铁铵矾指示剂，用标定好的 NH_4SCN 标准溶液滴定至出现淡红色的 $Fe(SCN)^{2+}$ 配合物稳定不变时即为终点。平行测定 3 份。计算 NaCl 样品中氯的含量。

【数据处理】

1. **NH_4SCN 溶液的标定**

$$c(NH_4SCN)=\frac{c(AgNO_3)V(AgNO_3)}{V(NH_4SCN)}$$

滴定序号	1	2	3
吸取 $V(AgNO_3)$/mL			
消耗 $V(NH_4SCN)$/mL			
$c(NH_4SCN)/(mol\cdot L^{-1})$			
$c(NH_4SCN)$平均值$/(mol\cdot L^{-1})$			

2. **测定酱油中 NaCl 含量**

$$w(NaCl)=\frac{c(AgNO_3)V(AgNO_3)-c(NH_4SCN)V(NH_4SCN)}{5.00\times\frac{10.00}{250.00}\times1\,000}\times58.45$$

滴定序号	1	2	3
称量 m(酱油)/g			
加入的 $V(AgNO_3)$/mL			
消耗 $V(NH_4SCN)$/mL			
含 NaCl 质量分数 w			
含 NaCl 质量分数平均值 w			
标准偏差 s			

【注意事项】

1. 由于 $AgNO_3$ 见光会分解，所以操作过程中应避免阳光直接照射。

2. 沉淀滴定中,为减少沉淀对被测离子的吸附,一般溶液的体积以大些为好,故需加水稀释试液。

3. 由于 AgSCN 会吸附 Ag^+,故滴定时要剧烈摇动,直至淡红色不消失时,方说明到达了终点。

4. 因为银的化合物价格很贵,所以用过的银盐溶液及沉淀不要任意弃去,须倒在特定的容器内回收处理。

【思考题】

1. 佛尔哈德法测氯时,为什么要加入硝基苯?参考 AgBr 和 AgI 的溶度积数据,当用此法测定 Br^-,I^-时,还需加入硝基苯吗?

2. 本实验为什么用 HNO_3 酸化?可否用 HCl 或 H_2SO_4 溶液酸化?为什么?

【知识拓展】

酱油是用豆、麦、麸皮等原料酿造的液体调味品。其主要成分是氯化钠,还有多种氨基酸、糖类、有机酸、色素及香料等。按照国家标准规定,每 100 mL 酱油中食盐含量不低于 15 g,含量太少起不到调味作用,且容易变质;如果含量太多,则味道变苦,感官不佳,影响产品质量。通常酿造酱油中氯化钠的含量为每 100 mL 16 ~ 18 g。

实验三 碘化物纯度的测定(法扬斯法)

【实验预习要点】

1. 法扬斯法测定卤化物的基本原理和方法。
2. 测定时的操作技术及注意事项。

【实验目的】

1. 掌握法扬斯法测定卤化物的基本原理和方法。
2. 掌握吸附指示剂的作用原理。
3. 学会以曙红为指示剂判断滴定终点的方法。

【实验原理】

法扬斯法又称为吸附指示法,它可以测定样品中的 Cl^-、Br^-、I^-和 SCN^-的含量。AgX(X 代表 Cl^-、Br^-、I^-和 SCN^-)胶体沉淀具有强烈的吸附作用,能选择性地吸附溶液中的离子。通过吸附指示剂本身的颜色与其被沉淀吸附后的颜色的变化,来判断滴定的终点。

在酸性溶液中，用 $AgNO_3$ 标准溶液滴定 NaI，以曙红为指示剂，反应如下：

$$Ag^+ + I^- \rightleftharpoons AgI\downarrow（黄色）$$

达到化学计量点时，微过量的 Ag^+ 吸附到 AgI 沉淀的表面，进一步吸附指示剂阴离子使沉淀由黄色变为玫瑰红色，滴定达到了终点。

被滴定的 I^- 浓度不能太小，因为浓度小时，沉淀很少，观察终点困难。由于 AgI 容易感光变为灰黑色，所以滴定时应避免在强光下进行。

【实验用品】

1. 试剂

（1）NaI 样品

（2）0.100 0 mol · L^{-1} $AgNO_3$ 标准溶液

（3）1 mol · L^{-1} 醋酸

（4）曙红指示剂

2. 仪器

（1）25.00 mL 滴定管

（2）电子分析天平

（3）锥形瓶、量筒、烧杯

【实验内容】

准确称取 NaI 样品 0.2 g，放于锥形瓶中，加入 50 mL 蒸馏水溶解后，加入 1 mol · L^{-1} 醋酸 10 mL 和曙红指示剂 2～3 滴，用 $AgNO_3$ 标准溶液滴定，开始时会有黄色沉淀 AgI 出现，当瓶中颜色由黄色变为玫瑰红色时，停止滴定。记录消耗的 $AgNO_3$ 标准溶液的体积，平行测定 3 次，计算 NaI 样品的含量。

【数据处理】

$$w(\text{NaI}) = \frac{c(\text{AgNO}_3) \times V(\text{AgNO}_3) \times 10^{-3} \times M(\text{NaI})}{m}$$

滴定序号	1	2	3
$m(\text{NaI})/\text{g}$			
消耗 $V(\text{AgNO}_3)/\text{mL}$			
含 NaI 质量分数 w			
含 NaI 质量分数平均值 w			
标准偏差 s			

【注意事项】

1. 由于 $AgNO_3$ 和 AgI 见光会分解，所以操作过程中应避免阳光直接照射。

2. 因为银的化合物价格很贵，所以用过的银盐溶液及沉淀不要任意弃去，必须倒在特定的容器内做回收处理。

【思考题】

1. 说明吸附指示剂变色的原理。
2. 在法扬斯法中，选择吸附指示剂的原则是什么？

【知识拓展】

碘是人体的必需微量元素之一，健康成人体内碘的总量为 20 ~ 50 mg，其中大部分存在于甲状腺中。碘的生理功能主要有以下几方面：促进生物氧化、调节蛋白质合成和分解、促进糖和脂肪代谢、调节水盐代谢、促进维生素的吸收利用、增强酶的活力、促进生长发育等。碘缺乏可以造成婴幼儿死亡率增高、地方性克汀病、神经运动功能落后、智力障碍、甲状腺功能紊乱等。如果碘摄入量过多，同样会危害人体健康，如会影响甲状腺功能、影响智力等。

实验四　沉淀滴定设计性实验初步训练

【实验目的】

1. 培养学生独立思考的能力。
2. 通过查阅有关参考资料，能够对实际过程进行分析并写出实验方案设计。
3. 能对各种沉淀滴定过程进行分析，培养学生分析问题、解决问题的能力。

【实验要求】

1. 学生根据教师提供的题目自己选择感兴趣的实验内容，独立设计实验。
2. 在查阅参考文献的基础上，拟订实验方案，经教师批阅后，写出详细的实验报告。
3. 实验方案具体包括以下内容：

(1) 实验题目；
(2) 实验目的；
(3) 实验原理（简述测定方法、标准溶液的选择及指示剂的选择等）；
(4) 仪器与试剂（试剂的用量、浓度和配制方法）；

(5) 实验步骤(标定、测定等);

(6) 数据及相关公式(用表格形式);

(7) 结果和讨论。

4. 分组讨论各个方案的优缺点,交流实验设计收获。

【实验方案设计选题】

1. 测定生理盐水中的氯含量

生理盐水就是质量分数为0.009的氯化钠水溶液,因为它的渗透压值和正常人的血浆、组织液的渗透压大致相等,所以可以用作补液及其他医疗用途。从市场买回的生理盐水中氯化钠的含量是否符合要求?如何测量?设计合适的方法进行研究。

2. 测定 NH_4SCN 的纯度

NH_4SCN 是化学实验室常用的试剂,可用来定性分析溶液中 Fe^{3+},或者作为标准溶液滴定卤离子(佛尔哈德法)等。NH_4SCN 不易获得纯净物,而且容易吸水,因此如果要配制其标准溶液需用间接法,溶液的浓度可以用佛尔哈德法进行标定。

首先设计方案对 NH_4SCN 溶液进行配制,然后通过沉淀滴定的各种方法进行分析和比较,选择一种简便、准确度高的滴定方案。

第十章 重量分析法

实验一 氯化钡中钡含量的测定

【实验预习要点】

1. 重量分析法的原理。
2. 晶形沉淀的制备、过滤、洗涤、灼烧及恒重等基本操作技术。
3. 晶形沉淀的性质及沉淀条件。

【实验目的】

1. 了解测定氯化钡($BaCl_2$)中钡含量的原理和方法。
2. 掌握晶形沉淀的制备、过滤、洗涤、灼烧及恒重等基本操作技术。

【实验原理】

$BaSO_4$ 重量分析法是利用沉淀反应：

$$Ba^{2+}+SO_4^{2-} \xlongequal{\quad} BaSO_4\downarrow$$

该法既可用于测定 Ba^{2+}，也可用于测定 SO_4^{2-} 的含量。测定过程如下：样品称量→溶解→沉淀→陈化→过滤→洗涤→烘干→炭化→灰化→灼烧→以 $BaSO_4$ 形式称量，最后可求出 $BaCl_2$ 中钡含量。沉淀完毕后，需经陈化，以使小晶粒转化为大晶粒。

Ba^{2+}可生成一系列微溶、难溶化合物，如 $BaCO_3$、BaC_2O_4、$BaCrO_4$、$BaHPO_4$、$BaSO_4$ 等，其中以 $BaSO_4$ 溶解度最小，100 mL 溶液中，100 ℃时溶解 0.4 mg，25 ℃时仅溶解 0.25 mg。当过量沉淀剂存在时，溶解度大为减小，一般可以忽略不计。$BaSO_4$ 重量分析法一般在 0.05 $mol\cdot L^{-1}$ 左右盐酸介质中进行沉淀，这样可以防止产生 $BaCO_3$、$BaHPO_4$ 等沉淀及防止生成 $Ba(OH)_2$ 共沉淀。同时，适当提高酸度，增加 $BaSO_4$ 在沉淀过程中的溶解度，以降低其相对过饱和度，有利于获得较好的晶形沉淀。

用 $BaSO_4$ 重量分析法测定 Ba^{2+} 时，一般用稀 H_2SO_4 作沉淀剂。为了使 $BaSO_4$ 沉淀完全，H_2SO_4 必须过量。由于 H_2SO_4 在高温下可挥发除去：

$$H_2SO_4 \xlongequal{\quad} H_2O+SO_3$$

故沉淀吸附的 H_2SO_4 不致引起误差，因此沉淀剂可过量 50% ~100%。如果用 $BaSO_4$ 重量分析法测定 SO_4^{2-} 时，沉淀剂 $BaCl_2$ 只允许过量 20% ~30%，因为 $BaCl_2$ 灼烧时难除去。

$PbSO_4$、$SrSO_4$ 的溶解度均较小，Pb^{2+}、Sr^{2+} 对钡的测定有干扰。NO_3^-、ClO_3^-、Cl^- 等阴离子和 K^+、Na^+、Ca^{2+}、Fe^{3+} 等阳离子均可以引起共沉淀现象，故应严格掌握沉淀条件，减少共沉淀现象，以获得纯净的 $BaSO_4$ 晶形沉淀。

【实验用品】

1. 试剂

(1) 1 mol·L^{-1} H_2SO_4 溶液

(2) 2 mol·L^{-1} HCl 溶液

(3) 0.1 mol·L^{-1} $AgNO_3$ 溶液

(4) $BaCl_2$(AR)

2. 仪器

(1) 电子分析天平

(2) 马弗炉

(3) 25 mL 瓷坩埚 3 个

(4) 量筒(10 mL、100 mL)、烧杯(100 mL、250 mL)

(5) 定量滤纸(慢速或中速)、玻璃漏斗、沉淀帚等

【实验内容】

1. 样品的称取、溶解和沉淀

准确称取两份 0.4 ~0.6 g $BaCl_2 \cdot 2H_2O$ 样品，分别置于 250 mL 烧杯中，加入 100 mL 水和 3 mL 2 mol·L^{-1} HCl 溶液，搅拌溶解，加热至近沸(不要沸腾，以防迸溅损失)。

另取 4 mL 1 mol·L^{-1} H_2SO_4 溶液两份于两个 100 mL 烧杯中，加水 30 mL，加热至近沸，趁热将两份 H_2SO_4 溶液分别用小滴管逐滴地加入两份热的 $BaCl_2$ 溶液中，并用玻璃棒不断搅拌，直至两份 H_2SO_4 溶液加完为止。待 $BaSO_4$ 沉淀下沉到烧杯底部后，沿烧杯内壁加入 1 ~2 滴 1 mol·L^{-1} H_2SO_4 溶液，仔细观察沉淀是否完全，如果上层清液有浑浊出现，必须再加 H_2SO_4 溶液，直至沉淀完全为止。盖上表面皿，放置过夜陈化；或在水浴上加热陈化 40 ~60 min，加热陈化时应不时搅拌。

2. 空坩埚的恒重

进行沉淀操作的同时，洗净并晾干两个瓷坩埚，然后将瓷坩埚放在 800 ~850 ℃ 的马弗炉中灼烧。第一次灼烧 40 min，冷却至室温后称量；第二次开始每次灼烧 20 min，冷却后再称量，如此反复，直到瓷坩埚恒重为止。

3. 沉淀的过滤和洗涤

陈化好的 $BaSO_4$ 沉淀(加热陈化的要冷却到室温)用慢速或中速滤纸过滤。用稀 H_2SO_4 溶

液(用 1 mL 1 mol · L^{-1} H_2SO_4 溶液加 100 mL 水配成)洗涤沉淀 3 ~ 4 次,每次使用约 10 mL,将沉淀定量转移到滤纸上。然后,用沉淀帚由上到下擦拭烧杯内壁,并用小片滤纸擦拭杯壁,并将此滤纸放于漏斗中,再用稀 H_2SO_4 溶液洗涤 3 ~ 4 次,直至洗涤液中不含 Cl^- 为止(用 $AgNO_3$ 检验)。

4. 沉淀的灼烧和恒重

将沉淀物包裹好,置于已恒重的瓷坩埚中,在煤气灯上干燥、炭化、灰化后,放在 800 ~ 850 ℃ 的马弗炉中灼烧至恒重。计算钡含量。

【数据处理】

$$w(\mathrm{Ba})=\frac{m(\mathrm{BaSO_4})}{m}\times\frac{M(\mathrm{Ba})}{M(\mathrm{BaSO_4})}$$

【注意事项】

1. 为使沉淀完全,必须加入过量的 H_2SO_4。沉淀剂以过量 50% ~ 100% 为宜。

2. 为减少杂质的吸附,沉淀反应应在热溶液中进行。但需冷却后再过滤,以避免沉淀溶解损失。

3. 滤纸灰化时空气要充足,否则 $BaSO_4$ 易被滤纸的炭还原为灰黑色的 BaS:

$$\mathrm{BaSO_4+4C=\!=\!=BaS+4CO\uparrow}$$

$$\mathrm{BaSO_4+4CO=\!=\!=BaS+4CO_2\uparrow}$$

如果遇到这种情况,可滴加 2 ~ 3 滴 H_2SO_4 溶液,小心加热,冒烟后重新灼烧。

4. 灼烧温度不能太高,如超过 950 ℃,可能会有部分 $BaSO_4$ 分解:

$$\mathrm{BaSO_4=\!=\!=BaO+SO_3\uparrow}$$

【思考题】

1. 为什么要在 HCl 溶液中且不断搅拌下逐滴加入沉淀剂沉淀 $BaSO_4$?
2. 什么要在热溶液中沉淀 $BaSO_4$?
3. 洗涤沉淀时,为什么用洗涤液或水都要少量、多次?

【知识拓展】

氯化钡,无机剧毒物质,熔点 925 ℃,沸点 1 560 ℃,相对密度 3. 856 24,溶于水,难溶于乙醇和乙醚。固体氯化钡常以两分子结晶水的形式存在,状态为白色结晶或粒状粉末,味苦咸,微有吸湿性,在 100 ℃时即失去结晶水,但放置在湿空气中又重新吸收两分子结晶水。常用作分析试剂、脱水剂及制钡盐等，也用于电子、仪表、冶金等工业。

实验二 硫酸镍中镍含量的测定

【实验预习要点】

1. 有机沉淀剂的特点、类型和应用。
2. 有机沉淀的生成、过滤、洗涤、干燥、称量等操作技术。
3. 重量分析法基本操作。

【实验目的】

1. 了解丁二酮肟镍重量法测定镍的原理和方法。
2. 掌握重量分析法基本操作。

【实验原理】

丁二酮肟是二元弱酸，分子式为 $C_4H_8O_2N_2$(以 H_2D 表示)，摩尔质量为 116.2 g · mol^{-1}。其解离平衡为

$$H_2D \underset{+H^+}{\overset{-H^+}{\rightleftharpoons}} HD^- \underset{+H^+}{\overset{-H^+}{\rightleftharpoons}} D^{2-}$$

丁二酮肟在 HD^-状态下能在氨性溶液中与 Ni^{2+}发生沉淀反应：

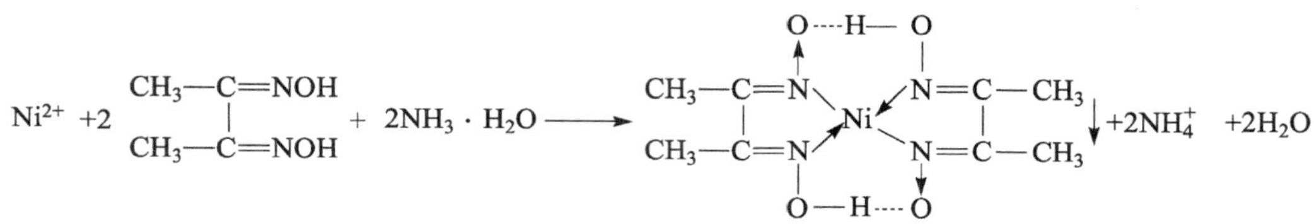

经过滤、洗涤，在 120 ℃下烘干至恒重，称得丁二酮肟镍沉淀的质量来计算 Ni 的质量分数。

本法沉淀介质的适合酸度范围为 pH = 8 ~ 9。酸度大，生成 H_2D，使沉淀溶解度增大；酸度小，则易生成 D^{2-}，同样增加沉淀的溶解度。如果氨的浓度太高，则会生成 Ni^{2+}的氨配合物。

丁二酮肟是一种高选择性的有机沉淀剂，它只与 Ni^{2+}、Pd^{2+}、Fe^{2+}等生成沉淀。Co^{2+}、Cu^{2+}可与其生成水溶性配合物，因此，若 Co^{2+}、Cu^{2+}含量高时，不仅会消耗 H_2D，而且会引起共沉淀现象。最好进行二次沉淀或预先分离。

由于 Fe^{3+}、Al^{3+}、Ti^{4+}等离子在氨性溶液中生成氢氧化物沉淀，干扰测定，故在溶液加氨水前，需加入柠檬酸或酒石酸等配位剂，使其生成水溶性的配合物。

【实验用品】

1. **试剂**

(1) $NiSO_4$ 样品

(2) 20 g · L^{-1}酒石酸溶液

(3) 10 g · L^{-1}丁二酮肟乙醇溶液

(4) 1 : 1 氨水

(5) 200 g · L^{-1} NH_4Cl 溶液

(6) 1 : 19 HCl 溶液

(7) 2 mol · L^{-1} HNO_3 溶液

(8) 0.1 mol · L^{-1} $AgNO_3$ 溶液

2. **仪器**

(1) 电子分析天平

(2) 烘箱

(3) 坩埚 2 个、P_{16}微孔玻璃坩埚

(4) 烧杯(500 mL)、量筒(10 mL、100 mL)、洗瓶等

【实验内容】

1. **空坩埚的恒重**

用蒸馏水洗净坩埚 2 个,用真空泵抽 2 min,放进 130 ~ 150 ℃的烘箱中,第一次干燥 1.5 h,冷却,以后每次干燥 1 h,直至恒重。

2. **硫酸镍样品的溶解**

准确称取 0.2 g $NiSO_4$ 样品,放入 500 mL 烧杯中,加入 2 mL 1 : 19 HCl 溶液和 20 mL 蒸馏水溶解。

3. **丁二酮肟镍的沉淀**

溶解后,再加 150 mL 水稀释,加入 5 mL 200 g · L^{-1} NH_4Cl 溶液和 5 mL 20 g · L^{-1}酒石酸溶液。烧杯上加盖表面皿,加热至沸腾,取下,用洗瓶吹洗表面皿和烧杯内壁,使迸溅的样品进入溶液中。在不断搅拌下,于 60 ~70 ℃下,缓慢加入 10 g · L^{-1}丁二酮肟乙醇溶液沉淀 Ni^{2+}(每毫克 Ni^{2+}约需 1 mL 10 g · L^{-1}丁二酮肟溶液),最后再多加 20 ~30 mL。然后在不断搅拌下,滴加 1 : 1 氨水,使溶液的 pH 为 8 ~9,再过量 1 ~2 mL。加盖表面皿,在 60 ~70 ℃水浴上陈化 30 ~40 min。

4. **丁二酮肟镍的过滤**

稍冷却后,用倾析法将沉淀过滤于微孔玻璃坩埚中,用 20 g · L^{-1}酒石酸溶液洗涤烧杯和沉淀 8 ~10 次,再用温热水洗涤沉淀至无 Cl^-为止(检查 Cl^-时,可将滤液以稀 HNO_3 溶液酸化,用 $AgNO_3$ 检查)。

5. **干燥称重**

将带有沉淀的微孔玻璃坩埚置于 130 ~150 ℃烘箱中加热 1 h,冷却,称量,再烘干,再称量,

直至恒重为止(两次质量之差不大于 0.4 mg 时为符合要求)。根据丁二酮肟镍的质量,计算样品中镍的含量。实验完毕,微孔玻璃坩埚以稀盐酸洗涤干净。

【数据处理】

$$w(\mathrm{Ni})=\frac{m\{\mathrm{Ni(HD)_2}\}\times\dfrac{M(\mathrm{Ni})}{M\{\mathrm{Ni(HD)_2}\}}}{m}$$

【注意事项】

1. 样品量要适当,不能过多,否则沉淀过多,操作不便。

2. 在酸性溶液中加入沉淀剂,再滴加氨水使溶液的 pH 逐渐升高,沉淀随之慢慢析出,这样能得到颗粒较大的沉淀。

3. 实验时溶液温度不宜过高,否则乙醇挥发太多,引起丁二酮肟本身的沉淀。

【思考题】

1. 为了得到纯净的丁二酮肟镍沉淀,应选择和控制好哪些实验条件?

2. 重量分析法测定镍,也可将丁二酮肟镍灼烧成氧化镍称量。这与本方法相比较,哪种方法较为优越?为什么?

【知识拓展】

硫酸镍有无水、六水和七水三种主要存在形式,商品多为六水化合物。含有六个结晶水的硫酸镍有 α 型和 β 型两种,α 型为蓝绿色四方体结晶,在 533 ℃时转变为 β 型绿色单斜结晶。含有七个结晶水的硫酸镍有甜涩味,稍有风化性。硫酸镍主要用于电镀工业、油漆催化剂、还原染料的媒染剂,也用于制造镍触媒及镍盐等原料。

实验三 重量分析法设计性实验初步训练

【实验目的】

1. 培养学生查阅有关参考文献的能力。

2. 运用所学知识对实际样品的测定设计出合理的实验方案。

3. 通过实验方案的设计及实施,培养学生灵活运用重量分析法的基本理论及实验知识,以及分析问题与解决问题的能力等。

【实验要求】

1. 根据实验内容，学生在查阅资料的基础上，自拟实验方案，经教师审阅后，进行实验工作，然后写出实验报告。

2. 设计过程中，主要应考虑下面几个问题：

（1）有几种测定方法？分析各种方法的特点和不足，从中选择一种最优方案。

（2）研究所选实验方案的原理、滴定剂的选择、指示剂的选择、终点的判断及分析结果的计算等。

（3）所需试剂的浓度、配制方法和用量。

（4）实验步骤：包括标准溶液的配制和标定，样品的测定及其他有关实验步骤。

（5）实验现象记录、数据记录和处理。

（6）结果讨论，建议将实验的注意事项、实验现象、实验结果、误差分析、心得体会等做较全面的分析和讨论。

【实验方案设计选题】

1. 面粉中灰分含量的测定

一定质量的面粉在高温灰化时，去除了有机质，保留了面粉中原有的无机盐及少量有机化合物燃烧后生成的无机物。根据样品的失重，可计算面粉中灰分含量。

2. 高效消毒杀菌剂氯代异氰尿酸中氰尿酸纯度的测定

设计实验测定方案，应包含氯代异氰尿酸所需样品的质量、称量方法选择、滴定过程、分析条件、干扰物质的去除、实验注意事项及误差分析等。

第十一章　仪器分析

实验一　吸光光度法测定铁

【实验预习要点】

1. 磺基水杨酸法测定样品中微量铁的原理和方法。
2. 实验采用的分析方法。

【实验目的】

1. 巩固吸光光度法的基本理论，掌握标准曲线的绘制及应用。
2. 了解分光光度计的工作原理及使用方法。

【实验原理】

根据朗伯-比尔定律：$A=abc$，当入射光波长 λ 及溶液厚度 b 一定时，在一定的浓度范围内，有色物质的吸光度 A 与该物质的浓度 c 成正比。只要给出以吸光度 A 为纵坐标，浓度 c 为横坐标的标准曲线，测出试液的吸光度，就可以由标准曲线查得对应的浓度值，即未知样的含量。

由于铁离子在浓度极稀时颜色极淡，几乎不易察觉，因此不宜直接用来测定，而需要先加以显色，使之转变成吸光度较大的有色物质。磺基水杨酸是分光光度法测定铁的有机显色剂之一。磺基水杨酸（简式为 H_3R）与 Fe^{3+} 可以形成稳定的配合物，因溶液 pH 的不同，形成配合物的组成也不同。在 pH = 8.0 ~ 11.5 的 NH_3-NH_4Cl 缓冲溶液中，Fe^{3+} 与磺基水杨酸反应生成黄色的三磺基水杨酸合铁配离子。

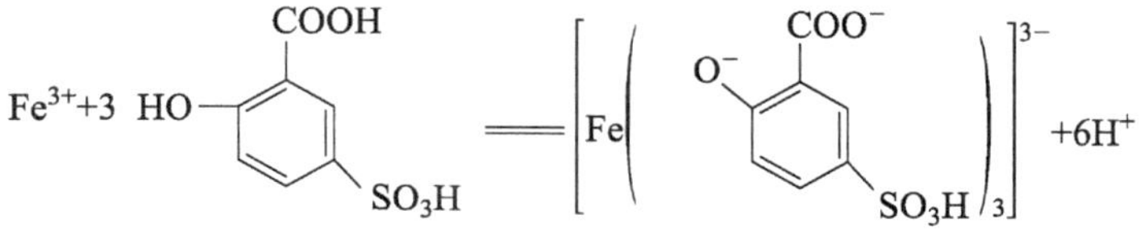

该配离子很稳定，试剂用量及溶液酸度略有改变均无影响。Ca^{2+}、Mg^{2+}、Al^{3+} 等与磺基水杨酸能生成无色配合物，在显色剂过量时，不干扰测定。F^-、NO_3^-、PO_4^{3-} 等离子对测定无影响。Cu^{2+}、Co^{2+}、Ni^{2+}、Cr^{3+} 等离子大量存在时干扰测定。由于 Fe^{2+} 在碱性溶液中易被氧化，所以本法所测定的

铁实际上是溶液中铁的总含量。磺基水杨酸合铁配合物在碱性溶液中的最大吸收波长为 420 nm，故在此波长下测量吸光度。

【实验用品】

1. **试剂**

(1) 质量分数为 0.10 的 NH_4Cl 溶液

(2) 质量分数为 0.20 的磺基水杨酸溶液

(3) 1 : 10 $NH_3 \cdot H_2O$

(4) $NH_4Fe(SO_4)_2$ 标准溶液

2. **仪器**

(1) 分光光度计

(2) 50.00 mL 容量瓶 7 个

(3) 移液枪或 10.00 mL 吸量管 1 个

(4) 10 mL 量筒 1 个

(5) 洗耳球

【实验内容】

1. **标准色阶溶液和未知液的配制与显色**

准备 7 只 50.00 mL 容量瓶，洗净并编号。在前 6 只容量瓶中，用吸量管分别加入 0.00 mL、1.00 mL、2.00 mL、3.00 mL、4.00 mL、5.00 mL 质量浓度为 100 μg · mL^{-1} 的铁盐标准溶液，剩下的 1 只容量瓶中加入 5.00 mL 铁未知液。然后按照下表所示加入缓冲溶液和显色剂，进行定容。

编号	0	1	2	3	4	5	未知液
Fe^{3+}标准溶液的体积/mL	0.00	1.00	2.00	3.00	4.00	5.00	5.00
0.10 NH_4Cl 溶液的体积/mL	4	4	4	4	4	4	4
0.20 磺基水杨酸溶液的体积/mL	2	2	2	2	2	2	2
1 : 10 $NH_3 \cdot H_2O$ 加入量	1~2 滴	至黄	至黄	至黄	至黄	至黄	至黄
1 : 10 $NH_3 \cdot H_2O$ 溶液的体积/mL	4	4	4	4	4	4	4
蒸馏水加入量	稀释至刻度，摇匀，放置 10 min						

2. **标准色阶溶液及未知液吸光度测定**

仪器预热 10~20 min，选择 420 nm 波长，1 cm 比色杯，用“0”号溶液作参比液调仪器的工作零点（即 $A=0, T=100\%$），然后测定标准溶液和未知液的吸光度（A）值。

【数据处理】

将测得的吸光度值按下表进行记录。以吸光度（A）为纵坐标，以铁含量（ρ）为横坐标，绘制标准曲线。

编号	0	1	2	3	4	5	未知液
标准溶液质量浓度/($\mu g\cdot mL^{-1}$)							
吸光度(A)							

根据未知液的吸光度值，在标准曲线上查得所对应的铁的质量浓度，然后按下式计算铁的含量。

原试液中铁含量($\mu g\cdot mL^{-1}$)=标准曲线上查得的铁的质量浓度×试液稀释倍数

【注意事项】

1. 在用三磺基水杨酸合铁测定 Fe^{3+} 时，在 pH=10 时形成的 3∶1 配位比的配合物稳定，且不容易受干扰，所以 pH 对实验成败很关键，用 $NH_3\cdot H_2O-NH_4Cl$ 作为缓冲溶液。
2. 待测溶液一定要在工作曲线的线性范围内，如果浓度超出直线的线性范围，则有可能偏离朗伯-比尔定律，就不能使用吸光光度法测定。
3. 用吸量管移取试剂时，应注意顺序，并且不能混用吸量管。

【思考题】

1. 吸光光度分析中为什么要采用单色光?
2. 在吸光度的测量中，为什么要用参比溶液?
3. 为什么待测溶液与标准溶液的测定条件要相同?

【知识拓展】

微量铁的测定方法还有双联吡啶比色法，在酸性条件下使铁从与蛋白质结合状态中游离出来，用盐酸羟胺作还原剂使血清中三价铁还原成二价铁，后者与双联吡啶显色剂反应生成红色螯合物，在 520 nm 处比色定量。此法简便快速，但灵敏度差，干扰因素较多。

实验二 吸光光度法测定水和废水中总磷

【实验预习要点】

1. 本实验采用的显色剂。
2. 加入显色剂后溶液的颜色变化。
3. 本实验测定的波长。

【实验目的】

1. 掌握吸光光度法测磷的原理和方法。
2. 进一步掌握分光光度计的使用方法。

【实验原理】

生物体、水体中微量磷的测定常采用磷钼蓝法。固体样品先经适当处理(如干法或湿法消化)转化成试液,试液中的磷酸盐在酸性条件下与钼酸铵作用生成磷钼酸,反应式:

$$PO_4^{3-}+12MoO_4^{2-}+27H^+ \xlongequal{} H_7[P(Mo_2O_7)_6]+10H_2O$$

若以此直接进行比色分析或吸光光度法测定,灵敏度较低,适合含量较高样品的测定。如果在一定酸度下加入适量的还原剂,使黄色的磷钼酸还原为灵敏度更高的蓝色配合物,颜色的深浅与磷的含量成正比,用吸光光度法进行测定灵敏度较高。

常用的还原剂有 $SnCl_2$、抗坏血酸等。用 $SnCl_2$ 为还原剂,反应的灵敏度较高,反应速率快,但蓝色稳定性差,要求酸度和钼酸铵试剂的浓度较严格。抗坏血酸的主要优点是颜色稳定,酸度要求范围宽,干扰少,反应灵敏度高,但反应速率慢。为加快反应速率,常用酒石酸氧锑钾、钼酸铵和抗坏血酸的混合显色剂与磷酸盐反应形成磷锑钼混合的杂多酸,在常温下,可迅速被抗坏血酸还原为钼蓝。反应的适宜酸度为 0.55 ~ 0.75 $mol \cdot L^{-1}$,显色 30 ~ 60 min,温度 20 ~ 60 ℃,颜色可稳定 24 h,含磷量在 0.05 ~ 2.00 $\mu g \cdot mL^{-1}$时服从朗伯-比尔定律。

【实验用品】

1. 试剂

(1) 磷标准溶液:准确称取已烘干(105 ℃)的分析纯磷酸二氢钾(KH_2PO_4)0.219 7 g,溶解于蒸馏水并加浓硫酸 5 mL(防霉菌),移入 1 000.00 mL 容量瓶中,用蒸馏水稀释至刻度,摇匀备用。1 mL 此溶液含磷为 50 μg。

(2) 钼锑抗试剂:称取酒石酸氧锑钾[$K(SbO)C_4H_4O_6$]0.5 g,溶于 100 mL 蒸馏水中。另称取钼酸铵 10 g,溶于 400 mL 蒸馏水中,徐徐加入 153 mL(或 180 mL)浓硫酸,边加边搅拌(注意:加硫酸前先放在冷水中),再将已配好的酒石酸氧锑钾溶液 100 mL 加到钼酸铵溶液中,冷至室温,加蒸馏水稀释到 1 000.00 mL,定容,储存于棕色瓶中。

临用前称取 1.5 g 抗坏血酸溶于 100 mL 钼锑混合液中,摇匀。此溶液即为钼锑抗试剂。有效期为 24 h。此试剂的 H_2SO_4 浓度为 $c\left(\frac{1}{2}H_2SO_4\right) \approx 5.5\ mol \cdot L^{-1}$(或 6.5 $mol \cdot L^{-1}$)。

2. 仪器

(1) 分光光度计
(2) 10.00 mL 吸量管
(3) 50.00 mL 容量瓶 7 个

(4) 10 mL 量筒 1 个
(5) 洗耳球

【实验内容】

1. 系列标准溶液及未知液的配制和显色

准备 7 个 50.00 mL 容量瓶,洗净并编号。用吸量管分别吸取 0.00 mL,2.00 mL,4.00 mL,6.00 mL,8.00 mL,10.00 mL 10 μg · mL^{-1}的磷标准液和 5.00 mL 的磷未知液于 7 个容量瓶中,再分别加入 5.00 mL 钼锑抗试剂,用蒸馏水稀释、定容至刻度,摇匀,静置 30 min。

溶液	参比液	标 1	标 2	标 3	标 4	标 5	未知液
磷标液或未知液体积/mL	0.00	2.00	4.00	6.00	8.00	10.00	5.00
钼锑抗试剂体积/mL	5.00	5.00	5.00	5.00	5.00	5.00	5.00
蒸馏水加入量	稀释至刻度,摇匀,放置 30 min						

2. 测定吸光度

在 650 nm 波长处,用 1 cm 比色杯测定各溶液的吸光度(A)值。

【数据处理】

把测定数据记录于表中。以系列标准溶液中磷含量为横坐标,吸光度值为纵坐标,绘制标准曲线。

溶液	参比液	标 1	标 2	标 3	标 4	标 5	未知液
含磷量/[μg · $(50mL)^{-1}$]	0.00	20	40	60	80	100	
吸光度(A)							

由未知样的吸光度(A)值,从标准曲线可以查出样品含磷量,按下式计算出磷的含量。

$$\text{原试液磷的含量}(\mu g \cdot mL^{-1}) = \frac{\text{从标准曲线查得含磷质量 } m(\mu g)}{\text{所取试液体积 } V(mL)}$$

【注意事项】

1. 比色皿的使用中,每改变一次试液浓度,比色皿都要洗干净。
2. 钼锑抗试剂一定要现用现配。加浓硫酸时注意安全。

【思考题】

1. 吸光光度法的定量基础是什么?

2. 本实验测定吸光度时，以试剂空白溶液为参比，这同以水作参比时相比较，在扣除试剂空白方面，做法有何不同？

【知识拓展】

磷是生物生长的必需元素之一，但水体中磷含量过高（若超过 0.2 $mg \cdot L^{-1}$），可造成藻类的过度繁殖，直至数量上达到有害的程度（称为富营养化），造成湖泊、河流透明度降低，水质变坏。为了保护水质，控制危害，在环境监测中，总磷已列入正式的监测项目。

实验三　吸光光度法测定植物叶片中叶绿素含量

【实验预习要点】

1. 巩固吸光光度法的基本理论。
2. 分光光度计的使用及注意事项。

【实验目的】

1. 了解光合色素的一些重要理化性质。
2. 明确光合色素的提取及分离方法。
3. 学会利用分光光度计测定叶绿素含量的方法。

【实验原理】

叶绿素微溶于水，易溶于有机溶剂，可用多种有机溶剂，如丙酮、乙醇或二甲基亚砜等研磨提取或浸泡提取。叶绿素在特定提取溶液中对特定波长的光有最大吸收，用分光光度计测定在该波长下叶绿素溶液的吸光度（也称为光密度），再根据叶绿素在该波长下的吸收系数即可计算叶绿素含量。

叶绿素 a、b 的丙酮溶液在可见光范围内的最大吸收峰分别位于 663 nm、645 nm 处。根据朗伯-比尔定律，叶绿素溶液在 663 nm 和 645 nm 处的吸光度（A_{663} 和 A_{645}）与溶液中叶绿素 a、b 的质量浓度（ρ_a、ρ_b，单位为 $mg \cdot L^{-1}$）的关系为

$$A_{663} = \varepsilon_{663}^{a}\rho_a + \varepsilon_{663}^{b}\rho_b \tag{1}$$

$$A_{645} = \varepsilon_{645}^{a}\rho_a + \varepsilon_{645}^{b}\rho_b \tag{2}$$

解式(1)和式(2)得

$$\rho_a = \frac{A_{663}\varepsilon_{645}^{b} - A_{645}\varepsilon_{663}^{b}}{\varepsilon_{663}^{a}\varepsilon_{645}^{b} - \varepsilon_{645}^{a}\varepsilon_{663}^{b}} \tag{3}$$

$$\rho_b=\frac{A_{663}-\varepsilon_{663}^{a}c_a}{\varepsilon_{663}^{b}} \tag{4}$$

通过分别测定叶绿素 a 和叶绿素 b 标准系列溶液的吸光度,绘制吸光度与其浓度的工作曲线,曲线的斜率即为叶绿素 a 和叶绿素 b 在 663 nm 和 645 nm 处的摩尔吸光系数 ε。再测得叶绿素溶液在 663 nm 和 645 nm 处的吸光度,就可计算出提取液中的叶绿素 a、b 质量浓度和叶绿素总质量浓度。

【实验用品】

1. 试剂

(1) 植物的绿色叶片

(2) 纯丙酮和 80% 丙酮

(3) 叶绿素 a 和叶绿素 b 标准储备液　分别准确称取叶绿素 a 和叶绿素 b 标准品 25.0 mg 于两只烧杯中,用 80% 丙酮溶解,定量转移至 250.00 mL 容量瓶中,用 80% 丙酮稀释至刻度,即为 100 $\mu g \cdot L^{-1}$的叶绿素标准液。

2. 仪器

(1) 分光光度计

(2) 高度电动匀浆器

(3) 电子分析天平

(4) 10 mL 量筒

(5) 25.00 mL、50.00 mL、250.00 mL 容量瓶

(6) 研钵、滤纸、漏斗、滴管、剪刀等

【实验内容】

1. 色素的提取

取新鲜叶片,用毛笔或毛刷清除叶片表面的灰尘,剪去粗大的叶脉并剪成碎块,称取 0.5 g 放入研钵中,加纯丙酮 5 mL,研磨成匀浆,再加 80% 丙酮 5 mL,继续研磨至组织变白,在暗处静置 3 ~ 5 min,用一层干滤纸过滤到 25.00 mL 容量瓶中,用滴管吸取 80% 丙酮将研钵洗净,清洗液也要过滤到容量瓶中,并用 80% 丙酮沿滤纸的周围洗脱色素,待滤纸和残渣全部变白后,用 80% 丙酮定容至刻度。

2. 测定吸光度

取 5 只 50.00 mL 容量瓶,分别移取 1.00 mL、2.00 mL、3.00 mL、4.00 mL、5.00 mL 叶绿素 a 标准储备液;另取 5 只 50.00 mL 容量瓶,分别移取 0.25 mL、0.50 mL、1.00 mL、1.50 mL、2.00 mL 叶绿素 b 标准储备液,皆用 80% 丙酮稀释至刻度,摇匀。将仪器波长分别调至 663 nm、645 nm 处,以 80% 丙酮作为空白对照调透射比 100%,分别测定溶液的吸光度,绘制工作曲线,求出 ε_{663}^{a}、ε_{663}^{b}、ε_{645}^{a}、ε_{645}^{b}。

在同样条件下测定样品溶液吸光度 A_{663}、A_{645},代入式(3)、式(4)计算出样品溶液中叶绿素 a

和叶绿素 b 的质量浓度。每个样品重复测定 3 次。注意，每次在转换波长时，都要用 80% 丙酮调透射比 100% 。

【数据处理】

将 645 nm、663 nm 处测得的吸光度代入式(3)、式(4)中计算叶绿素 a、b 质量浓度和总质量浓度。

测定序号	1	2	3
A_{645}			
A_{645} 平均值			
A_{633}			
A_{633} 平均值			
$\rho_a/(mg\cdot L^{-1})$			
$\rho_b/(mg\cdot L^{-1})$			
$\rho_{a+b}/(mg\cdot L^{-1})$			

【注意事项】

1. 由于植物叶子中含有水分，故先用纯丙酮进行提取，以使色素提取液中丙酮的最终含量近似为 80% 。

2. 由于叶绿素 a、叶绿素 b 的吸收峰很陡，仪器波长稍有偏差，就会使结果产生很大的误差，因此最好能用波长较正确的高级型分光光度计。

3. 如果需要计算叶片干样中叶绿素含量，另取一份相同样品置于烘箱中烘干，用于测定干重。

【思考题】

1. 对叶绿素含量测定的影响因素可能有哪些?

2. 本实验中为什么要使用丙酮作参比?

【知识拓展】

叶绿素 a 与叶绿素 b 是高等植物叶绿体色素的重要组分，约占叶绿体色素总量的 75% 。叶绿素在光合作用中起到吸收光能、传递光能的作用(少量的叶绿素 a 还具有光能转换的作用)，因此叶绿素的含量与植物的光合速率密切相关，在一定范围内，光合速率随叶绿素含量的增加而升高。另外，叶绿素的含量是植物生长状态的一个反映，一些环境因素如干旱、盐渍、低温、大气污染、元素缺乏都可以影响叶绿素的含量与组成，并因此影响植物的光合速率。因此，叶绿素 a 与叶绿素 b 含量的测定对植物的光合生理与逆境生理具有重要意义。

实验四 原子吸收分光光度法测定水中微量铜

【实验预习要点】

1. 原子吸收分光光度计的使用及注意事项。
2. 标准曲线和标准加入法。

【实验目的】

1. 了解原子吸收分光光度计的构造及使用方法。
2. 掌握用标准曲线和标准加入法测定水中铜含量的方法。

【实验原理】

原子吸收分光光度法是基于从光源辐射出具有待测元素特征谱线，通过样品蒸气时被蒸气中待测元素的基态原子所吸收，由辐射特征谱线的光强度被减弱的程度来测定待测元素含量的方法。当实验条件一定时，原子蒸气中基态原子的数目与样品浓度成正比，则 $A=Kc$，式中 A 为吸光度，c 为待测元素浓度，K 为峰值吸收系数。这就是原子吸收分光光度法的定量基础，可用于测定水中铜含量。本实验将采用标准曲线法和标准加入法两种方法测定水中的微量铜，对两种结果进行比较。

1. 标准曲线法

配制好铜系列标准溶液，由稀到浓依次测量其吸光度。将获得的吸光度对浓度作图，得标准曲线。测未知液的吸光度，通过标准曲线可求出铜含量。

2. 标准加入法

将待测样品分成等量的几份溶液，分别加入不同体积已知浓度的铜标准溶液，稀释到一定体积，依次测量其吸光度，绘制吸光度-浓度曲线，外推与横坐标浓度轴延长线相交，便可求出样品中铜的含量。

【实验用品】

1. 试剂

（1）铜标准储备溶液　准确称取 Cu(GR)0.156 5 g，用 1∶1 HNO_3 溶液微热溶解，放冷后移至 250.00 mL 容量瓶中。用质量分数为 0.01 的 HNO_3 稀释至刻度，此溶液 Cu^{2+} 含量为 500 $\mu g \cdot mL^{-1}$，作为铜的标准储备溶液。

（2）铜的标准工作溶液　吸取铜的标准储备溶液（500 μg · mL^{-1}）5 mL 于 50.00 mL 容量瓶中，用去离子水稀释至刻度，摇匀。此为铜的标准工作溶液（50 μg · mL^{-1}）。

（3）铜的样品溶液

2. 仪器

（1）原子吸收分光光度计

（2）铜空心阴极灯

（3）50.00 mL 容量瓶 6 个

（4）10.00 mL 吸量管

（5）10 mL 量筒一个

（6）洗耳球

【实验内容】

1. 仪器的调节

（1）开总电源，再打开测量用元素灯电源，调到适当的灯电流，预热稳定后才可测试。

（2）选择适当狭缝，找待测元素的灵敏波长。调节电动波长扫描，配合使用手动旋钮，使信号最大（*T* 最大），找出铜的灵敏波长，在 324.8 nm 附近。

（3）反复调节灯位置，调整灯架上下左右螺丝，使信号最大。

（4）调灵敏度旋钮，使 *T* 满刻度。

（5）状态检查置于 *A*（吸光度），按“复零”使吸光度指零。

（6）依次打开空压机、乙炔气，调节针形阀至适当流量，按动点火按钮，火焰稳定后，用去离子水调吸光度为零，即可测试。

2. 标准曲线法系列溶液的配制

取 7 个 50.00 mL 容量瓶，编号。依次加入 0.00 mL、0.50 mL、1.00 mL、1.50 mL、2.00 mL、2.50 mL 的 50 μg · mL^{-1} 铜的标准工作溶液和 5.00 mL 铜的样品溶液，用去离子水稀释至刻度，摇匀。

3. 标准加入法系列溶液的配制

取 6 个 50.00 mL 容量瓶，编号。各加入 5.00 mL 铜的样品溶液，然后依次加入 0.00 mL、0.50 mL、1.00 mL、1.50 mL、2.00 mL、2.50 mL 的 50 μg · mL^{-1} 的铜标准工作溶液，用去离子水稀释至刻度，摇匀。

4. 吸光度的测量

仪器调节好后，按选定的工作条件进行测量，用去离子水调节吸光度为零，分别测量实验步骤 2 和 3 中所配制溶液的吸光度。

【数据处理】

标准曲线法：

编号	0	1	2	3	4	5	6
$V_{铜}$/mL	0.00	0.50	1.00	1.50	2.00	2.50	未知液
$\rho_{铜}/(\mu g \cdot mL^{-1})$							
吸光度 A							

标准加入法：

编号	0	1	2	3	4	5
$V_{铜}$/mL	0.00	0.50	1.00	1.50	2.00	2.50
$\rho_{铜}/(\mu g \cdot mL^{-1})$						
吸光度 A						

（1）以铜的系列标准溶液吸光度绘制标准曲线，用未知液的吸光度，求水样中铜含量，以 $\mu g \cdot mL^{-1}$ 表示。

（2）以铜的标准加入法工作溶液测得吸光度绘制工作曲线，将其外推，求得水样中的铜含量，以 $\mu g \cdot mL^{-1}$ 表示。并与标准曲线法所得结果进行比较。

【注意事项】

应该记录实验仪器的工作条件。包括工作波长、灯电流、狭缝宽度、空气和乙炔流量、燃烧器高度等。

【思考题】

1. 原子吸收分光光度计有哪几个主要组成部分？它们的作用是什么？
2. 什么是标准曲线法？什么是标准加入法？

【知识拓展】

原子吸收分光光度法是基于蒸气相中待测元素的基态原子对其共振辐射的吸收强度来测定样品中该元素含量的一种仪器分析方法。它是测定痕量和超痕量元素的有效方法。具有灵敏度高，干扰较少，选择性好，操作简便、快速，结果准确、可靠，应用范围广，仪器比较简单，价格较低廉等优点，而且可以使整个操作自动化，因此近年来发展迅速，是应用广泛的一种仪器分析新技术。它能测定几乎所有金属元素和一些类金属元素，此法已普遍应用于冶金、化工、地质、农业、医药卫生及生物等各部门，尤其在环境监测、食品卫生和生物机体中微量金属元素的测定中，应用日益广泛。

实验五　苹果梨总酸度的测定

【实验预习要点】

1. 苹果梨总酸度测定时，为什么采用电位滴定法？
2. 电位滴定法的原理和主要操作。

【实验目的】

1. 熟悉电位滴定法测定苹果梨总酸度的原理和方法。
2. 掌握酸度计的正确使用方法。

【实验原理】

食品中的酸不仅作为酸味成分，而且在食品的加工、储运及品质管理等方面起着重要作用，因此测定食品中的酸度具有十分重要的意义。水果的色、香、味及稳定性与酸的种类、含量和比例密切相关。水果中所含有的有机酸主要是柠檬酸、苹果酸、草酸和酒石酸等。有机酸在水果中的相对含量，因其成熟程度和生长条件不同而异。例如，葡萄在未成熟期所含的酸主要是苹果酸，随着果实的成熟，苹果酸的含量减少，而酒石酸的含量却增加，最后酒石酸变成酒石酸钾。研究果汁酸度，应区分下述两种不同的概念，即酸度和总酸度。酸度是指溶液中氢离子浓度，常用 pH 表示，可用酸度计（直接电位法）测定；总酸度是指未解离的酸的浓度和已解离的酸的浓度的总称。

用滴定法测定总酸度，将样品用水提取后，可用碱标准溶液测定其滤液，但有的果汁由于色素的影响，难以辨认滴定的终点，终点误差大。在这种情况下可用电位滴定法来测定。

在测定总酸度时，对于样品与提取用水之间的比例，要慎重选择，使滴定误差不超过允许范围。测定时用去的碱标准溶液的体积不得少于 8 mL。

【实验用品】

1. 试剂

（1）0.05 $mol \cdot L^{-1}$ NaOH 标准溶液

（2）酚酞指示剂　10 $g \cdot L^{-1}$的乙醇溶液

（3）新鲜苹果梨

2. 仪器

（1）酸度计

（2）玻璃电极

(3) 饱和甘汞电极(或配套复合电极)
(4) 磁力搅拌器
(5) 微量滴定管
(6) 电子分析天平
(7) 250.00 mL 容量瓶

【实验内容】

1. 苹果梨样品溶液的制备

剔除新鲜水果样品的非可食部分,称取250.00 g可食部分,加入等量水捣碎1 ~2 min(每2 g匀浆折算为1 g样品)。称取匀浆50.00 g,加入50 mL蒸馏水之后转移到250.00 mL容量瓶中,在75 ~80 ℃水浴上加热30 min,其间摇动数次。取出冷却,加水至刻度,摇匀过滤,备用。

2. 电位滴定

取上述滤液50 mL,放入100 mL烧杯中,置于磁力搅拌器上。将玻璃电极和甘汞电极插入烧杯中,测量pH后,开动磁力搅拌器,滴加NaOH标准溶液,每滴加一次NaOH标准溶液,等待1 min左右pH稳定后,读取pH。滴定开始时,每次加入0.50 ~1.00 mL NaOH标准溶液,搅拌,测量。在计量点前后,每滴入0.10 ~0.20 mL NaOH标准溶液就应读取一次pH,直至超过等量点后2.00 ~3.00 mL,即停止滴定。

根据测量所得的pH与NaOH标准溶液的加入体积(V),绘制pH-V曲线图,用三切线法确定计量点,求出计量点所对应的NaOH标准溶液的体积,然后计算苹果梨中总酸度的质量分数。

【数据处理】

V(NaOH)/mL	
pH	

$$w(\text{苹果梨总酸度})=\frac{c(\mathrm{NaOH})\times V(\mathrm{NaOH})\times 0.067}{m_{\text{样}}}\times\frac{250.0}{50.0}$$

式中:$m_{\text{样}}$ 为样品质量,0.067为苹果梨的换算系数。

【注意事项】

1. 实验结束后,必须把玻璃电极拔下浸泡在蒸馏水中。
2. 甘汞电极下端用橡胶套套住,侧面用小橡胶塞堵上,拔下电极后妥善保管。
3. 如果用的是复合电极,实验结束,则必须浸泡在3 mol · L^{-1} KCl溶液中。

【思考题】

1. 电位滴定法与一般滴定法有什么异同?
2. 为什么电位滴定时,在计量点前后增加测定次数?

【知识拓展】

叶绿素在酸性下会变成黄褐色的脱镁叶绿素;花青素在不同酸度下,颜色亦不相同。果实及其制品的口味取决于糖、酸的种类、含量及其比例,它们赋予食品独特的风味。在水果加工中,控制介质 pH 可抑制水果褐变,有机酸能与 Fe、Sn 等金属反应,加快设备和容器的腐蚀作用,影响制品的风味和色泽等。

酸的种类和含量的改变,可判断某些制品是否已腐败。如某些发酵制品中,有甲酸的积累,表明已发生细菌性腐败;含有 0.1% 以上的醋酸表明此水果发酵制品已腐败;油脂的酸度也可判断其新鲜程度。酸度亦是判断食品质量的指标,如新鲜肉类的 pH 为 5.7~6.2,pH>6.7 说明其已变质。有机酸在果蔬中的含量,随其成熟及生长条件不同而异,一般随成熟度的提高,有机酸含量下降,而含糖量增加,糖酸比增大。因此,糖酸比对确定果蔬收获期亦具有重要意义。

实验六　电位滴定法连续测定氯碘混合物中氯和碘的含量

【实验预习要点】

1. 电位滴定法的优点。
2. 电位滴定操作技术和注意事项。

【实验目的】

1. 了解和熟悉连续电位滴定法的操作技术。
2. 掌握 pHS-3c 型酸度计的使用。

【实验原理】

氯化物和碘化物的混合液,可用 $AgNO_3$ 标准溶液滴定。由于 AgCl 的 $K_{sp}^{\ominus} \approx 10^{-10}$,AgI 的 $K_{sp}^{\ominus} \approx 10^{-17}$,两者相差较大,故在 Cl^- 和 I^- 的混合液中,根据分步沉淀原理,I^- 首先被滴定而后 Cl^- 再被滴定。可以采用连续电位滴定法测定 Cl^-、I^- 的混合液,出现两个电位突跃,有两个相应的计量点。

滴定时，用银棒电极或银-氯化银电极作为指示电极，饱和甘汞电极（外套管用饱和 KNO_3 溶液充注）作为参比电极。因为用 $AgNO_3$ 溶液滴定 Cl^- 和 I^- 时，溶液的 pH 基本保持恒定，所以也可使用玻璃电极为参比电极。在电位滴定曲线上，由第一个突跃所消耗的 $AgNO_3$ 标准溶液的体积，计算碘的含量；由第一个突跃到第二个突跃间消耗的 $AgNO_3$ 标准溶液的体积计算氯的含量。

另外，卤化银能吸附溶液中的 Ag^+ 和待测离子而带来误差，其误差在碘化物中为±0.5%左右，在氯化物中为±4%左右。为减小这一误差并促进卤化银胶体沉淀的凝聚，在被滴定的溶液中加入 $Ca(NO_3)_2$、$Al(NO_3)_3$ 或 $Ba(NO_3)_2$ 等电解质，可以抑制这种吸附作用，减小测定误差。

【实验用品】

1. 试剂

（1）0.1 mol·L^{-1} $AgNO_3$ 标准溶液

（2）1 mol·L^{-1} $Al(NO_3)_3$ 溶液

（3）KI 和 NaCl 的混合液（每 10.00 mL 含 Cl^-、I^- 的总量为 0.5～0.8 mmol，由实验室混合制得）

2. 仪器

（1）磁力搅拌器

（2）pHS-3c 型酸度计

（3）银电极

（4）玻璃电极或饱和甘汞电极

（5）25.00 mL 棕色滴定管

（6）电子分析天平

【实验内容】

准确称取混合样品 0.5～0.6 g，于 150 mL 烧杯中加 50 mL 蒸馏水溶解，加入 5 mL $Al(NO_3)_3$ 溶液，放入搅拌子，插入洗净并用滤纸吸干的银电极和玻璃电极（玻璃电极插入玻璃电极的插孔上，注意改变所测电位符号）连接好滴定装置，校正仪器。开动磁力搅拌器，用标准溶液滴定。在远离计量点时，每滴入 0.5～1.0 mL $AgNO_3$ 溶液读一次电位值。在接近第一计量点时（差 1～2 mL），每滴入 0.1～0.2 mL $AgNO_3$ 溶液读一次电位值。超过第一计量点后，继续每滴入 0.1～0.2 mL $AgNO_3$ 溶液读一次电位值，在远离计量点后（过 2 mL）每滴入 0.5～1.0 mL $AgNO_3$ 溶液读一次电位值。第二计量点前后也如此滴定。

取第二份样品，重做一次。两次测定的相对误差应小于±1%。滴定结束之后，洗净 Ag 电极上的沉淀，关闭仪器。

以 $AgNO_3$ 溶液所消耗的体积为横坐标，电位值为纵坐标绘出滴定曲线，用三切线法求出 I^- 和 Cl^- 计量点时所消耗的 $AgNO_3$ 溶液体积。计算样品中 Cl^- 和 I^- 的质量分数。

【数据处理】

用 pHS-3c 型酸度计对 I^- 和 Cl^- 的连续测定

$V(AgNO_3)$/mL	0.5	1.0	1.5	2.0	2.5	3.0	3.5	……
电位/mV								……
$c(AgNO_3)/(mol \cdot L^{-1})$								……
$V(AgNO_3)(KI)$/mL								……
$w(KI)$								……
$V(AgNO_3)(NaCl)$/mL								……
$w(NaCl)$								……

【注意事项】

注意控制计量点附近每次滴入的 $AgNO_3$ 标准溶液的体积。

【思考题】

1. 试说明本实验连续滴定样品中 I^- 和 Cl^- 含量的原理。
2. 实验中,加入 $Al(NO_3)_3$ 等电解质的作用是什么?
3. 开始滴定时 Ag 电极和饱和甘汞电极哪个是正极,哪个是负极?滴定过计量点后,Ag 电极和饱和甘汞电极哪个是正极,哪个是负极?

【知识拓展】

电位滴定法比使用指示剂确定计量点的滴定分析法有许多优越的地方,首先它可用于有色或混浊的溶液的滴定;其次,在没有或缺乏指示剂的情况下,可用此法滴定;第三,还可用于浓度较稀的试液或滴定反应进行不够完全的情况。电位滴定法灵敏度和准确度高,并可实现自动化和连续测定,因此用途十分广泛。按照滴定反应的类型,电位滴定法可用于酸碱滴定、沉淀滴定、配位滴定及氧化还原滴定。

实验七　水中氟含量的测定

【实验预习要点】

1. 氟离子电极电位的产生。
2. 理解水中氟含量测定原理。

【实验目的】

1. 了解离子选择性电极分析方法和操作技术。
2. 掌握水中氟含量的测定方法。

【实验原理】

水中存在过量的氟对人体健康是有害的，尤其是对发育期的儿童会引起斑齿和骨骼变质等。因而要注意防止含氟废水污染饮用水源。地面水中氟的无机化合物最高允许浓度为 1.0 mg·L^{-1}；农田灌溉水中氟化物最高允许排放浓度为 10 mg·L^{-1}（均按 F^- 计）。F^- 浓度在 10^{-1} ~ 10^{-6} mol·L^{-1} 范围内，氟离子选择电极的电位与 pF[即 $-\lg c(F^-)$]呈线性关系，可用标准曲线法测定氟含量。关于干扰离子要看具体情况，用 LaF_3 电极测 F^- 时，一般阳离子和阴离子均不干扰。主要的干扰就是与 F^- 形成配离子的 Fe^{3+}、Al^{3+} 等离子，而电极对配离子没有响应。其次，是 OH^- 为主要的干扰阴离子。

用电位分析法所测得的是离子的活度，它受溶液的离子强度的影响。所以在实际测量中，必须加入一定量的离子强度调节剂，保持标准溶液和待测溶液都具有大致相同的离子强度。

在氟离子测定中，一般用"总离子强度缓冲调节剂（简称 TISAB）"，来满足测定条件的要求。TISAB 是由 NaCl、柠檬酸钠、HAc 及 NaAc 组成。其中，NaCl 的作用是固定一定的离子强度值，使标准溶液和未知液维持相同的总离子强度；柠檬酸钠作为一种掩蔽剂，使铁氟配合物或铝氟配合物中的氟离子释放成为可检测的游离状态；HAc-NaAc 缓冲溶液维持溶液的 pH 大约在 5.5，从而避免了 OH^- 对氟电极的干扰。

由 LaF_3 单晶制成的氟离子选择性电极，在测量时组成如下电池：

$$Hg \mid Hg_2Cl_2 \mid KCl(饱和) \mid 试液(F^-) \parallel 氟离子选择性电极$$

氟离子选择性电极用于天然水、废水、饮料、牛乳、尿、唾液、血清、牙膏、骨头、食品、植株及土壤氟化物的测定。测定用的仪器种类较多。例如，DD-2 型或 DD-2B 型电位仪；DWS-210 型氟离子专用分析仪或 PXD-Z 型通用离子计等离子活度计；pHS-2 型酸度计等。

【实验用品】

1. 试剂

（1）氟离子储备液　称取在 120 ℃ 干燥 2 h 的分析纯的 NaF 0.211 g，置于烧杯中，用去离子水溶解后定容于 1 L 容量瓶中，贮于聚乙烯瓶中备用。该溶液氟含量为 100 μg·mL^{-1}。

（2）氟离子标准溶液　准确吸取上述氟离子储备液 10.00 mL 移入 100.00 mL 容量瓶中，定容。此液氟含量为 10 μg·mL^{-1}。

（3）TISAB 溶液　取 57 mL 冰醋酸、58 g 氯化钠及 10 g 柠檬酸钠，于 I L 烧杯中，加入 500 mL 去离子水溶解。然后插入 pH 玻璃电极和饱和甘汞电极，慢慢加入 6 mol·L^{-1} NaOH 溶液调至 pH 为 5.0 ~ 5.5（约 125 mL）冷却至室温后稀释至 1 L。

2. 仪器

(1) 酸度计

(2) 氟离子选择性电极

(3) 饱和甘汞电极

(4) 磁力搅拌器

(5) 50.00 mL 容量瓶 8 个

(6) 25.00 mL 移液管和 10.00 mL 吸量管各 1 个

(7) 50 mL 小烧杯

【实验内容】

1. 离子选择性电极的准备

氟离子选择性电极使用前应在 10 μg · mL^{-1} F^-溶液中浸泡 1 h,使之活化。然后,再用去离子水反复清洗,直至其电位稳定并达到它的纯水电位(或称空白电位)为止。所谓纯水电位是指将离子选择性电极浸在纯水中时,电极所具有的电位值。LaF_3 单晶电极纯水电位值约为+230 mV,其值与氟电极的内参比电极的组成、LaF_3 单晶的质量及所用纯水的质量等有关。

2. 氟标准系列溶液的制备

取 7 只 50.00 mL 容量瓶,分别加 10 μg · mL^{-1} F^-标准溶液 0.00 mL、1.00 mL、2.00 mL、4.00 mL、6.00 mL、8.00 mL 及 10.00 mL,再用吸量管各加 10 mL TISAB 溶液,然后都用去离子水稀释至刻度,摇匀。得 0.00 μg · mL^{-1}、0.20 μg · mL^{-1}、0.40 μg · mL^{-1}、0.80 μg · mL^{-1}、1.20 μg · mL^{-1}、1.60 μg · mL^{-1}及 2.00 μg · mL^{-1}的标准系列溶液。

3. 水样的处理

吸取水样 25.00 mL 置于 50.00 mL 容量瓶中,再用吸量管吸取 TISAB 溶液 10.00 mL,用去离子水稀释至刻度,摇匀。

4. 标准曲线的绘制

按酸度计的-mV 测量方法安装好仪器,完成校正操作。将标准系列溶液分别移入塑料小烧杯中,按由稀到浓的顺序依次测量它们的电位值,并记录。每次更换溶液时,必须用滤纸吸干电极上吸附着的溶液,最好用待测溶液清洗电极。由所得实验数据绘制标准曲线。

5. 氟含量的测定

首先将氟电极洗至纯水电位值。将处理好的水样置于塑料小烧杯中,浸入电极,开动磁力搅拌器,测量电位值,待稳定后读数并记录。实验结束后清洗氟离子选择性电极至纯水电位,取下保存。

【数据处理】

把测定数据记录于表中。以系列标准溶液中氟含量为横坐标,电位值为纵坐标,绘制标准曲线。

编号	1	2	3	4	5	6	7	水样
F^-标准溶液体积/mL	0.00	1.00	2.00	4.00	6.00	8.00	10.00	—
氟含量/($\mu g \cdot mL^{-1}$)	0.00	0.20	0.40	0.80	1.20	1.60	2.00	—
电位值/mV								

由标准曲线查得所测水样中的氟含量($\mu g \cdot mL^{-1}$),再计算原始水样中氟含量。

$$\rho(F^-) = \rho_s \times \frac{50}{25}$$

式中:ρ_s 为标准曲线上查得的氟含量($\mu g \cdot mL^{-1}$)。

【注意事项】

1. 氟离子选择性电极在使用前一定要处理好。
2. 等电极响应稳定后再读取数据。

【思考题】

1. 简述酸度计的+mV 测量与-mV 测量在操作上的不同点。
2. 氟离子选择性电极在使用前应如何处理? 为什么?
3. 在实验中,为什么加入 TISAB 溶液?

【知识拓展】

氟和氯一样,也是自然界中广泛分布的元素之一,在卤素中,它在地壳中的含量仅次于氯。早在 16 世纪前半叶,氟的天然化合物萤石(CaF_2)就被记述于欧洲矿物学家的著作中,当时这种矿石被用作熔剂,把它添加在熔炼的矿石中,以降低熔点。因此氟的拉丁名称“fluorum”从“fluo”(流动)而来。它的元素符号由此定为 F。

实验八 仪器分析设计性实验初步训练

【实验目的】

1. 巩固吸光光度法的基本理论与相关实验知识。
2. 培养学生阅读参考资料的能力,提高分析问题与解决问题的能力。
3. 提高学生实验设计水平和独立完成实验报告的能力。

【实验要求】

1. 学生根据教师提供的题目自己选择感兴趣的实验内容,独立设计实验。

2. 在查阅参考文献的基础上，拟订实验方案，经教师批阅后，写出详细的实验报告。

3. 实验方案具体包括以下内容：

(1) 实验题目；

(2) 实验目的；

(3) 实验原理（简述测定方法、标准溶液的选择及指示剂的选择等）；

(4) 仪器与试剂（所用仪器的类型及型号、试剂的用量、浓度及配制方法）；

(5) 实验步骤（配制、标定及测定等）；

(6) 数据及相关公式（用表格形式）；

(7) 结果和讨论。

【实验方案设计选题】

1. 吸光光度法测定居室中甲醛气体的浓度

室内空气主要污染物甲醛来源于人造板材、胶黏剂、墙纸等材料，是世界公认的潜在致癌性物质。$KMnO_4$ 为氧化剂，每升溶液中只要有 1.0×10^{-5} mol $KMnO_4$ 即可显示出紫红色。甲醛具有还原性，与 $KMnO_4$ 反应后，则 $KMnO_4$ 溶液紫红色变浅。可以通过测溶液吸光度值对照标准曲线，从而确定甲醛浓度。

2. 锌-硫氰酸钾-结晶紫三元体系吸光光度法测定头发中的锌

锌-硫氰酸钾-结晶紫三元体系形成的配合物，在 522 nm 处有最大吸光度值。锌溶液在 0.5 ~ 5.0 μg · mL^{-1}时符合朗伯-比尔定律，其吸光度大小与 Zn^{2+} 的含量成正比，可用于微量锌的测定。

3. 头发中汞含量的测定

头发中汞的含量多少作为慢性汞中毒研究最适宜，因为取样容易，可长期保存和检验，并且已知其浓度远比尿、血液中汞的含量高。头发中汞化合物（有机汞、无机汞）经氧化、消化成 Hg^{2+} 溶液，用氯化亚锡还原成 Hg 后立即在测汞仪中测定其含量。汞是常温下唯一的液态金属，且有较大的蒸气压。因而测汞仪在常温下可以利用汞蒸气对由光源发射的 253.7 nm 谱线具有特征吸收来测定汞的含量。吸收的大小与汞原子蒸气浓度的关系符合比尔定律。

4. 恒电流库仑法测定维生素 C 药片中的抗坏血酸

抗坏血酸与 Br_2 能发生以下氧化还原反应：

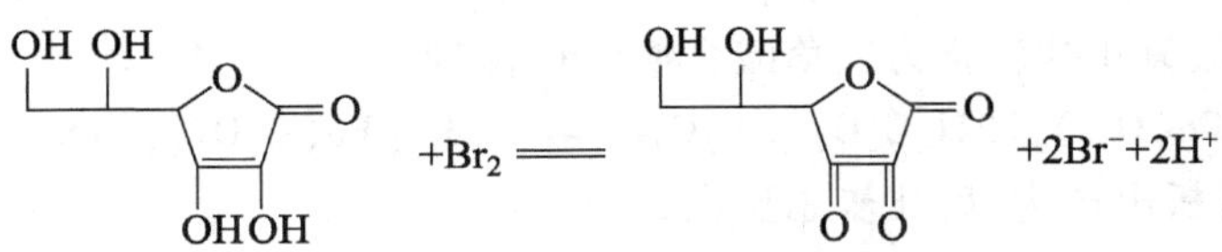

抗坏血酸　　　　脱氢抗坏血酸

上述反应能快速而又定量地进行，因此通过电解产生 Br_2 来滴定抗坏血酸（即恒电流库仑法），滴定终点用双铂指示电极法来指示。

第十二章　综合性实验

实验一　三草酸合铁（Ⅲ）酸钾的制备及其化学式的确定

【实验预习要点】

1. 制备三草酸合铁(Ⅲ)酸钾的基本原理和基本反应。
2. 结晶水含量的测定方法。

【实验目的】

1. 进一步掌握无机制备的基本操作。
2. 学习确定化合物化学式的基本原理及方法。

【实验原理】

三草酸合铁(Ⅲ)酸钾 $K_3[Fe(C_2O_4)_3]\cdot 3H_2O$ 为翠绿色单斜晶体,易溶于水,难溶于乙醇。110 ℃下失去全部结晶水,230 ℃分解。目前,合成三草酸合铁(Ⅲ)酸钾的工艺路线很多,本实验采用的方法是以硫酸亚铁晶体与草酸反应制得草酸亚铁:

$$FeSO_4+H_2C_2O_4+2H_2O = FeC_2O_4\cdot 2H_2O+H_2SO_4$$

然后在过量草酸根存在下,用过氧化氢氧化草酸亚铁即可得到三草酸合铁(Ⅲ)酸钾,同时产生氢氧化铁:

$$6FeC_2O_4\cdot 2H_2O+3H_2O_2+6K_2C_2O_4 = 4K_3[Fe(C_2O_4)_3]+2Fe(OH)_3+12H_2O$$

加入适量草酸可使氢氧化铁转化为三草酸合铁(Ⅲ)酸钾:

$$2Fe(OH)_3+3H_2C_2O_4+3K_2C_2O_4 = 2K_3[Fe(C_2O_4)_3]+6H_2O$$

加入乙醇,放置即可析出产物,后几步总反应式为

$$2FeC_2O_4\cdot 2H_2O+H_2O_2+3K_2C_2O_4+H_2C_2O_4 = 2K_3[Fe(C_2O_4)_3]\cdot 3H_2O$$

结晶水含量的确定采用重量分析法。将已知质量的产品在 110 ℃下干燥脱水,待脱水完全后再进行称量,通过质量的变化即可计算出结晶水的质量分数。

配离子的组成可通过滴定分析方法确定。其中草酸根含量的测定用氧化还原滴定法,草酸根在酸性介质中,可被 $KMnO_4$ 标准溶液直接滴定。Fe^{3+} 含量的分析也采用氧化还原滴定法。在

上述测定草酸根后剩余的溶液中，用过量还原剂锌粉将 Fe^{3+} 还原为 Fe^{2+}，然后再用 $KMnO_4$ 标准溶液滴定 Fe^{2+}，相关反应式为

$$5C_2O_4^{2-}+2MnO_4^-+16H^+ = 10CO_2\uparrow+2Mn^{2+}+8H_2O$$

$$5Fe^{2+}+MnO_4^-+8H^+ = 5Fe^{3+}+Mn^{2+}+4H_2O$$

【实验用品】

1. 试剂

(1) 3 mol · L^{-1} H_2SO_4 溶液

(2) 饱和 $H_2C_2O_4$ 溶液

(3) 6% H_2O_2 溶液

(4) $Fe(SO_4)_2 \cdot 7H_2O$(AR)

(5) $K_2C_2O_4 \cdot 3H_2O$(AR)

(6) 0.02 mol · L^{-1} $KMnO_4$ 标准溶液

(7) 95% 乙醇溶液

(8) 丙酮

2. 仪器

(1) 电子分析天平

(2) 100 mL 及 250 mL 烧杯

(3) 10 mL 及 100 mL 量筒

(4) 250 mL 锥形瓶

(5) 25.00 mL 滴定管

(6) 电磁加热搅拌器

(7) 布氏漏斗、吸滤瓶、真空泵

(8) 表面皿、称量瓶、干燥器、烘箱、长颈漏斗、漏斗架

【实验内容】

1. 草酸亚铁的制备

称取 4.0 g $FeSO_4 \cdot 7H_2O$ 放入 250 mL 烧杯中，加入 15 mL 水和 1 mL 3 mol · L^{-1} H_2SO_4 溶液，加热使其溶解。再加入 25 mL 饱和 $H_2C_2O_4$ 溶液，加热搅拌至沸，静置得到黄色 $FeC_2O_4 \cdot 2H_2O$ 沉淀。用倾析法倒出上层清液，在沉淀中加入 20 mL 蒸馏水，搅拌并加热，静置后倾出上层清液。

2. 三草酸合铁(Ⅲ)酸钾的制备

在上述洗涤过的沉淀中，加入 15 mL 蒸馏水和 5.5 g 固体 $K_2C_2O_4 \cdot 3H_2O$，水浴加热至 40 ℃左右，缓慢滴加 20 mL 6% H_2O_2 溶液，不断搅拌溶液并维持温度在 40 ℃左右，此时会产生 $Fe(OH)_3$ 沉淀。将溶液加热至沸并不断搅拌以除去过量的 H_2O_2。一次性加入 5 mL 饱和 $H_2C_2O_4$ 溶液，

然后再滴加草酸(约 3 mL),并保持接近沸腾的温度,直至体系变成绿色透明溶液。稍冷却后,向溶液中加入 20 mL 95% 乙醇溶液,继续冷却,即有晶体析出,减压过滤,抽干后用少量乙醇洗涤产品,继续抽干,称量,计算产率,并将晶体放在干燥器内避光保存。

3. 产品化学式的确定

(1) 结晶水的测定　准确称取 0.5 ~ 0.6 g 已干燥的产品 2 份,分别放入 2 个已干燥、恒重的称量瓶中,在 110 ℃ 电烘箱中干燥 1 h,置于干燥器中冷却至室温,称量。重复上述干燥(0.5 h)、冷却、称量操作,直至质量恒定。根据称量结果计算结晶水含量。

(2) 草酸根含量的测定　准确称取 0.12 ~ 0.15 g 产品 3 份,分别放入 3 个锥形瓶中,各加入 20 mL 蒸馏水和 10 mL 3 $mol \cdot L^{-1}$ H_2SO_4 溶液溶解。加热至 75 ~ 85 ℃,趁热用 0.020 0 $mol \cdot L^{-1}$ $KMnO_4$ 标准溶液滴定至粉红色(30 s 内不褪色)。记录 $KMnO_4$ 标准溶液的用量。保留滴定后的溶液,用作 Fe^{3+} 的测定。

(3) 铁含量的测量　将(2)中滴定后的溶液加入半药匙锌粉,加热近沸,直到黄色消失,将 Fe^{3+} 还原为 Fe^{2+}。用短颈漏斗趁热将溶液过滤于另一锥形瓶中,再用 5 mL 蒸馏水洗涤残渣一次,洗涤液与滤液合并收集于同一锥形瓶中。继续用 0.020 0 $mol \cdot L^{-1}$ $KMnO_4$ 标准溶液进行滴定,至溶液呈粉红色。记录 $KMnO_4$ 标准溶液的用量。

根据滴定数据,计算 $K_3[Fe(C_2O_4)_3] \cdot 3H_2O$ 中 $C_2O_4^{2-}$、Fe^{3+} 的质量分数,确定配离子的组成。

【数据处理】

1. 三草酸合铁(Ⅲ)酸钾的制备

称取 $FeSO_4 \cdot 7H_2O$ 质量/g	计算理论产量/g	称量实际产量/g	产率/%

2. 结晶水含量的测定

开始样品和称量皿质量/g	第一次脱水样品和称量皿质量/g	第二次脱水样品和称量皿质量/g	质量变化/g	样品质量/g	水的百分含量/%

3. 草酸根含量的测定

实验编号	1	2	3
样品质量 m/g			
消耗 $V(KMnO_4)$/mL			
草酸根质量分数 w			
平均值			

4. **铁含量测定**

实验编号	1	2	3
样品质量 m/g			
消耗 $V(KMnO_4)$/mL			
铁质量分数 w			
平均值			

【注意事项】

1. 为防止 H_2O_2 分解，需水浴加热至 40 ℃左右，缓慢滴加 H_2O_2 溶液。

2. $K_3[Fe(C_2O_4)_3]\cdot 3H_2O$ 易溶于水，抽滤过程中，应避免其与水接触。

【思考题】

1. 测定铁时，当 $KMnO_4$ 标准溶液逐滴加入时，被滴定液的颜色为什么逐渐变黄？

2. 合成中加入 6% H_2O_2 溶液后为什么要煮沸溶液？

3. 最后在溶液中加入乙醇的作用是什么？能否用蒸发浓缩或蒸干溶液的方法来提高产率？

【知识拓展】

三草酸合铁(Ⅲ)酸钾对光敏感，极易感光，因其具有光敏性，所以常作为化学光量计。它在日光照射或强光下分解生成草酸亚铁，遇六氰合铁(Ⅲ)酸钾生成滕氏蓝，因此在实验室中可用三草酸合铁(Ⅲ)酸钾做成感光纸，进行感光实验。另外，三草酸合铁(Ⅲ)酸钾是制备负载型活性铁催化剂的主要材料，也是一些有机反应良好的催化剂，在污水处理、水溶性染料的光降解中起着重要作用，在工业上具有一定的生产价值和巨大的应用前景。三草酸合铁(Ⅲ)酸钾晶体应避光保存，存放在阴凉处。

实验二　硫代硫酸钠的制备及应用

【实验预习要点】

1. 写出制备硫代硫酸钠的反应式。

2. 了解硫代硫酸钠在洗相定影中的应用原理。

【实验目的】

1. 了解硫代硫酸钠合成的整个过程。

2. 掌握合成过程中的一些基本反应原理、反应条件，对所学过的实验基本操作技能进行综合的训练。

3. 了解硫代硫酸钠在洗相定影中的应用。

【实验原理】

1. 非水溶剂重结晶法提纯硫化钠

纯硫化钠为含有不同数目结晶的无色晶体（如 $Na_2S \cdot 5H_2O$、$Na_2S \cdot 9H_2O$）。工业硫化钠由于含有大量杂质，如重金属硫化物、煤粉等，而呈现红褐色或棕黑色。本实验是利用硫化钠能溶于热的酒精中，其他杂质或在趁热过滤时除去，或冷却后硫化钠结晶析出时留在母液中除去。

2. 硫代硫酸钠的制备

用硫化钠制备硫代硫酸钠的反应大致可分三步进行：

（1）Na_2CO_3 与 SO_2 反应而生成 Na_2SO_3：

$$Na_2CO_3 + SO_2 = Na_2SO_3 + CO_2$$

（2）Na_2S 与 SO_2 反应而生成 Na_2SO_3 和 H_2S：

$$Na_2S + SO_2 + H_2O = Na_2SO_3 + H_2S$$

H_2S 是强还原剂，遇到 SO_2 时析出 S：

$$2H_2S + SO_2 = 3S + 2H_2O$$

（3）Na_2SO_3 与硫反应而生成 $Na_2S_2O_3$：

$$Na_2SO_3 + S = Na_2S_2O_3$$

总反应如下：

$$2Na_2S + Na_2CO_3 + 4SO_2 = 3Na_2S_2O_3 + CO_2$$

含有 Na_2S 和 Na_2CO_3 的溶液，用 SO_2 气体饱和。反应中 Na_2CO_3 用量不宜过少。如果用量过少，则中间产物 Na_2SO_3 量少，使析出的硫不能全部生成 $Na_2S_2O_3$。Na_2S 和 Na_2CO_3 以 2 : 1 的摩尔比取量较为适宜。

反应完毕后，过滤得到硫代硫酸钠溶液，然后浓缩蒸发，冷却，析出晶体为 $Na_2S_2O_3 \cdot 5H_2O$，干燥后即为产品。

3. 硫代硫酸钠在洗相定影中的应用

在洗相过程中，相纸（感光材料）经过照相底板的感光，只能得到潜影。在经过显影液（如米吐尔）显影以后看不见的潜影才被显现成可见的影像。主要反应如下：

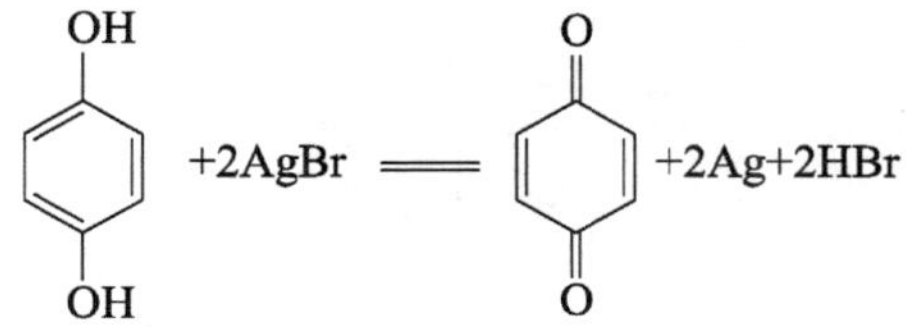

但相纸在乳剂层中还有大部分未感光的溴化银存在。由于它的存在，一方面得不到透明的影像，另一方面在保存过程中这些溴化银见光时，将继续发生变化，使影像不能稳定。因此显影后，必须经过定影过程。

硫代硫酸钠（俗称海波）的定影作用是由于它能与溴化银反应而生成易溶于水的配合物。定影过程可用下列反应表示：

$$AgBr+2Na_2S_2O_3 = Na_3[Ag(S_2O_3)_2]+NaBr$$

【实验用品】

1. 试剂

（1）Na_2S（工业级）

（2）Na_2SO_3（无水）

（3）Na_2CO_3（AR）

（4）乙醇（95%）

（5）浓 HCl 溶液

（6）6 mol·L^{-1} NaOH 溶液、10% NaOH 溶液

（7）10% $Pb(Ac)_2$ 溶液

（8）HAc-NaAc 缓冲溶液

（9）0.1 mol·L^{-1} I_2 标准溶液

（10）淀粉溶液

（11）显影液

（12）28% 醋酸

2. 仪器

（1）圆底烧瓶（500 mL）

（2）烘箱

（3）水浴锅

（4）300 mm 直形（或球形）冷凝管

（5）吸滤瓶（500 mL）

（6）布氏漏斗

（7）烧杯（500 mL）

（8）打孔器

（9）锥形瓶（250 mL）

（10）分液漏斗

(11) 蒸馏烧瓶

(12) 洗气瓶

(13) 磁力搅拌器

【实验内容】

1. 硫化钠的提纯

取粉碎的工业级 Na_2S 36 g 装入 500 mL 的圆底烧瓶中,再加入 300 mL 95% 乙醇和 15 mL 水。将圆底烧瓶放在水浴锅中,圆底烧瓶上装一支 300 mm 长的直形(或球形)冷凝管,并向冷凝管中通入冷却水(装置如图 12-1 所示)。水浴锅中的水保持沸腾,回流约 40 min。停止加热并使烧瓶在水浴锅上静置 5 min,然后取下圆底烧瓶,用两层滤纸趁热抽滤,以除去不溶性杂质。将滤液转入 500 mL 的烧杯中,不断搅拌以促使 Na_2S 晶体大量析出。再放置一段时间,冷却至室温。冷却后倾析出上层母液。Na_2S 晶体每次用少量 95% 乙醇在圆底烧杯中用倾析法洗涤一至两次,然后抽滤。抽干后,再用滤纸吸干。母液装入指定的回收瓶中。按本方法制得的产品组成相当于 $Na_2S \cdot 5H_2O$。

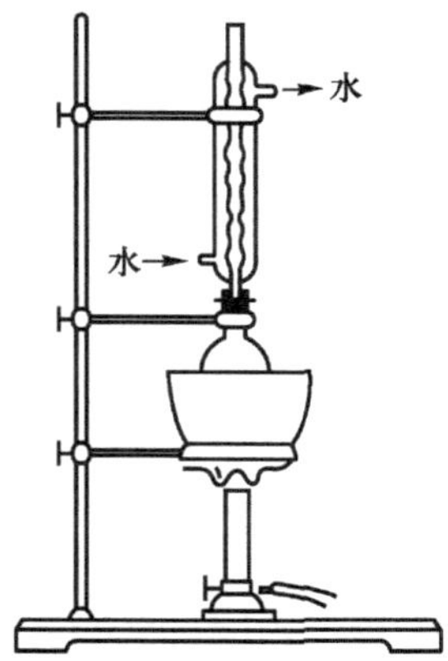

图 12-1 硫化钠纯化装置

2. 硫代硫酸钠的制备

称取提纯后的硫化钠 30 g,并根据化学反应方程式计算出所需碳酸钠的用量,进行称量。然后将 Na_2S 和 Na_2CO_3 一并放入 250 mL 锥形瓶中,注入 150 mL 蒸馏水使其溶解(可微热,促其溶解)。

按图 12-2 安装制备硫代硫酸钠的装置。在分液漏斗中,注入浓盐酸,蒸馏烧瓶中加入 Na_2SO_3 固体(比理论量稍多些),以产生二氧化硫气体。在碱吸收瓶中注入 6 mol · L^{-1} NaOH 溶液,以吸收多余的二氧化硫气体。

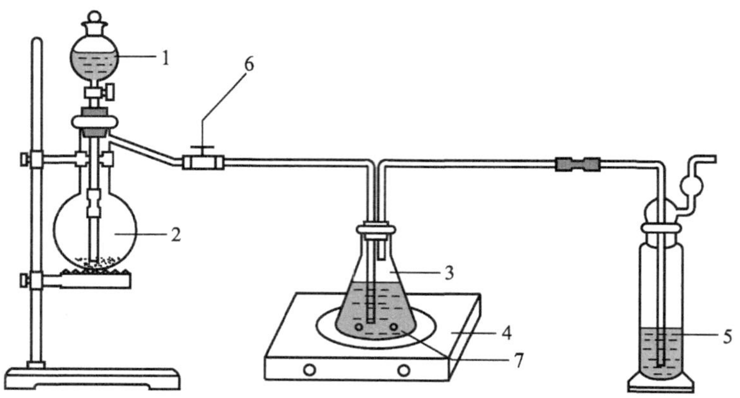

1—分液漏斗;2—蒸馏烧瓶;3—锥形瓶;4—磁力搅拌器;5—碱吸收瓶;6—螺旋夹;7—搅拌子

图 12-2 硫代硫酸钠的制备装置

打开分液漏斗,使盐酸慢慢滴下。打开螺旋夹,适当调节螺旋夹(防止倒吸),使反应产生的二氧化硫气体较均匀地通入 Na_2S-Na_2CO_3 溶液中,并采用磁力搅拌器搅动。随着二氧化硫气体的通入，逐渐有大量浅黄色的硫析出。继续通二氧化硫气体。反应进行约半小时，溶液的 pH = 7 时（注意不要小于 7），停止通入二氧化硫气体。过滤所得的硫代硫酸钠溶液，转移至烧杯中，进行浓缩，直至溶液中有一些晶体析出时，停止蒸发，冷却，使 $Na_2S_2O_3 \cdot 5H_2O$ 结晶析出。过滤，将晶体放在烘箱中，在 40 ℃下干燥 40 ~ 60 min。将上述产品称量，计算产率。

3. 洗印照片

在暗室里，将相纸直接覆盖在感光箱的底片上进行感光。感光时间可根据底片情况进行选择。然后将感过光的相纸放入显影液中进行显影。待影像基本清晰后，用镊子将相纸拿出，放入水中清洗一下，紧接着再放入定影液中，定影 10 ~ 15 min。再把相纸取出放入水中，用水冲洗。放入烘箱中烘干，压平。然后把纸边剪齐。

4. 产品检验

（1）硫化钠含量的测定　称取 1 g $Na_2S_2O_3 \cdot 5H_2O$ 样品，溶于 10 mL 蒸馏水中。取少量 10% $Pb(Ac)_2$ 溶液，逐滴滴入 10% NaOH 溶液，至白色沉淀刚刚溶解。然后取 0.5 mL 此碱性 $Pb(Ac)_2$ 溶液注入 10 mL 上述 $Na_2S_2O_3 \cdot 5H_2O$ 的溶液中，若溶液不变色或不变暗，即符合标准。

（2）五水硫代硫酸钠含量的测定　精确称取约 0.500 0 g $Na_2S_2O_3 \cdot 5H_2O$ 样品，用少量水溶解，滴入 1 ~ 2 滴酚酞，再注入 10 mL HAc-NaAc 缓冲溶液，以保证溶液的弱酸性。然后用 0.100 0 $mol \cdot L^{-1}$ 的碘标准溶液（由实验员制备）滴定，以淀粉为指示剂，直到 1 min 内溶液的蓝色不褪掉为止。

【注意事项】

1. 反应过程中有二氧化碳生成，所以要不断搅拌，以防止溶液溅出。
2. 蒸发时，刚有晶体析出就应停止加热，冷却晶体。
3. 结晶时用玻璃棒搅拌，防止结成大块。

【思考题】

1. 将工业硫化钠溶于酒精并加热时，为什么要采用在水浴锅中加热并回流的方法？
2. 由硫化钠制取硫代硫酸钠时，向 $Na_2S-Na_2CO_3$ 溶液中，通入 SO_2 的反应是放热反应还是吸热反应？为什么？
3. 制 $Na_2S_2O_3 \cdot 5H_2O$ 时，通 SO_2 为什么必须严格控制至 pH 等于 7 时而不是小于 7？
4. 说明产品分析中硫化钠含量测定和硫代硫酸钠含量测定的原理。

【附注】

1. 显影液配方

D-72 配方	米吐尔	无水亚硫酸钠	对苯二酚	无水碳酸钠	溴化钾
质量/g	3	45	12	67.5	2

加冷水稀释至 1 L。

2. 定影液配方

F-5 配方	海波	无水亚硫酸钠	醋酸(28%)	硼酸	钾矾
含量	240 g	15 g	47 mL	7.5 g	15 g

加冷水稀释至 1 L。

【知识拓展】

硫代硫酸钠应储存在阴凉干燥的库房。运输中应避免曝晒、雨淋。不可与酸类、氧化剂共储混运。必须密封，防止受潮溶化。如包装受潮，说明内装物已起潮解作用，必须与干燥包装分开堆放。不可露天储存，对受潮包装要抓紧处理。失火时可用水、沙土扑救。此外还能与多种金属离子结合，形成无毒的硫化物由尿排出，同时还具有脱敏作用。临床上用于氰化物及腈类中毒，砷、铋、碘、汞、铅等中毒治疗，以及治疗皮肤瘙痒症、慢性皮炎、慢性荨麻疹、药疹、疥疮、癣症等。

实验三 葡萄糖酸锌的制备

【实验预习要点】

1. 了解葡萄糖酸锌对人体健康的重要性。
2. 了解称量、过滤、蒸发和减压抽滤等基本操作。

【实验目的】

1. 学习葡萄糖酸锌制备的基本原理。
2. 掌握葡萄糖酸锌的制备方法。

【实验原理】

锌(Zn)是人体必需的微量元素之一，它与人体遗传和生命活动有密切关系，被誉为“生命的火花”。锌是人体中 100 多种酶的组成成分，对人的正常生活和健康成长，有着非常重要的作用。缺锌可引起多种疾病的发生和功能的减退。本实验合成的产物，可作为人体对锌需求的补充剂。它是利用葡萄糖酸钙与等物质的量的硫酸锌反应，获得葡萄糖酸锌：

$$Ca(C_6H_{11}O_7)_2+ZnSO_4 = Zn(C_6H_{11}O_7)_2+CaSO_4$$

【实验用品】

1. **试剂**

(1) 葡萄糖酸钙

(2) $ZnSO_4 \cdot 7H_2O$

(3) 95% 乙醇

(4) $NH_3 \cdot H_2O-NH_4Cl$ 缓冲溶液

(5) 0.010 0 $mol \cdot L^{-1}$ EDTA 标准溶液

(6) 铬黑 T 指示剂

2. **仪器**

(1) 100 mL 量筒

(2) 100 mL 烧杯

(3) 25.00 mL 移液管

(4) 25.00 mL 滴定管

(5) 磁力搅拌器

(6) 电子分析天平

(7) 减压抽滤装置

(8) 250 mL 锥形瓶

【实验内容】

1. **$Zn(C_6H_{11}O_7)_2$ 的制备**

(1) 在 100 mL 烧杯中加入 30 mL 蒸馏水，再加入 3.2 g $ZnSO_4 \cdot 7H_2O$，放置磁力搅拌器上加热，调节温度为 90 ℃，转速调至为 600 $r \cdot min^{-1}$，再加入 5.00 g 葡糖糖酸钙，使之完全溶解。

(2) 将上述反应体系加热 20 min，趁热抽滤，滤液移至蒸发皿中(滤渣为$CaSO_4$，弃去)，不断搅拌，将滤液在沸水浴中浓缩至黏稠状(体积约为 20 mL)。

(3) 将滤液冷却至室温，在磁力搅拌器的不断搅拌下将浓缩液加入 120 mL 95% 乙醇中，此时有大量葡萄糖酸锌析出，抽滤至干，即得粗产品。粗产品中再加入 20 mL 95% 乙醇，不断搅拌洗涤数次后，减压抽滤。

(4) 将产品置于烘箱中烘干，称量，计算产率。

2. **锌含量测定**

准确称取 0.60 g 葡萄糖酸锌产品，溶解并转移到 100.00 mL 容量瓶中定容。月移液管移取 25.00 mL 葡萄糖酸锌溶液，加入 5 mL $NH_3 \cdot H_2O-NH_4Cl$ 缓冲溶液，加少量铬黑 T 指示剂，用 0.010 0 $mol \cdot L^{-1}$ EDTA 标准溶液滴定至溶液呈蓝色。平行滴定 3 次。

【数据处理】

实验编号	1	2	3
样品质量 $m_{样}$/g			
样品体积/mL			
V(EDTA)/mL			
锌含量/%			
锌的平均含量/%			

计算样品中锌含量：

$$锌含量=\frac{c(\mathrm{EDTA})\times V(\mathrm{EDTA})\times 65\times 4}{m_{样}\times 1\ 000}\times 100\%$$

【注意事项】

1. 葡萄糖酸钙与硫酸锌反应时间不可过短，保证充分生成硫酸钙沉淀。

2. 抽滤除去硫酸钙后的滤液，如无色，可以不用脱色处理。如果需脱色处理，则一定要趁热过滤，防止产物过早冷却而析出。

【思考题】

1. 在沉淀与洗涤葡萄糖酸锌时，都加入了95%乙醇，其作用是什么？

2. 在葡萄糖酸锌的制备中，为什么必须在热水浴中进行？

【知识拓展】

以前常用的补锌剂是硫酸锌，硫酸锌对肠胃有刺激性，所以现在一般用葡萄糖酸锌。葡萄糖酸锌副作用小，可制成含片服用，且易于吸收，主要用于婴儿及老人、妊娠期妇女因缺锌引起的生长发育迟缓、营养不良、厌食症、复发性口腔溃疡、皮肤痤疮等症。

实验四 洗发剂的配制

【实验预习要点】

1. 洗发剂的去污原理。

2. 洗发剂各组分的作用。

【实验目的】

1. 了解洗涤用表面活性剂的结构、性质和作用。
2. 掌握洗发剂的配方原理及各种组分的作用。
3. 掌握洗发剂的配制工艺。

【实验原理】

洗发剂是常用的个人发用清洁用品，主要起头发的清洁去污及除菌杀菌、护发、营养头发等作用，其主要成分有表面活性剂、助洗剂，以及其他如调理剂、增稠剂、螯合剂、防腐剂、香精、色素等添加剂。其中，表面活性剂是洗发剂的主要成分，它具有良好的去污能力。污垢通常分为油污（有机化合物）、固体污垢（无机成分）和其他污垢（蛋白质）。无机成分污垢可通过清水冲洗除去；有机化合物和蛋白质等污垢不易溶于水，不能直接用清水冲洗除去。可通过使用表面活性剂降低其在物体上的附着力而进入洗液，并将其乳化，分散于水中，经清水漂洗而除去。表面活性剂主要有阳离子表面活性剂、两性离子表面活性剂、阴离子表面活性剂和非离子表面活性剂。目前市场上常见的洗发剂多由阴离子表面活性剂和两性离子表面活性剂互配。

【实验用品】

1. 试剂

(1) 脂肪醇聚氧乙烯醚硫酸钠 13.0 g 主要表面活性剂，泡沫丰富，易扩散，易清洗，去污性强，具有一定的调理作用。

(2) 脂肪酸二乙醇酰胺 4.0 g 辅助表面活性剂，作稳定剂和增泡剂，提高洗涤剂的去污能力，增加洗涤剂溶液的浓度。

(3) 十六烷醇硫酸三乙醇铵盐 9.0 g 阴离子表面活性剂。

(4) 对羟基苯甲酸甲酯（尼泊尔金甲酯）0.4 g 杀菌防腐剂。

(5) 乙二醇二硬脂酸酯 4.0 ~ 6.0 g 可产生珠宝光泽，还兼有调理、增稠及抗静电等作用。

(6) EDTA 二钠盐 0.5 g。

(7) 50% 柠檬酸、20% 氯化钠溶液、香精、去离子水（70 mL）等

2. 仪器

(1) 100 mL 及 250 mL 烧杯

(2) 10 mL 及 100 mL 量筒

(3) 电子分析天平

(4) 搅拌器、电炉、水浴锅、温度计、玻璃棒和滴管

【实验内容】

1. 烧杯中加入已称量的去离子水，并在水浴锅中加热至 60 ℃左右。
2. 加入脂肪醇聚氧乙烯醚硫酸钠并不断搅拌至全部溶解，此时水温要控制在 60～65 ℃。
3. 保持温度为 60～65 ℃，在连续搅拌下加入脂肪酸二乙醇酰胺、十六烷醇硫酸三乙醇铵盐等表面活性剂，搅拌至全部溶解为止。再加入乙二醇二硬脂酸酯，且慢速搅拌，缓慢冷却(否则体系无珠光光泽)。
4. 降温至 40 ℃以下加入尼泊尔金甲酯、EDTA 二钠盐、柠檬酸和香精等，搅拌均匀。
5. 测溶液的 pH，用柠檬酸调节 pH 至 7.0 左右。
6. 将产品冷却至室温，加入氯化钠溶液调节到所需黏度，并用黏度计测定洗发剂黏度。调节后即为成品。

【注意事项】

1. 在配制洗发剂过程中，色素的加入量一定要宁少勿多，颜色过深的洗发剂会导致头发损伤。
2. 在洗发剂制备的最后阶段，需冷却后再加入香精，否则容易挥发。
3. 使用氯化钠溶液增稠时，其加入量不得超过 3%。

【思考题】

1. 洗发剂配方的原则有哪些？
2. 为什么必须严格控制洗发剂的 pH？
3. 本实验配方中各组分的作用是什么？

【知识拓展】

洗发剂中使用的表面活性剂主要是阴离子表面活性剂，通常它是以阴离子基团作为亲水基而长链烷基作为疏水基的表面活性剂。而阳离子表面活性剂带正电荷，极易与带负电荷的头发及污垢吸附，降低去污能力；两性离子表面活性剂价格昂贵，成本高，且增稠困难；非离子表面活性剂不能形成胶团结构，脱脂能力太强，泡沫低。

实验五 实验室含铬废液的处理

【实验预习要点】

1. 二苯碳酰二肼的性质。

2. 实验采用的分析方法。

【实验目的】

1. 了解含铬废液的处理原理和方法。
2. 掌握还原沉淀法处理含铬废液及分光光度法测定水中六价铬含量的方法。

【实验原理】

铬及其化合物在工业上应用广泛，冶金、化工、矿物工程、电镀、制铬、颜料、制药、轻工纺织、铬盐及铬化物的生产等一系列行业，都会产生大量的含铬废水。铬的化合物以二价、三价和六价的形式存在，但以三价和六价的化合物最为常见。其毒性则以六价铬最强，约为三价铬的一百倍。

铬化合物可以通过消化道、呼吸道、皮肤和黏膜侵入人体，主要积聚在肝、肾、内分泌系统和肺部。铬化合物以蒸气和粉尘的方式进入人体组织中，代谢和被清除的速度缓慢，会引起鼻中隔穿孔、肠胃疾患、白细胞下降、类似哮喘的肺部病变。皮肤接触铬化合物可引起愈合极慢的“铬疮”。若用含铬的污水灌溉农田，铬便在植物体内积聚，土壤中有机质的消化作用受到抑制，造成农业减产。我国已把六价铬规定为实施总量控制的指标之一，并规定工业排放的废水中六价铬最高质量浓度为 $0.5\ mg \cdot L^{-1}$，总铬的最高质量浓度为 $1.5\ mg \cdot L^{-1}$，且不得用稀释法代替必要的处理，生活饮用水中铬含量不得超过 $0.05\ mg \cdot L^{-1}$。

测定溶液中六价铬含量采用二苯碳酰二肼分光光度法。在酸性介质中 Cr(Ⅵ)与二苯碳酰二肼反应生成紫红色化合物，Cr(Ⅵ)浓度越大，颜色越深。该化合物最大吸收波长是 540 nm，摩尔吸收系数 $\varepsilon_{540}=4.00\times10^4\ L \cdot mol^{-1} \cdot cm^{-1}$。本方法适用于地表水和工业废液中六价铬含量的测定。

还原沉淀法是目前应用较为广泛的处理高浓度含铬废液的方法。基本原理是：在酸性条件下向含铬废液中加入适量还原剂，将 Cr^{6+} 还原成 Cr^{3+}，还原剂可选 $NaHSO_3$、$FeSO_4$、Na_2SO_3、维生素 C、SO_2、Fe 等，再加入生石灰或氢氧化钠生成 $Cr(OH)_3$ 沉淀，达到降低溶液中铬离子浓度的目的。沉淀分离后，回收 $Cr(OH)_3$ 沉淀用于循环制备重铬酸钾。

反应式如下：

$$Cr_2O_7^{2-}+3HSO_3^-+5H^+ = 2Cr^{3+}+3SO_4^{2-}+4H_2O$$

$$Cr^{3+}+3OH^- = Cr(OH)_3\downarrow$$

【实验用品】

1. 试剂

(1) $NaHSO_3$

(2) 20% NaOH 溶液

(3) 3 mol · L^{-1} H_2SO_4 溶液

(4) 1.0 mg · L^{-1} Cr(Ⅵ)标准溶液

(5) 2 g · L^{-1}二苯碳酰二肼的丙酮溶液

2. 仪器

(1) 50.00 mL 容量瓶 7 个

(2) 手动移液器(10 mL)1 支

(3) 分光光度计

【实验内容】

1. 标准色阶溶液的配制及含铬废液的显色

准备 7 个 50.00 mL 容量瓶,洗净并编号,按下表各加入标准溶液、未知液和显色剂,进行显色并定容。

编号	0	1	2	3	4	5	含铬废液
Cr^{6+}标准溶液的体积/mL	0.00	1.00	2.00	3.00	4.00	5.00	5.00
3 mol · L^{-1} H_2SO_4 溶液体积/mL	2	2	2	2	2	2	2
二苯碳酰二肼溶液体积/mL	4	4	4	4	4	4	4
蒸馏水加入量	稀释至刻度,摇匀,放置 10 min						

2. 标准色阶溶液吸光度及含铬废液吸光度测定

选择 540 nm 波长,1 cm 比色杯,用"0"号溶液作参比液调仪器的工作零点(即 $A=0$,$T=100\%$),然后测定标准溶液的吸光度(A)值和未知液的吸光度(A)值,进行记录。

3. 绘制标准曲线

以吸光度为纵坐标,以铬含量为横坐标,绘制标准曲线。

4. 计算

根据未知液的吸光度值,在标准曲线上查得所对应的铬含量,然后按下式计算废液中铬含量。

$$原废液中铬含量(\mu g/mL)=标准曲线上查得的铬含量\times试液稀释倍数$$

5. 处理含铬废液

取 150 mL 含铬废液,用 3 mol · L^{-1} H_2SO_4 溶液调节 pH=1~3,加理论量 1.4 倍的 $NaHSO_3$,搅拌并适当加热,使反应充分。用 20% NaOH 溶液调节 pH=8~9,搅拌反应 20~30 min,过滤,将滤纸上的固体用少量水全部冲洗到回收瓶中,弃去滤纸。将滤液调至近中性,加热煮沸,稍冷后加一小匙活性炭,煮沸 1 min,冷却、过滤,得处理液。

6. 测定处理后溶液中 Cr(Ⅵ)含量

用移液器移取 5.00 mL 处理液于 50.00 mL 容量瓶中,按上述方法测其吸光度,从标准曲线上查出含铬废液中 Cr(Ⅵ)含量。

【数据处理】

编号	参比	标 1	标 2	标 3	标 4	标 5	含铬废液
Cr^{6+}标准溶液的体积/mL							
3 mol · L^{-1} H_2SO_4 溶液体积/mL							
二苯碳酰二肼溶液体积/mL							
铬含量/(μg · mL^{-1})							
吸光度(A)							
原试液中铬含量/(μg · mL^{-1})							
处理后废液吸光度(A)							
处理后废液中铬含量/(μg · mL^{-1})							

【注意事项】

分光光度计使用前需预热 10 ~ 20 min。

【思考题】

1. 如何测定含铬废液及处理后废液中 Cr(Ⅵ)的总量？
2. 进行金属离子沉淀时，如果 pH 过高或过低，对处理效果有什么影响？

【知识拓展】

对含铬废液的处理方法很多，如有生物法、化学沉淀法、吸附法、离子交换法等。

生物法处理含铬废液技术，主要依靠人工培养的功能菌，它具有静电吸附作用、酶的催化转化作用、配位作用、絮凝作用、共沉淀作用和对 pH 的缓冲作用。生物法主要包括生物絮凝法、生物吸附法和植物整治技术。

化学沉淀法因具有成本低廉、工艺简单、沉降速度快、处理效果好等优点而被广泛应用。主要包括钡盐法、还原沉淀法。

目前，活性炭对金属离子的吸附机理被认为主要是金属离子在活性炭表面的离子交换吸附。同时还有重金属离子与活性炭表面的含氧官能团之间的化学吸附、金属离子在活性炭表面沉积而发生的物理吸附。同时，金属阳离子和活性炭表面的阴离子间的静电引力也起了一定的作用。

离子交换法是一种借助于离子交换剂上的离子和水中的离子进行交换反应而除去水中含铬离子的方法。

附录

附录一　希腊字母表

大写	小写	英文注音
Α	α	alpha
Β	β	beta
Γ	γ	gamma
Δ	δ	delta
Ε	ε	epsilon
Ζ	ζ	zeta
Η	η	eta
Θ	θ	theta
Ι	ι	iota
Κ	κ	kappa
Λ	λ	lambda
Μ	μ	mu
Ν	ν	nu
Ξ	ξ	xi
Ο	ο	omicron
Π	π	pi
Ρ	ρ	rho
Σ	σ	sigma
Τ	τ	tau
Υ	υ	upsilon
Φ	φ	phi
Ψ	ψ	psi
Χ	χ	chi
Ω	ω	omega

附录二　一些重要的物理常数

真空中的光速	$c = 2.997\ 924\ 58 \times 10^{8}\ \mathrm{m \cdot s^{-1}}$
电子的电荷	$e = 1.602\ 176\ 53(14) \times 10^{-19}\ \mathrm{C}$
原子质量单位	$u = 1.660\ 538\ 86(28) \times 10^{-27}\ \mathrm{kg}$
质子静质量	$m_{\mathrm{p}} = 2.672\ 621\ 71(29) \times 10^{-27}\ \mathrm{kg}$
中子静质量	$m_{\mathrm{n}} = 1.674\ 927\ 28(29) \times 10^{-27}\ \mathrm{kg}$
电子静质量	$m_{\mathrm{e}} = 9.109\ 382\ 6(16) \times 10^{-31}\ \mathrm{kg}$
理想气体摩尔体积	$V_{\mathrm{m}} = 22.413\ 996(39) \times 10^{-3}\ \mathrm{m^{3} \cdot mol^{-1}}$
摩尔气体常数	$R = 8.314\ 472(15)\ \mathrm{J \cdot mol^{-1} \cdot K^{-1}}$
阿伏伽德罗(Avogadro)常量	$N_{A} = 6.022\ 141\ 5(10) \times 10^{23}\ \mathrm{mol^{-1}}$
里德伯(Rydberg)常量	$R_{\infty} = 1.097\ 373\ 155\ 34 \times 10^{7}\ \mathrm{m^{-1}}$
法拉第(Faraday)常数	$F = 9.648\ 533\ 83 \times 10^{4}\ \mathrm{C \cdot mol^{-1}}$
普朗克(Planck)常量	$h = 6.626\ 069\ 3(11) \times 10^{-34}\ \mathrm{J \cdot s}$
玻耳兹曼(Boltzmann)常量	$k = 1.380\ 650\ 5(24) \times 10^{-23}\ \mathrm{J \cdot K^{-1}}$

数据摘自 CRC Handbook of Chemistry and Physics; Lide D R, Ed. ; CRC Press: Boca Raton, 2005.

附录三 原 子 量

元素		原子量	元素		原子量	元素		原子量	元素		原子量
名称	符号		名称	符号		名称	符号		名称	符号	
锕	Ac	[227]	铒	Er	167.26	锰	Mn	54.938 05	钌	Ru	101.07
银	Ag	107.868 2	锿	Es	[254]	钼	Mo	95.94	硫	S	32.066
铝	Al	26.981 54	铕	Eu	151.965	氮	N	14.006 74	锑	Sb	121.75
镅	Am	[243]	氟	F	18.998 40	钠	Na	22.989 77	钪	Sc	44.955 91
氩	Ar	39.948	铁	Fe	55.847	铌	Nb	92.906 38	硒	Se	78.96
砷	As	74.921 59	镄	Fm	[257]	钕	Nd	144.24	硅	Si	28.085 5
砹	At	[210]	钫	Fr	[223]	氖	Ne	20.179 7	钐	Sm	150.36
金	Au	196.966 54	镓	Ga	69.723	镍	Ni	58.69	锡	Sn	118.710
硼	B	10.811	钆	Gd	157.25	锘	No	[254]	锶	Sr	87.62
钡	Ba	137.327	锗	Ge	72.61	镎	Np	237.048 2	钽	Ta	180.947 9
铍	Be	9.012 18	氢	H	1.007 94	氧	O	15.999 4	铽	Tb	158.925 34
铋	Bi	208.980 37	氦	He	4.002 60	锇	Os	190.2	锝	Tc	98.906 2
锫	Bk	[247]	铪	Hf	178.49	磷	P	30.973 76	碲	Te	127.60
溴	Br	79.904	汞	Hg	200.59	镤	Pa	231.035 88	钍	Th	232.038 1
碳	C	12.011	钬	Ho	164.930 32	铅	Pb	207.2	钛	Ti	47.88
钙	Ca	40.078	碘	I	126.904 47	钯	Pd	106.42	铊	Tl	204.383 3
镉	Cd	112.411	铟	In	114.82	钷	Pm	[145]	铥	Tm	168.934 21
铈	Ce	140.115	铱	Ir	192.22	钋	Po	[~210]	铀	U	238.028 9
锎	Cf	[251]	钾	K	39.098 3	镨	Pr	140.907 65	钒	V	50.941 5
氯	Cl	35.452 7	氪	Kr	83.80	铂	Pt	195.08	钨	W	183.85
锔	Cm	[247]	镧	La	138.905 5	钚	Pu	[244]	氙	Xe	131.29
钴	Co	58.933 20	锂	Li	6.941	镭	Ra	226.025 4	钇	Y	88.905 85
铬	Cr	51.996 1	铹	Lr	[257]	铷	Rb	85.467 8	镱	Yb	173.04
铯	Cs	132.905 43	镥	Lu	174.967	铼	Re	186.207	锌	Zn	65.39
铜	Cu	63.546	钔	Md	[256]	铑	Rh	102.905 50	锆	Zr	91.224
镝	Dy	162.50	镁	Mg	24.305 0	氡	Rn	[222]			

附录四　常用化合物的分子量

化合物	分子量	化合物	分子量	化合物	分子量
Ag_3AsO_4	462.52	$CaCO_3$	100.09	$Cu(NO_3)_2 \cdot 3H_2O$	241.60
$AgBr$	187.77	CaC_2O_4	128.10	CuO	79.545
$AgCl$	143.32	$CaCl_2$	110.99	Cu_2O	143.09
$AgCN$	133.89	$CaCl_2 \cdot 6H_2O$	219.08	CuS	95.61
$AgSCN$	165.95	$Ca(NO_3)_2 \cdot 4H_2O$	236.15	$CuSO_4$	159.60
Ag_2CrO_4	331.73	$Ca(OH)_2$	74.09	$CuSO_4 \cdot 5H_2O$	249.68
AgI	234.77	$Ca_3(PO_4)_2$	310.18	$FeCl_2$	126.75
$AgNO_3$	169.87	$CaSO_4$	136.14	$FeCl_2 \cdot 4H_2O$	198.81
$AlCl_3$	133.34	$CdCO_3$	172.42	$FeCl_3$	162.21
$AlCl_3 \cdot 6H_2O$	241.43	$CdCl_2$	183.32	$FeCl_3 \cdot 6H_2O$	270.30
$Al(NO_3)_3$	213.00	CdS	144.47	$FeNH_4(SO_4)_2 \cdot 12H_2O$	482.18
$Al(NO_3)_3 \cdot 9H_2O$	375.13	$Ce(SO_4)_2$	322.24	$Fe(NO_3)_3$	241.86
Al_2O_3	101.96	$Ce(SO_4)_2 \cdot 4H_2O$	404.30	$Fe(NO_3)_3 \cdot 9H_2O$	404.00
$Al(OH)_3$	78.00	$CoCl_2$	129.84	FeO	71.846
$Al_2(SO_4)_3$	342.14	$CoCl_2 \cdot 6H_2O$	237.93	Fe_2O_3	159.69
$Al_2(SO_4)_3 \cdot 18H_2O$	666.41	$Co(NO_3)_2$	182.94	Fe_3O_4	231.54
As_2O_3	197.84	$Co(NO_3) \cdot 6H_2O$	291.03	$Fe(OH)_3$	106.87
As_2O_5	229.84	CoS	90.99	FeS	87.91
As_2S_3	246.02	$CoSO_4$	154.99	Fe_2S_3	207.87
$BaCO_3$	197.34	$CoSO_4 \cdot 7H_2O$	281.10	$FeSO_4$	151.90
BaC_2O_4	225.35	$CO(NH_2)_2$	60.06	$FeSO_4 \cdot 7H_2O$	278.01
$BaCl_2$	208.24	$CrCl_3$	158.35	$FeSO_4 \cdot (NH_4)_2SO_4 \cdot 6H_2O$	392.13
$BaCl_2 \cdot 2H_2O$	244.27	$CrCl_3 \cdot 6H_2O$	266.45	H_3AsO_3	125.94
$BaCrO_4$	253.32	$Cr(NO_3)_3$	238.01	H_3AsO_4	141.94
BaO	153.33	Cr_2O_3	151.99	H_3BO_3	61.83
$Ba(OH)_2$	171.34	$CuCl$	98.99	HBr	80.912
$BaSO_4$	233.39	$CuCl_2$	134.45	HCN	27.026
$BiCl_3$	315.34	$CuCl_2 \cdot 2\ H_2O$	170.48	$HCOOH$	46.026
$BiOCl$	260.43	$CuSCN$	121.62	CH_3COOH	60.052
CO_2	44.01	CuI	190.45	H_2CO_3	62.025
CaO	56.08	$Cu(NO_3)_2$	187.56	$H_2C_2O_4$	90.035

续表

化合物	分子量	化合物	分子量	化合物	分子量
$H_2C_2O_4 \cdot 2H_2O$	126.07	$K_3Fe(CN)_6$	329.25	NO	30.006
HCl	36.461	$K_4Fe(CN)_6$	368.35	NO_2	46.006
HF	20.006	$KFe(SO_4)_2 \cdot 12H_2O$	503.24	NH_3	17.03
HI	127.91	$KHC_2O_4 \cdot H_2O$	146.14	CH_3COONH_4	77.083
HIO_3	175.91	$KHC_2O_4 \cdot H_2C_2O_4 \cdot 2H_2O$	254.19	NH_4Cl	53.491
HNO_3	63.013	$KHC_4H_4O_6$	188.18	$(NH_4)_2CO_3$	96.086
HNO_2	47.013	$KHSO_4$	136.16	$(NH_4)_2C_2O_4$	124.10
H_2O	18.015	KI	166.00	$(NH_4)_2C_2O_4 \cdot H_2O$	142.11
H_2O_2	34.015	KIO_3	214.00	NH_4SCN	76.12
H_3PO_4	97.995	$KIO_3 \cdot HIO_3$	389.91	NH_4HCO_3	79.055
H_2S	34.08	$KMnO_4$	158.03	$(NH_4)_2MoO_4$	196.01
H_2SO_3	82.07	$KNaC_4H_4O_6 \cdot 4H_2O$	282.22	NH_4NO_3	80.043
H_2SO_4	98.07	KNO_3	101.10	$(NH_4)_2HPO_4$	132.06
$Hg(CN)_2$	252.63	KNO_2	85.104	$(NH_4)_2S$	68.14
$HgCl_2$	271.50	K_2O	94.196	$(NH_4)_2SO_4$	132.13
Hg_2Cl_2	472.09	KOH	56.106	NH_4VO_3	116.98
HgI_2	454.40	K_2SO_4	174.25	Na_3AsO_3	191.89
$Hg_2(NO_3)_2$	525.19	$MgCO_3$	84.314	$Na_2B_4O_7$	201.22
$Hg_2(NO_3)_2 \cdot 2H_2O$	561.22	$MgCl_2$	95.211	$Na_2B_4O_7 \cdot 10H_2O$	381.37
$Hg(NO_3)_2$	324.60	$MgCl_2 \cdot 6H_2O$	203.23	$NaBiO_3$	279.97
HgO	216.59	MgC_2O_4	112.33	NaCN	49.007
HgS	232.65	$Mg(NO_3)_2 \cdot 6H_2O$	256.41	NaSCN	81.07
$HgSO_4$	296.65	$MgNH_4PO_4$	137.32	Na_2CO_3	105.99
Hg_2SO_4	497.24	MgO	40.304	$Na_2CO_3 \cdot 10H_2O$	286.14
$KAl(SO_4)_2 \cdot 12H_2O$	474.38	$Mg(OH)_2$	58.32	$Na_2C_2O_4$	134.00
KBr	119.00	$Mg_2P_2O_7$	222.55	CH_3COONa	82.034
$KBrO_3$	167.00	$MgSO_4 \cdot 7H_2O$	246.47	$CH_3COONa \cdot 3H_2O$	136.08
KCl	74.551	$MnCO_3$	114.95	NaCl	58.443
$KClO_3$	122.55	$MnCl_2 \cdot 4H_2O$	197.91	NaClO	74.442
$KClO_4$	138.55	$Mn(NO_3)_2 \cdot 6H_2O$	287.04	$NaHCO_3$	84.007
KCN	65.116	MnO	70.937	$Na_2HPO_4 \cdot 12H_2O$	358.14
KSCN	97.18	MnO_2	86.937	$Na_2H_2Y \cdot 2H_2O$	372.24
K_2CO_3	138.21	MnS	87.00	$NaNO_2$	68.995
K_2CrO_4	194.19	$MnSO_4$	151.00	Na_2O	61.979
$K_2Cr_2O_7$	294.18	$MnSO_4 \cdot 4H_2O$	223.06	Na_2O_2	77.978

续表

化合物	分子量	化合物	分子量	化合物	分子量
$NaOH$	39.997	PbI_2	461.00	SnS	150.75
Na_3PO_4	163.94	$Pb(NO_3)_2$	331.20	$SrCO_3$	147.63
Na_2S	78.04	PbO	223.20	$SrCrO_4$	203.61
$Na_2S \cdot 9H_2O$	240.18	PbO_2	239.20	$Sr(NO_3)_2$	211.63
Na_2SO_3	126.04	$Pb_3(PO_4)_2$	811.54	SrC_2O_4	175.64
Na_2SO_4	142.04	PbS	239.30	$Sr(NO_3)_2 \cdot 4H_2O$	283.69
$Na_2S_2O_3$	158.10	$PbSO_4$	303.30	$SrSO_4$	183.68
$Na_2S_2O_3 \cdot 5H_2O$	248.17	SO_3	80.06	$UO_2(CH_3COO)_2 \cdot 2H_2O$	424.15
$NiCl_2 \cdot 6H_2O$	237.69	SO_2	64.06	$ZnCO_3$	125.39
NiO	74.69	$SbCl_3$	228.11	ZnC_2O_4	153.40
$Ni(NO_3)_2 \cdot 6H_2O$	290.79	$SbCl_5$	299.02	$ZnCl_2$	136.29
NiS	90.75	Sb_2O_3	291.50	$Zn(CH_3COO)_2$	183.47
$NiSO_4 \cdot 7H_2O$	280.85	Sb_2S_3	339.68	$Zn(CH_3COO)_2 \cdot 2H_2O$	219.50
P_2O_5	141.94	SiF_4	104.08	$Zn(NO_3)_2$	189.39
$PbCO_3$	267.20	SiO_2	60.084	$Zn(NO_3)_2 \cdot 6H_2O$	297.48
PbC_2O_4	295.22	$SnCl_2$	189.60	ZnO	81.38
$PbCl_2$	278.10	$SnCl_2 \cdot 2H_2O$	225.63	ZnS	97.44
$PbCrO_4$	323.20	$SnCl_4$	260.50	$ZnSO_4$	161.44
$Pb(CH_3COO)_2$	325.30	$SnCl_4 \cdot 5H_2O$	350.58	$ZnSO_4 \cdot 7H_2O$	287.54
$Pb(CH_3COO)_2 \cdot 3H_2O$	379.30	SnO_2	156.69		

附录五 常用酸碱的相对密度和浓度

试剂	相对密度	质量分数	浓度/(mol·L^{-1})
盐酸	1.18～1.19	0.36～0.38	11.6～12.4
硝酸	1.39～1.40	0.65～0.68	14.4～15.2
硫酸	1.83～1.84	0.95～0.98	17.8～18.4
磷酸	1.69	0.85	14.6
高氯酸	1.68	0.70～0.72	11.7～12.0
冰醋酸	1.05	0.998(优级纯) 0.990(分析纯、化学纯)	17.4
氢氟酸	1.13	0.40	22.5
氢溴酸	1.49	0.47	8.6
氨水	0.88～28.0	0.25～0.28	13.3～14.8

附录六　常用的指示剂

1. 酸碱指示剂

名称	变色范围(pH)	颜色变化	溶液配制方法
甲基紫	0.13～0.50(第一次变色) 1.0～1.5(第二次变色) 2.0～3.0(第三次变色)	黄—绿 绿—蓝 蓝—紫	0.5 g·L^{-1}水溶液
百里酚蓝	1.2～2.8(第一次变色)	红—黄	1 g·L^{-1}乙醇溶液
甲酚红	0.12～1.8(第一次变色)	红—黄	1 g·L^{-1}乙醇溶液
甲基黄	2.9～4.0	红—黄	1 g·L^{-1}乙醇溶液
甲基橙	3.1～4.4	红—黄	1 g·L^{-1}水溶液
溴酚蓝	3.0～4.6	黄—紫	0.4 g·L^{-1}乙醇溶液
刚果红	3.0～5.2	蓝紫—红	1 g·L^{-1}水溶液
溴甲酚绿	3.8～5.4	黄—蓝	1 g·L^{-1}乙醇溶液
甲基红	4.4～6.2	红—黄	1 g·L^{-1}乙醇溶液
溴酚红	5.0～6.8	黄—红	1 g·L^{-1}乙醇溶液
溴甲酚紫	5.2～6.8	黄—紫	1 g·L^{-1}乙醇溶液
溴百里酚蓝	6.0～7.6	黄—蓝	1 g·L^{-1}乙醇[50%(体积分数)]溶液
中性红	6.8～8.0	红—亮黄	1 g·L^{-1}乙醇溶液
酚红	6.4～8.2	黄—红	1 g·L^{-1}乙醇溶液
甲酚红	7.0～8.8(第二次变色)	黄—紫红	1 g·L^{-1}乙醇溶液
百里酚蓝	8.0～9.6(第二次变色)	黄—蓝	1 g·L^{-1}乙醇溶液
酚酞	8.2～10.0	无—红	10 g·L^{-1}乙醇溶液
百里酚酞	9.4～10.6	无—蓝	1 g·L^{-1}乙醇溶液

2. 酸碱混合指示剂

名称	变色点	颜色		配制方法	备注
		酸色	碱色		
甲基橙-靛蓝(二磺酸)	4.1	紫	绿	1 份 1 g·L^{-1}甲基橙水溶液 1 份 2.5 g·L^{-1}靛蓝水溶液	
溴百里酚绿-甲基橙	4.3	黄	蓝绿	1 份 1 g·L^{-1}溴百里酚绿钠盐水溶液 1 份 2 g·L^{-1}甲基橙水溶液	pH＝3.50 黄 pH＝4.05 绿黄 pH＝4.30 浅绿
溴甲酚绿-甲基红	5.1	酒红	绿	3 份 1 g·L^{-1}溴甲酚绿乙醇溶液 1 份 2 g·L^{-1}甲基红乙醇溶液	

续表

名称	变色点	颜色		配制方法	备注
		酸色	碱色		
甲基红-亚甲基蓝	5.4	红紫	绿	2 份 1 g · L^{-1}甲基红乙醇溶液 1 份 1 g · L^{-1}亚甲基蓝乙醇溶液	pH=5.2 红紫 pH=5.4 暗蓝 pH=5.6 绿
溴甲酚绿-氯酚红	6.1	黄绿	蓝紫	1 份 1 g · L^{-1}溴甲酚绿钠盐水溶液 1 份 1 g · L^{-1}氯酚红钠盐水溶液	pH=5.8 蓝 pH=6.2 蓝紫
溴甲酚紫-溴百里酚蓝	6.7	黄	蓝紫	1 份 1 g · L^{-1}溴甲酚紫钠盐水溶液 1 份 1 g · L^{-1}溴百里酚蓝钠盐水溶液	
中性红-亚甲基蓝	7.0	紫蓝	绿	1 份 1 g · L^{-1}中性红乙醇溶液 1 份 1 g · L^{-1}亚甲基蓝乙醇溶液	pH=7.0 蓝紫
溴百里酚蓝-酚红	7.5	黄	紫	1 份 1 g · L^{-1}溴百里酚蓝钠盐水溶液 1 份 1 g · L^{-1}酚红钠盐水溶液	pH=7.2 暗绿 pH=7.4 淡紫 pH=7.6 深紫
甲酚红-百里酚蓝	8.3	黄	紫	1 份 1 g · L^{-1}甲酚红钠盐水溶液 3 份 1 g · L^{-1}百里酚蓝钠盐水溶液	pH=8.2 玫瑰 pH=8.4 紫
百里酚蓝-酚酞	9.0	黄	紫	1 份 1 g · L^{-1}百里酚蓝乙醇溶液 3 份 1 g · L^{-1}酚酞乙醇溶液	
酚酞-百里酚酞	9.9	无	紫	1 份 1 g · L^{-1}酚酞乙醇溶液 1 份 1 g · L^{-1}百里酚酞乙醇溶液	pH=9.6 玫瑰 pH=10.0 紫

3. 金属离子指示剂

名称	颜色		配制方法
	化合物	游离态	
铬黑 T(EBT)	红	蓝	(1) 称取 0.50 g 铬黑 T 和 2.0 g 盐酸羟胺,溶于乙醇,用乙醇稀释至 100 mL,使用前制备 (2) 将 1.0 g 铬黑 T 与 100.0 g NaCl 研细,混匀
二甲酚橙(XO)	红	黄	2 g · L^{-1}水溶液(去离子水)
钙指示剂	酒红	蓝	0.50 g 钙指示剂与 100.0 g NaCl 研细,混匀
紫脲酸铵	黄	紫	1.0 g 紫脲酸铵与 200.0 g NaCl 研细,混匀
K-B 指示剂	红	蓝	0.50 g 酸性铬蓝 K 加 1.250 g 萘酚绿,再加 25.0 g K_2SO_4 研细,混匀
磺基水杨酸	红	无	10 g · L^{-1}水溶液
PAN	红	黄	2 g · L^{-1}乙醇溶液
Cu-PAN (CuY+PAN)	Cu-PAN 红	CuY-PAN 浅绿	0.05 mol · L^{-1} Cu^{2+}溶液 10 mL,加 pH=5～6 的 HAc 缓冲溶液 5 mL,1 滴 PAN 指示剂,加热至 60 ℃ 左右,用 EDTA 滴定至绿色,得到约 0.025 mol · L^{-1}的 CuY 溶液。使用时取 2～3 mL 于试液中,再加数滴 PAN 溶液

4. 氧化还原指示剂

名称	变色点电位/V	颜色		配制方法
		氧化态	还原态	
二苯胺	0.76	紫	无	1 g · L^{-1}二苯胺在搅拌下溶于 100 mL 浓硫酸中
二苯胺磺酸钠	0.85	紫	无	5 g · L^{-1}水溶液
邻菲咯啉-Fe(Ⅱ)	1.06	淡蓝	红	0.5 g $FeSO_4 \cdot 7H_2O$ 溶于 100 mL 水中,加 2 滴硫酸,再加 0.5 g 邻菲咯啉
邻苯氨基苯甲酸	1.08	紫红	无	0.2 g 邻苯氨基苯甲酸,加热溶解在 100 mL 质量分数为 0.002 的 Na_2CO_3 溶液中,必要时过滤
硝基邻二氮菲-Fe(Ⅱ)	1.25	淡蓝	紫红	1.7 g 硝基邻二氮菲溶于 100 mL 0.025 mol · L^{-1} Fe^{2+}溶液中
淀粉				1 g 可溶性淀粉加少许水调成糊状,在搅拌下注入 100 mL 沸水中,微沸 2 min,放置,取上层清液使用

5. 沉淀滴定法指示剂

名称	颜色变化		配制方法
铬酸钾	黄	砖红	5 g K_2CrO_4 溶于水,稀释至 100 mL
硫酸铁铵	无	血红	40 g $NH_4Fe(SO_4) \cdot 12H_2O$ 溶于水,加几滴硫酸,用水稀释至 100 mL
荧光黄	绿色荧光	玫瑰红	0.5 g 荧光黄溶于乙醇,用乙醇稀释至 100 mL
二氯荧光黄	绿色荧光	玫瑰红	0.1 g 二氯荧光黄溶于乙醇,用乙醇稀释至 100 mL
曙红	黄	玫瑰红	0.5 g 曙红钠盐溶于水,稀释至 100 mL

附录七　常用缓冲溶液的配制

pH	配制方法
0	1 mol·L^{-1} HCl 溶液(不能有 Cl^- 存在时,可用硝酸)
1	0.1 mol·L^{-1} HCl 溶液
2	0.1 mol·L^{-1} HCl 溶液
3.6	NaAc·$3H_2O$ 8 g,溶于适量水中,加 6 mol·L^{-1} HAc 溶液 134 mL,稀释至 500 mL
4.0	将 60 mL 冰醋酸和 16 g 无水醋酸钠溶于 100 mL 水中,稀释至 500 mL
4.5	将 30 mL 冰醋酸和 30 g 无水醋酸钠溶于 100 mL 水中,稀释至 500 mL
5.0	将 30 mL 冰醋酸和 60 g 无水醋酸钠溶于 100 mL 水中,稀释至 500 mL
5.4	将 40 g 六亚甲基四胺溶于 90 mL 水中,加入 20 mL 6 mol·L^{-1} HCl 溶液
5.7	100 g NaAc·$3H_2O$ 溶于适量水中,加 6 mol·L^{-1} HAc 溶液 13 mL,稀释至 500 mL
7.0	NH_4Ac 77 g 溶于适量水中,稀释至 500 mL
7.5	NH_4Cl 66 g 溶于适量水中,加浓氨水 1.4 mL,稀释至 500 mL
8.0	NH_4Cl 50 g 溶于适量水中,加浓氨水 3.5 mL,稀释至 500 mL
8.5	NH_4Cl 40 g 溶于适量水中,加浓氨水 8.8 mL,稀释至 500 mL
9.0	NH_4Cl 35 g 溶于适量水中,加浓氨水 24.0 mL,稀释至 500 mL
9.5	NH_4Cl 30 g 溶于适量水中,加浓氨水 65.0 mL,稀释至 500 mL
10.0	NH_4Cl 27 g 溶于适量水中,加浓氨水 175.0 mL,稀释至 500 mL
11.0	NH_4Cl 3 g 溶于适量水中,加浓氨水 207.0 mL,稀释至 500 mL
12.0	0.01 mol·L^{-1} NaOH 溶液(不能有 Na^+ 存在时,可用 KOH 溶液)
13.0	0.1 mol·L^{-1} NaOH 溶液

附录八　常用基准物质的干燥条件和应用

基准物质		干燥后组成	干燥条件	标定对象
名称	分子式			
碳酸氢钠	$NaHCO_3$	Na_2CO_3	270 ~ 300 ℃	酸
碳酸钠	$Na_2CO_3 \cdot 10H_2O$	Na_2CO_3	270 ~ 300 ℃	酸
硼砂	$Na_2B_4O_7 \cdot 10H_2O$	$Na_2B_4O_7 \cdot 10H_2O$	于 NaCl 和蔗糖饱和溶液干燥器中	酸
碳酸氢钾	$KHCO_3$	K_2CO_3	270 ~ 300 ℃	酸
草酸	$H_2C_2O_4 \cdot 2H_2O$	$H_2C_2O_4 \cdot 2H_2O$	室温空气干燥	碱或 $KMnO_4$
邻苯二甲酸氢钾	$KHC_8H_4O_4$	$KHC_8H_4O_4$	110 ~ 120 ℃	碱
重铬酸钾	$K_2Cr_2O_7$	$K_2Cr_2O_7$	140 ~ 150 ℃	还原剂
溴酸钾	$KBrO_3$	$KBrO_3$	130 ℃	还原剂
碘酸钾	KIO_3	KIO_3	130 ℃	还原剂
铜	Cu	Cu	室温干燥器中保存	还原剂
三氧化二钾	As_2O_3	As_2O_3	同上	氧化剂
草酸钠	$Na_2C_2O_4$	$Na_2C_2O_4$	130 ℃	氧化剂
碳酸钙	$CaCO_3$	$CaCO_3$	110 ℃	EDTA
锌	Zn	Zn	室温干燥器中保存	EDTA
氧化锌	ZnO	ZnO	900 ~ 1 000 ℃	EDTA
氯化钠	NaCl	NaCl	500 ~ 600 ℃	$AgNO_3$
氯化钾	KCl	KCl	500 ~ 600 ℃	$AgNO_3$
硝酸银	$AgNO_3$	$AgNO_3$	280 ~ 290 ℃	氯化物
氨基磺酸	$HOSO_2NH_2$	$HOSO_2NH_2$	在 H_2SO_4 干燥器中 48h	碱

附录九 一些推荐的离子强度调节剂

测定离子	电极	可应用的离子强度调节剂
硝酸根	硝酸根电极	0.1 mol · L^{-1}硫酸钾或0.025 mol · L^{-1}硫酸铝
氨	氨气敏电极	1 mol · L^{-1}氢氧化钠
铵	氨气敏电极	1 mol · L^{-1}氯化钾
钾	钾离子电极	0.1 mol · L^{-1}醋酸锂或氯化锂或1 mol · L^{-1}氯化钠或醋酸镁
氯	氯离子电极	(1) 0.1 mol · L^{-1}硝酸钾(一般样品) (2) 0.3 mol · L^{-1}硝酸钾或1 mol · L^{-1}醋酸镁(土样)
溴	溴离子电极	5 mol · L^{-1}硝酸钠
碘	碘离子电极	同上
氟	氟离子电极	TISAB(总离子强度缓冲调节剂)57 mL冰醋酸,58 g氯化钠,4 g柠檬酸钠加入水500 mL,用氢氧化钠调节至pH为5.0~5.5,定容至1 000 mL
钠	钠玻璃电极	(1) 1 mol · L^{-1}氨水与1 mol · L^{-1}氯化铵的混合液 (2) 二异丙胺、三乙醇胺或饱和氢氧化钡
氰根	氰离子电极	2 mol · L^{-1}氢氧化钠
银	Ag_2S电极	1 mol · L^{-1}硝酸钾
硫	Ag_2S电极	(1) 2 mol · L^{-1}氢氧化钠(通氮气) (2) SAOB(抗氧化缓冲调节剂,由抗坏血酸、氢氧化钠配制)
钙	钙离子电极	1 mol · L^{-1}三乙醇胺
铅	铅离子电极	1 mol · L^{-1}硝酸钠
铜	铜离子电极	(1) LIPB(消除配体干扰缓冲液):0.4 mol · L^{-1}三亚乙基四胺,0.2 mol · L^{-1}硝酸,2 mol · L^{-1}硝酸钾混合液,按1:1加入试液 (2) 1 mol · L^{-1}硝酸钠
镉	镉离子电极	1 mol · L^{-1}硝酸钠或硝酸钾
硬度	硬度电极	1 mol · L^{-1}三乙醇胺
氟硼酸根	氟硼酸根电极	1 mol · L^{-1}硫酸钠
二氧化硫	二氧化硫气敏电极	1 mol · L^{-1}亚硫酸氢钠与1 mol · L^{-1}硫酸混合液

附录十　常用弱电解质的标准解离常数

名称	分子式	T/K	级数	解离常数
砷酸	H_3AsO_4	291	1	5.62×10^{-3}
		291	2	1.70×10^{-7}
		291	3	3.95×10^{-12}
硼酸	H_3BO_3	293		7.30×10^{-10}
次氯酸	HClO	291		2.95×10^{-5}
次溴酸	HBrO	298		2.06×10^{-9}
次碘酸	HIO	298		2.30×10^{-11}
碘酸	HIO_3	298		1.69×10^{-1}
氢氰酸	HCN	298		4.93×10^{-10}
碳酸	H_2CO_3	298	1	4.30×10^{-7}
		298	2	5.61×10^{-11}
铬酸	H_2CrO_4	298	1	1.80×10^{-1}
		298	2	3.20×10^{-7}
氢氟酸	HF	298		3.53×10^{-4}
草酸	$H_2C_2O_4$	298	1	5.90×10^{-2}
			2	6.40×10^{-5}
亚硝酸	HNO_2	285		4.60×10^{-4}
磷酸	H_3PO_4	298	1	7.52×10^{-3}
		298	2	6.23×10^{-8}
		298	3	2.20×10^{-13}
氢硫酸	H_2S	298	1	1.30×10^{-7}
		298	2	7.10×10^{-15}
亚硫酸	H_2SO_3	291	1	1.54×10^{-2}
		291	2	1.02×10^{-7}
硅酸	H_2SiO_3	303	1	2.20×10^{-10}
		303	2	2.00×10^{-12}
甲酸	HCOOH	298		1.77×10^{-4}
乙酸	CH_3COOH	298		1.76×10^{-5}
丙酸	CH_3CH_2COOH	298		1.35×10^{-5}
一氯乙酸	$CH_2ClCOOH$	298		1.35×10^{-3}
二氯乙酸	$CHCl_2COOH$	298		3.32×10^{-2}
三氯乙酸	CCl_3COOH	293		2.19×10^{-1}
氨水	NH_3	298		1.80×10^{-5}
三乙醇胺	$(HOCH_2CH_2)_3N$	298		5.80×10^{-7}
乙二胺	$H_2NCH_2CH_2NH_2$	298	1	8.50×10^{-5}
			2	7.10×10^{-8}

数据摘自 CRC handbook of chemistry and physics; Lide, D R, Ed; CRC Press: Boca Raton, 2006.

附录十一 常见难溶电解质的溶度积常数（298K）

物质	$K_{sp}^{\ominus}$	物质	$K_{sp}^{\ominus}$
AgBr	5.35×10^{-13}	$Fe(OH)_2$	4.87×10^{-17}
Ag_2CO_3	8.64×10^{-12}	$Fe(OH)_3$	2.79×10^{-39}
AgCl	1.77×10^{-10}	FeS*	5.0×10^{-18}
Ag_2CrO_4	1.12×10^{-12}	Hg_2Cl_2	1.43×10^{-18}
AgI	8.52×10^{-17}	Hg_2Br_2	6.40×10^{-23}
Ag_2S*	2.51×10^{-50}	Hg_2F_2	3.10×10^{-6}
Ag_2SO_3	1.50×10^{-14}	Hg_2I_2	5.2×10^{-29}
Ag_2SO_4	1.20×10^{-5}	Hg_2CO_3	3.6×10^{-17}
AgSCN	1.03×10^{-12}	Hg_2SO_4	6.5×10^{-7}
AgCN	5.97×10^{-17}	$HgBr_2$	6.2×10^{-20}
$Ag_2C_2O_4$	5.40×10^{-12}	HgI_2	2.9×10^{-29}
$Al(OH)_3^*$	2.00×10^{-33}	HgS(黑)*	1.6×10^{-52}
$AlPO_4$	9.84×10^{-21}	HgS(红)*	4.0×10^{-53}
$BaCO_3$	2.58×10^{-9}	$MgCO_3$	6.82×10^{-6}
$BaCrO_4$	1.17×10^{-10}	$Mg(OH)_2$	5.61×10^{-12}
$BaSO_4$	1.08×10^{-10}	$Mn(OH)_2^*$	6.3×10^{-15}
$Be(OH)_2$	6.92×10^{-22}	MnS*	1.0×10^{-15}
$Bi_2S_3^*$	1.0×10^{-97}	MnS(粉红色)*	2.5×10^{-10}
$CdCO_3$	1.0×10^{-12}	$Ni(OH)_2$	5.48×10^{-16}
$Cd(OH)_2$	7.2×10^{-15}	NiS*	2.0×10^{-21}
CdS(黄色)*	7.94×10^{-27}	$PbCl_2$	1.70×10^{-5}
CdS(红色)*	1.0×10^{-28}	$PbCO_3$	7.40×10^{-14}
$CaCO_3$	3.36×10^{-9}	$PbCrO_4^*$	1.78×10^{-14}
$CaC_2O_4\cdot H_2O$	2.32×10^{-9}	PbF_2	3.3×10^{-8}
$CaC_2O_4^*$	8.5×10^{-9}	$PbSO_4$	2.53×10^{-8}
CaF_2	3.45×10^{-11}	PbS	2.5×10^{-27}
$Ca_3(PO_4)_2$	2.07×10^{-33}	PbI_2	9.8×10^{-9}
$CaSO_4$	4.93×10^{-5}	$Pb(OH)_2$	1.43×10^{-20}
$Ca(OH)_2$	5.02×10^{-6}	$SrCO_3$	5.60×10^{-10}
$CoCO_3^*$	1.0×10^{-12}	$SrSO_4$	3.44×10^{-7}
$Co(OH)_2$(蓝)	5.92×10^{-15}	$ZnCO_3$	1.46×10^{-10}
CoS*	7.94×10^{-23}	$Zn(OH)_2$	3×10^{-17}
$Cr(OH)_3^*$	1.0×10^{-30}	ZnSe	3.6×10^{-26}
CuI	1.27×10^{-12}	ZnF_2	3.04×10^{-2}
CuS*	7.9×10^{-36}	ZnS(α)*	1.6×10^{-24}
$Cu(OH)_2^*$	5.0×10^{-20}	ZnS(β)*	2.5×10^{-22}
CuCN	3.47×10^{-20}	$Sn(OH)_2$	5.45×10^{-27}
CuCl	1.72×10^{-7}	K_2PtCl_6	7.48×10^{-6}
CuBr	6.27×10^{-9}	$KClO_4$	1.05×10^{-2}
$FeCO_3$	3.13×10^{-11}	KIO_4	3.71×10^{-4}
$FePO_4\cdot 2H_2O$	9.91×10^{-16}	$Tl(OH)_3$	1.68×10^{-44}
FeF_2	2.36×10^{-6}	TlCl	1.86×10^{-4}

标有 * 的数据摘自 Analytical Chemistry; Kellner R et al, Ed; Wiley-Vch: Weinheim, 2004，其他数据摘自 CRC Handbook of Chemistry and Physics; Lide D R, Ed; CRC Press: Boca Raton, 2006.

附录十二　常见配离子的稳定常数(298K)

配离子	$K_f^{\ominus}$	配离子	$K_f^{\ominus}$
$Ag(CN)_2^-$	1.3×10^{21}	$Co(NH_3)_6^{2+}$	1.3×10^{5}
$Ag(NH_3)_2^+$	1.1×10^{7}	$Co(NH_3)_6^{3+}$	1.6×10^{35}
$Ag(SCN)_2^-$	4.0×10^{7}	$Co(CN)_6^{4-}$	3.2×10^{29}
$Ag(S_2O_3)^-$	6.6×10^{8}	$Co(CN)_6^{3-}$	1.0×10^{48}
$Ag(S_2O_3)_2^{3-}$	2.8×10^{13}	$Co(en)_3^{3+}$	5.0×10^{48}
$Ag(en)_2^+$	5.0×10^{7}	$Hg(CN)_4^{2-}$	2.5×10^{41}
$AgCl_2^-$	5.6×10^{4}	HgI_4^{2-}	6.8×10^{29}
AlF_4^-	5.6×10^{17}	$Hg(NH_3)_4^{2+}$	1.9×10^{19}
AlF_6^{3-}	6.9×10^{19}	$Ni(CN)_4^{2-}$	2.0×10^{31}
$Cu(CN)_4^{3-}$	2.0×10^{30}	$Ni(NH_3)_4^{2+}$	9.1×10^{7}
$Cu(SCN)_2^-$	1.5×10^{5}	$Ni(NH_3)_6^{2+}$	5.5×10^{8}
$Cu(en)_3^{2+}$	1.0×10^{21}	$Ni(en)_3^{2+}$	2.1×10^{18}
$Cu(NH_3)_2^{2+}$	7.2×10^{10}	$Pb(CH_3COO)_4^{2-}$	3×10^{8}
$Cu(NH_3)_4^{2+}$	2.1×10^{13}	$Pb(S_2O_3)_2^{2-}$	1.4×10^{5}
$Cu(OH)_4^{2-}$	3.2×10^{18}	PbI_4^{2-}	3.0×10^{4}
$Cu(S_2O_3)_2^{3-}$	1.7×10^{12}	$Zn(CN)_4^{2-}$	5.0×10^{16}
$Fe(CN)_6^{4-}$	1.0×10^{35}	$Zn(OH)_4^{2-}$	4.6×10^{17}
$Fe(CN)_6^{3-}$	1.0×10^{42}	$Zn(NH_3)_4^{2+}$	2.9×10^{9}
$Fe(en)_3^{2+}$	5.0×10^{9}	$Zn(en)_3^{2+}$	1.3×10^{14}
FeF_6^{3-}	1.1×10^{16}	$Cd(CN)_4^{2-}$	6.0×10^{18}
FeF_5^{2-}	2.5×10^{15}	$Cd(NH_3)_4^{2+}$	1.3×10^{7}
$Fe(phen)_3^{2+}$	1.6×10^{21}	$Cd(en)_3^{2+}$	1.2×10^{12}
$Fe(phen)_3^{3+}$	1.3×10^{14}		

附录十三 标准电极电势(298K)

氧化型+ne^- $\rightleftharpoons$ 还原型	$\varphi^{\ominus}$/V
$Li^+(aq)+e^- \rightleftharpoons Li(s)$	-3.040
$Cs^+(aq)+e^- \rightleftharpoons Cs(s)$	-3.027
$K^+(aq)+e^- \rightleftharpoons K(s)$	-2.936
$Ra^{2+}(aq)+2e^- \rightleftharpoons Ra(s)$	-2.910
$Sr^{2+}(aq)+2e^- \rightleftharpoons Sr(s)$	-2.899
$Ca^{2+}(aq)+2e^- \rightleftharpoons Ca(s)$	-2.869
$Na^+(aq)+e^- \rightleftharpoons Na(s)$	-2.714
$Mg^{2+}(aq)+2e^- \rightleftharpoons Mg(s)$	-2.357
$Sc^{3+}(aq)+3e^- \rightleftharpoons Sc(s)$	-2.027
$Al^{3+}(aq)+3e^- \rightleftharpoons Al(s)$	-1.680
$Mn^{2+}(aq)+2e^- \rightleftharpoons Mn(s)$	-1.182
$SO_4^{2-}(aq)+2H^++2e^- \rightleftharpoons SO_3^{2-}(aq)+H_2O(aq)$	-1.172
$Zn^{2+}(aq)+2e^- \rightleftharpoons Zn(s)$	-0.762
$Cr^{3+}(aq)+3e^- \rightleftharpoons Cr(s)$	-0.740
$Fe^{2+}(aq)+2e^- \rightleftharpoons Fe(s)$	-0.409
$Cd^{2+}(aq)+2e^- \rightleftharpoons Cd(s)$	-0.402
$In^{3+}(aq)+3e^- \rightleftharpoons In(s)$	-0.338
$Co^{2+}(aq)+2e^- \rightleftharpoons Co(s)$	-0.282
$Ni^{2+}(aq)+2e^- \rightleftharpoons Ni(s)$	-0.236
$Sn^{2+}(aq)+2e^- \rightleftharpoons Sn(s)$	-0.141
$Pb^{2+}(aq)+2e^- \rightleftharpoons Pb(s)$	-0.127
$2H^+(aq)+2e^- \rightleftharpoons H_2(g)$	0.000
$S_4O_6^{2-}(aq)+2e^- \rightleftharpoons 2S_2O_3^{2-}(aq)$	0.080
$S(s)+2H^++2e^- \rightleftharpoons H_2S(aq)$	0.142
$Sn^{4+}(aq)+2e^- \rightleftharpoons Sn^{2+}(aq)$	0.151
$Cu^{2+}(aq)+e^- \rightleftharpoons Cu^+(aq)$	0.341
$AgCl(s)+e^- \rightleftharpoons Ag(s)+Cl^-(aq)$	0.222
$HgBr_4^{2-}(aq)+2e^- \rightleftharpoons Hg(l)+4Br^-(aq)$	0.232
$Hg_2Cl_2(s)+2e^- \rightleftharpoons 2Hg(l)+2Cl^-(aq)$	0.268
$Cu^{2+}(aq)+2e^- \rightleftharpoons Cu(s)$	0.339
$Cu^+(aq)+e^- \rightleftharpoons Cu(s)$	0.521

续表

氧化型$+ne^- \rightleftharpoons$还原型	$\varphi^\ominus$/V
$I_2(s)+2e^- \rightleftharpoons 2I^-(aq)$	0.535
$MnO_4^{2-}(aq)+2H_2O(l)+2e^- \rightleftharpoons MnO_2(s)+4OH^-(aq)$	0.618
$2HgCl_2(aq)+2e^- \rightleftharpoons Hg_2Cl_2(s)+2Cl^-(aq)$	0.657
$O_2(g)+2H^+(aq)+2e^- \rightleftharpoons H_2O_2(aq)$	0.694
$Fe^{3+}(aq)+e^- \rightleftharpoons Fe^{2+}(aq)$	0.771
$Hg_2^{2+}(aq)+2e^- \rightleftharpoons 2Hg(l)$	0.796
$Ag^+(aq)+e^- \rightleftharpoons Ag(s)$	0.799
$Hg^{2+}(aq)+2e^- \rightleftharpoons Hg(l)$	0.852
$ClO^-(aq)+H_2O(l)+2e^- \rightleftharpoons Cl^-(aq)+2OH^-(aq)$	0.890
$NO_3^-(aq)+4H^+(aq)+3e^- \rightleftharpoons NO(g)+2H_2O(l)$	0.957
$HNO_2(aq)+H^+(aq)+e^- \rightleftharpoons NO(g)+H_2O(l)$	0.983
$Br_2(l)+2e^- \rightleftharpoons 2Br^-(aq)$	1.077
$ClO_3^-(aq)+3H^+(aq)+2e^- \rightleftharpoons HClO_2(aq)+H_2O(l)$	1.157
$ClO_2(aq)+H^+(aq)+e^- \rightleftharpoons HClO_2(aq)$	1.184
$O_2(g)+4H^+(aq)+4e^- \rightleftharpoons 2H_2O(l)$	1.229
$MnO_2(s)+4H^+(aq)+2e^- \rightleftharpoons Mn^{2+}(aq)+2H_2O(l)$	1.224
$Cr_2O_7^{2-}(aq)+14H^+(aq)+6e^- \rightleftharpoons 2Cr^{3+}(aq)+7H_2O(aq)$	1.232
$Cl_2(g)+2e^- \rightleftharpoons 2Cl^-(aq)$	1.360
$MnO_4^-(aq)+8H^+(aq)+5e^- \rightleftharpoons Mn^{2+}(aq)+4H_2O(l)$	1.507
$Cu^{2+}(aq)+2CN^-(aq)+e^- \rightleftharpoons Cu(CN)_2^-(aq)$	1.580
$MnO_4^-(aq)+4H^+(aq)+3e^- \rightleftharpoons MnO_2(s)+2H_2O(l)$	1.700
$H_2O_2(aq)+2H^++2e^- \rightleftharpoons 2H_2O(l)$	1.776
$S_2O_8^{2-}(aq)+2e^- \rightleftharpoons 2SO_4^{2-}(aq)$	2.010
$O_3(g)+2H^+(aq)+2e^- \rightleftharpoons O_2(aq)+H_2O(l)$	2.075
$F_2(g)+2e^- \rightleftharpoons 2F^-(aq)$	2.866

参考文献

读者意见反馈

为收集对教材的意见建议，进一步完善教材编写并做好服务工作，读者可将对本教材的意见建议通过如下渠道反馈至我社。

咨询电话　400-810-0598

反馈邮箱　hepsci@pub.hep.cn

通信地址　北京市朝阳区惠新东街4号富盛大厦1座

高等教育出版社理科事业部

邮政编码　100029

本书为 2020 年教育部新农科研究与改革实践项目之
“新农科基础化学课程体系与新形态教材建设”成果

ISBN 978-7-04-058189-8

9 787040 581898 >

定价 30.00元